中国工程院院士
是国家设立的工程科学技术方面的最高学术称号,为终身荣誉。

中国工程院院士传记

李载平传

中国DNA研究的拓荒者

潘真 著

上海科学技术文献出版社
人民出版社

图书在版编目（CIP）数据

李载平传　中国 DNA 研究的拓荒者 / 潘真著 . —上海：上海科学技术文献出版社，2023
ISBN 978-7-5439-8882-8

Ⅰ．①李… Ⅱ．①潘… Ⅲ．①李载平—传记　Ⅳ．① K826.15

中国国家版本馆 CIP 数据核字（2023）第 115703 号

责任编辑：李　莺　栾　鑫　徐　静
封面设计：余　韦

李载平传　中国 DNA 研究的拓荒者
LIZAIPING ZHUAN　ZHONGGUO DNA YANJIU DE TUOHUANGZHE
潘　真　著

出版发行：	上海科学技术文献出版社
地　　址：	上海市长乐路 746 号
邮政编码：	200040
经　　销：	全国新华书店
印　　刷：	商务印书馆上海印刷有限公司
开　　本：	720mm×1000mm　1/16
印　　张：	17.75
插　　页：	8
字　　数：	227 000
版　　次：	2023 年 8 月第 1 版　2023 年 8 月第 1 次印刷
书　　号：	ISBN 978-7-5439-8882-8
定　　价：	120.00 元

http://www.sstlp.com

李载平参加院士大会,摄于 2011 年左右

1990年在实验室

太阳黑子监测、宇宙的大小、曙暮光的时间……
视差效应、木星观测、模拟火箭飞行……
这些富有知识性和趣味性的实验会让你在实践中了解太空和天文科学的基础知识。

一起动手,开始生动有趣的科学实验吧!
在实验中解密科学现象,探究科学发展,开启科学大门。

微信号:shkjwx

ISBN 978-7-5439-7889-8
9 787543 978898 >
定价:25.00元
http://www.sstlp.com

在北大理学院大礼堂的台阶上,李载平(右)、崔桂芳初次合影

李载平水彩画作品《挑沙人》

1973 年，第一次访问日本

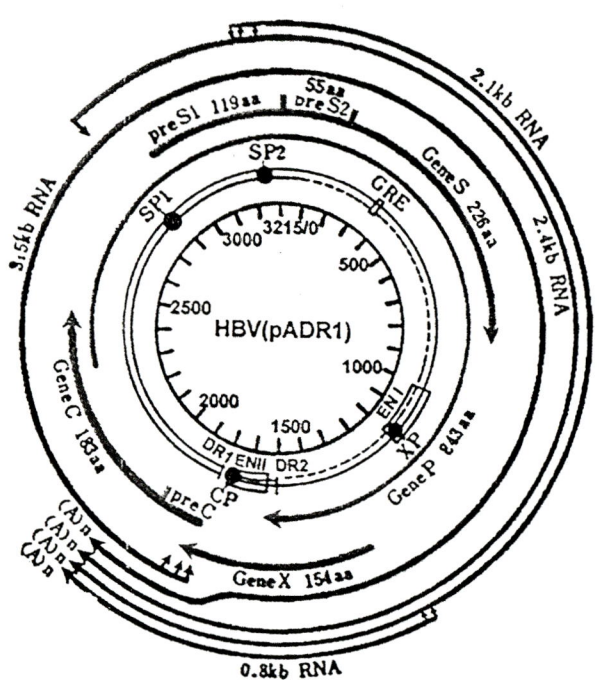

乙肝病毒 adr 亚型的基因组图谱

李载平（左二）荣获1994年"上海市科技功臣"奖

1994年，莫干山

1996年，李载平（右）与老友蒂奥莱在杭州

1997年9月15日香港《文汇报》大篇幅报道李载平事迹

1997年春节，李载平（左）给师母谢希德拜年。背后为导师曹天钦遗像

1999年，李载平（左二）和夫人崔桂芳同游敦煌

2008年3月，李载平（左二）率团队荣获国家科学技术奖

2009年,西湖名景"苏堤春晓"中的"骑士"伉俪。右边闯入镜头的是小孙女照元

2012年贺卡

上海制作的李载平院士专题片

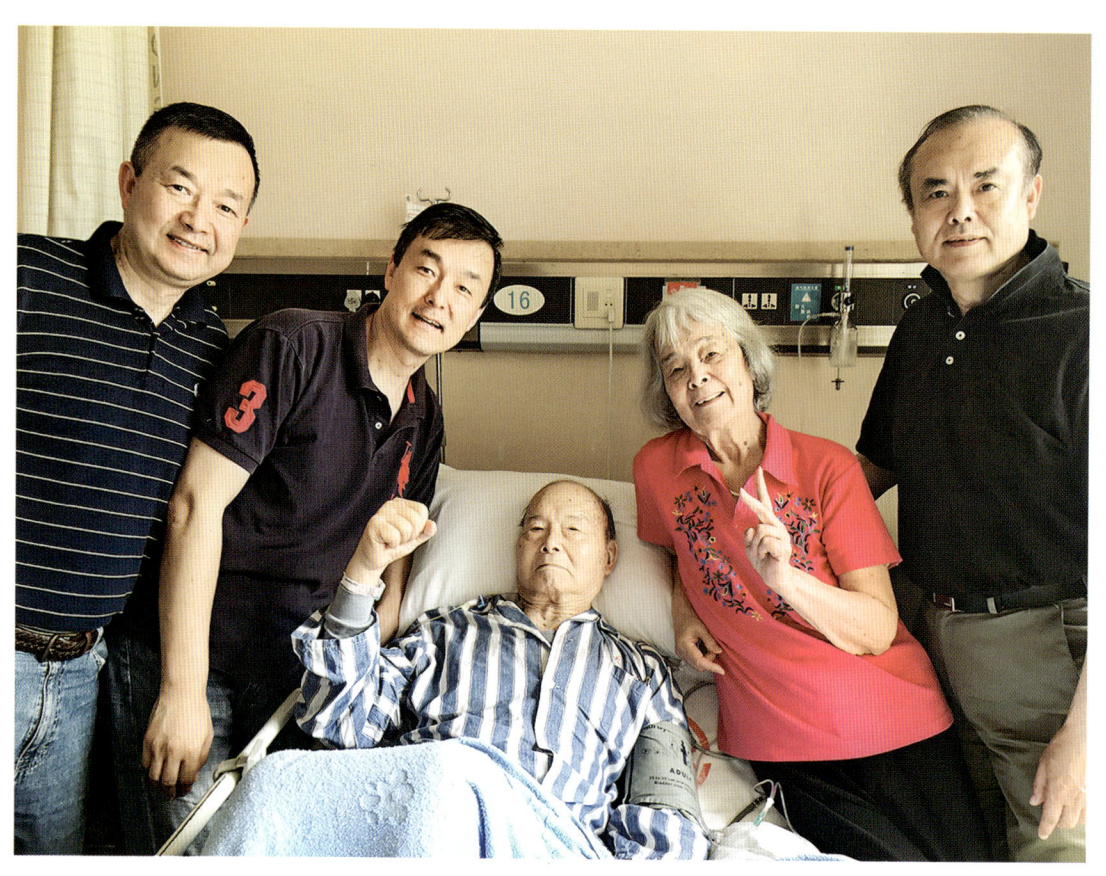

团圆（中为李载平）

"中国工程院院士传记"丛书

编撰出版工作领导小组
  顾 问：宋 健 徐匡迪 周 济
  组 长：李晓红
  副组长：钟志华 蒋茂凝 邓秀新 辛广伟
  成 员：陈建峰 梁晓捷 徐 进 唐海英
       丁养兵 李冬梅

编辑和审稿委员会
  主 任：钟志华 蒋茂凝 邓秀新
  副主任：陈鹏鸣 徐 进
  成 员：葛能全 唐海英 吴晓东 黎青山
       赵 千 常军乾 侯 春

编辑出版办公室
  主 任：赵 千
  成 员：侯 春 张丽四 龙明灵 张 健
       方鹤婷 姬 学 高 祥 何朝辉
       宗玉生 张 松 王小文 张秉瑜
       丁 宁 聂淑琴

总 序

20世纪是中华民族千载难逢的伟大时代。千百万先烈前贤用鲜血和生命争得了百年巨变、民族复兴，推翻了帝制，击败了外侮，建立了新中国，独立于世界，赢得了尊严，不再受辱。改革开放，经济腾飞，科教兴国，生产力大发展，告别了饥寒，实现了小康。工业化雷鸣电掣，现代化指日可待。巨潮洪流，不容阻抑。

忆百年前之清末，从慈禧太后到满朝文武开始感到科学技术的重要，办"洋务"，派留学，改教育。但时机瞬逝，清廷被辛亥革命推翻。五四运动，民情激昂，吁求"德、赛"升堂，民主治国，科教兴邦。接踵而来的，是18年内战、14年抗日和3年解放战争。恃科学救国的青年学子，负笈留学或寒窗苦读，多数未遇机会，辜负了碧血丹心。

1928年6月9日，蔡元培主持建立了中国近代第一个国立综合性科研机构——中央研究院，设理化实业研究所、地质研究所、社会科学研究所和观象台等4个研究机构，标志着国家建制科研机构的诞生。20年后，1948年3月26日遴选出81位院士（理工53位，人文28位），几乎都是20世纪初留学海外、卓有成就的科学家。

中国科技事业的大发展是在新中国成立以后。1949年11月1日成立了中国科学院，郭沫若任院长。1950—1960年有2500多名留学海外的科学家、工程师回到祖国，成为大规模发展中国科技事业的第一批领导骨干。国家按计划向苏联、东欧各国派遣1.8万名各类科技人员留学，全都按期回国，成为建立科研和现代工业的骨干力量。高等学校从新中国成立初期的200所增加到600多所，年招生增至28万人。到21世纪初，高等学校有2263所，年招生600多万人，科技人力总资源量超过5000万人，具有大学本科以上学历的科技人才达1600万人，已接近最发达国家水平。

新中国成立70多年来，从一穷二白成长为科技大国。年产钢铁从1949年的15万吨增加到2011年的粗钢6.8亿吨、钢材8.8亿吨，几乎是8个最发达国家（G8）总年产量的2倍，20世纪50年代钢铁超英赶美的梦想终于成真。水泥年产20亿吨，超过全世界其他国家总产量。中国已是粮、棉、肉、蛋、水产、化肥等世界第一生产大国，保障了14亿人口的食品和穿衣安全。制造业、土木、水利、电力、交通、运输、电子通信、超级计算机等领域正迅速逼近世界前沿。"两弹一星"、高峡平湖、南水北调、高公高铁、航空航天等伟大工程的成功实施，无可争议地表明了中国科技事业的进步。

党的十一届三中全会以后，改革开放，全国工作转向以经济建设为中心。加速实现工业化是当务之急。大规模社会性基础设施建设、大科学工程、国防工程等是工业化社会的命脉，是数十年、上百年才能完成的任务。中国科学院张光斗、王大珩、师昌绪、张维、侯祥麟、罗沛霖等学部委员（院士）认为，为了顺利完成中华民族这项历史性任务，必须提高工程科学的地位，加速培养更多的工程科技人才。中国科学院原设的技术科学部已不能满足工程科学发展的时代需要。他们于1992年致书党中央、国务院，建议建立"中国工程科学技术院"，选举那些在工程科学中做出重大创造性成就和贡献、热爱祖国、学风正派的科学家和工程师为院士，授予终身荣誉，赋予科研和建设任务，指导学科发展，培养人才，对国家重大工程科学问题提出咨询建议。中央接受了他们的建议，于1993年决定建立中国工程院，聘请30名中国科学院院士和遴选66名院士共96名为中国工程院首批院士。1994年6月3日，召开了中国工程院成立大会，选举朱光亚院士为首任院长。中国工程院成立后，全体院士紧密团结全国工程科技界共同奋斗，在各条战线上都发挥了重要作用，作出了新的贡献。

中国的现代科技事业起步比欧美落后了200年，虽然在20世纪有了巨大进步，但与发达国家相比，还有较大差距。祖国的工业化、现代化建设，任重道远，还需要数代人的持续奋斗才能完成。况且，世界在进步，科学无止境，社会无终态。欲把中国建设成科技强国，屹立于世界，必须持续培养造就数代以千万计的优秀科学家和工程师，服膺接力，担当使命，开拓创新，更立新功。

中国工程院决定组织出版"中国工程院院士传记"丛书，以记录他们对祖国和社会的丰功伟绩，传承他们治学为人的高尚品德、开拓创新的科学精神。他们是科技战线的功臣、民族振兴的脊梁。我们相信，这套传记的出版，能为史书增添新章，成为史乘中宝贵的科学财富，俾后人传承前贤筚路蓝缕的创业勇气、魄力和为国家、人民舍身奋斗的奉献精神。这就是中国前进的路。

宋健

2012年6月

目 录

第一章 上海生化所首名研究生 …………………………………（001）
    "小剑桥" ………………………………………………………（003）
    导师曹天钦 ……………………………………………………（005）
    生化训练班 ……………………………………………………（009）
    研究生当上研究室副主任 ……………………………………（013）

第二章 困难岁月中的厚积薄发 …………………………………（019）
    招收第一个研究生 ……………………………………………（020）
    研发抗放药物出成果 …………………………………………（025）
    业务尖子忽成"反党集团骨干" ………………………………（027）
    从养猪场到日本化学会年会 …………………………………（030）
    第一回访美,拜谒冷泉港 ……………………………………（037）

第三章 在"科学的春天"创建"七室" …………………………（047）
    初次领会什么叫"大科学" ……………………………………（049）
    创建分子遗传研究实验室 ……………………………………（053）
    "七室"令世人瞩目的成绩单 …………………………………（058）

第四章 朋友圈外国专家助推中国发展 …………………………（073）
    与沃森的交谊始于冷泉港 ……………………………………（075）
    老友蒂奥莱卅余年来华百次 …………………………………（083）

为生化所与日本理研合作牵线 …………………………（092）

第五章　科学家、教育家、社会活动家……………………（097）
　　高瞻远瞩，做基础性开创性的工作 ……………………（098）
　　搭建学术平台，培育一批基因工程精英 ………………（113）
　　周游列国，推动中国基因工程起步 ……………………（129）

第六章　院士的人生观、价值观……………………………（139）
　　少年立志"科学救国" ……………………………………（140）
　　一直觉得"院士呒啥啥" …………………………………（150）
　　"珍奥核酸事件"中被利用炒作 …………………………（159）
　　最大的满足是不断给自己出题 …………………………（162）

第七章　大科学家的科学发展观……………………………（169）
　　克隆人的伦理困境 ………………………………………（170）
　　没有批判精神，人类不会进步 …………………………（172）
　　呼吁大力开发生物学宝藏 ………………………………（175）
　　为"安、钻、迷"创造条件吧 ……………………………（180）

第八章　家，温馨的家………………………………………（183）
　　"北京"男生遇见"天津"女生 ……………………………（184）
　　三个儿子，另一种成果 …………………………………（196）
　　岁月静好，夕阳醉了 ……………………………………（207）

附录1　李载平院士年表 ……………………………………（213）
附录2　李载平主要论著目录 ………………………………（233）
附录3　媒体文章 ……………………………………………（257）

第一章

上海生化所首名研究生

1956年初春的上海，乍暖还寒。

李载平兴冲冲地叩开了岳阳路320号的大门。这里是中国科学院上海生理生化研究所（简称"上海生化所"），他是这个研究所生化专业迎来的第一个研究生。

31岁的李载平，北京大学化学系出身，考研前是北大医学院教师。在首都当大学老师，多少人羡慕的体面工作，他却毅然放弃了。因为他的心里，揣着一个更大的梦。

那年1月，中共中央在北京召开全国知识分子问题会议。会上，周恩来总理代表中共中央作《关于知识分子问题的报告》，指出"世界科学在最近二三十年中，有了特别巨大和迅速的进步，这些进步把我们抛在科学发展的后面很远"，"我们必须急起直追"，"认真地而不是空谈地向现代科学进军"，"我们必须赶上这个世界先进科学水平"。[1] 半个月后，毛泽东主席在最高国务会议上指示："我国人民应该有一个远大的规划，要在几十年内，努力改变我国在经济上和科学文化上的落后状态，迅速达到世界上的先进水平。"中央决定编制《1956—1967年科学技术发展远景规划纲要》（即"十二年科技规划"）。周恩来说："国务院现在已经委托国家计划委员会负责，会同各有关部门，在3个月内，制定从1956年到1967年科学发展的远景计划。在制定这个远景计划的时候，必须按照可能和需要，把世界科学的最先进的成就，尽可能迅速地介绍到我国的科学部门、国防部门、生产部门和教育部门中来，把我国科学界所最短缺而又是国家建设所最急需的门类尽可能迅速地补足起来，使12年后，我国这些门类的科学和技术水平，可以接近苏联和其他世界大国。"[2]

---

[1] 周恩来. 关于知识分子问题的报告. 中华人民共和国国务院公报, 1956 (08): 167—187.

[2] 周恩来. 关于知识分子问题的报告. 中华人民共和国国务院公报, 1956 (08): 184.

于是，中国科学院北京、上海、沈阳三地的部分研究所率先开始向全国招收研究生，首批共招了65名。

深受"向现代科学进军"感召的青年李载平，看到世界生物化学的迅猛发展，太想在解开生命奥秘的事业中奉献自己了，所以舍下亲如故乡的北京，投奔上海的这所中国生物化学最高学府。

去上海生化所报到的路上，一支儿时的歌在他耳边回旋："谁能为国献肝胆，我愿；不计生死不怕难，我愿……"

"小剑桥"

中国的生物化学研究，可以追溯到1920年代的北京协和医学院（Peking Union Medical College, PUMC）。由洛克菲勒基金捐助、始建于1917年的这所高等学府，在1919年成立生理化学系，1924年生物化学家、营养学家、医学教育家吴宪担纲系主任，并于1925年将生理化学系改名为生物化学系。1920年至1941年间，吴宪与北京协和医学院的同事们在血液分析、营养学、蛋白质变性及免疫化学等方面作出了杰出贡献。在一系列深入研究的基础上，吴宪于1931年在 Chinese Journal of Physiology（《中国生理学杂志》）上提出了蛋白质变性的学说。在生物化学研究中，吴宪培养了许多访问学者与研究生，他们后来又成为其他医学院校生物化学领域的领军人物。可惜，太平洋战争后，日军占领北京协和医学院（当时名为"北平协和医学院"），这一黄金时期被迫中断。抗日战争期间，大部分大学和医学院流亡，在昆明国立西南联合大学理学院形成另一个活跃的生物化学研究中心。1945年"二战"结束后，流亡的大学和医学院校陆续迁回，恢复正常教学和研究。北京协和医学院在1948年重新开学。当时的生化系主任威廉·阿道夫（William Adolf）在中国工作了20多年，培养了大批中国学生，到1950年才离职回国，他在燕京大学培养的硕士之一、剑桥大学博士王应睐，后来从中央大学调到中央研究院医学研究所筹备处。①

那么多年战火不断，内忧外患，到1949年，中国的生物化学研究已被西方同行甩在后面了。百废待兴，大学、医学院的教授们忙于教学，只有为数不多的科研院所在做研究。

中国科学院上海生理生化研究所，正是全国首屈一指的生化研究重镇。

1950年，在原中央研究院医学研究所筹备处基础上成立起来的上海生理生化研究所，是政务院首批批准建立的全国十余所国家级研究机构之一。其研究集中在营养方面。但研究人员少，骨干稀缺，仪器设备几乎没有，研究工作远远落后于国际水平。

国际上的生化研究，在1940年代以后，主要围绕酶、蛋白质、中间代谢（亦称动态生化）、核酸等领域蓬勃发展，酶、蛋白质、中间代谢、核酸等是当时生化的生长点。有鉴于此，1950年，上海生化所制定第一个五年计划，确定指导思想为"以发展较为全面的基础与培养研究干部为研究所的主要目标，把整体及功能概念作为指导思想，发展生化基础的研究课题，如酶、蛋白质、核酸、代谢及生物物理等"。

研究骨干的培养没法速成，怎么办呢？上海生化所按着国家政策，千方百计争取在国外工作或进修的中国科学家回归祖国。在短短的几年内，引进了酶学专家邹承鲁、蛋白质专家曹天钦、维生素专家张友端、核酸代谢专家王德宝、蛋白质化学专家钮经义和微生物生化专家周光宇，加上建所时即加入的代谢专家沈昭文，这样一批思想敏锐、年轻有为、崭露头角的科学家很快组成了一套门类较齐全并互为补充的阵容，使各个领域都有了学术带头人。② 真是一

---

① 张友尚《中国生物化学与分子生物学的发展》，*Chemistry of Life*（《生命的化学》），2009年29卷第5期。

② 《中国科学院上海生物化学研究所所志（1950.5—2000.5）》。

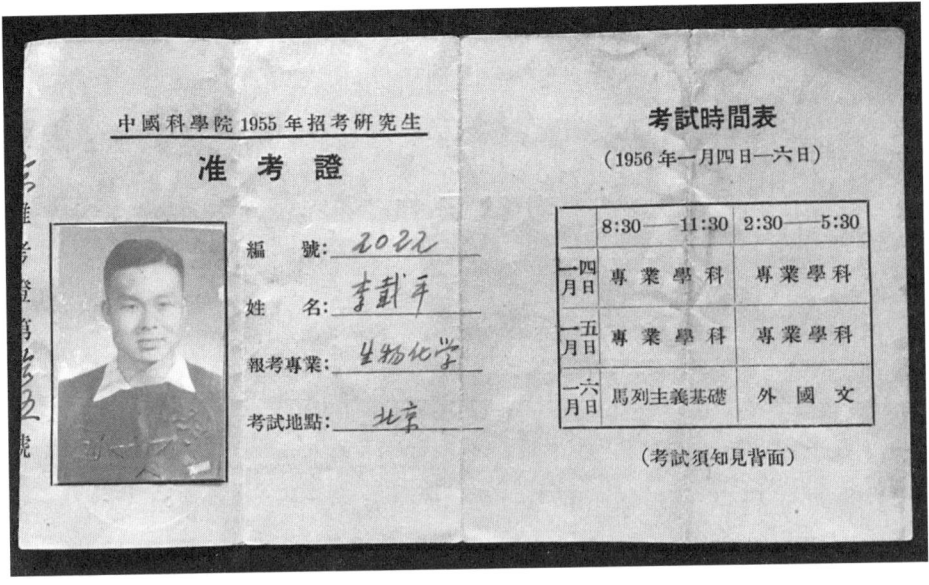

报考生化所研究生的准考证

条捷径!

由于这些导师大多来自英国剑桥大学,研究领域在全国都处于领先地位,那个时期的生化所就被昵称为"小剑桥"。而上海生化所的创始人、所长王应睐,后来成为我国著名的生物化学家、中国生化学泰斗,同时也是推动我国基础学科发展的卓越领导者之一。

早就听说上海生化所聚集了这样一批思想活跃、造诣很深的科学家,李载平不正是冲着这些优秀前辈来的嘛。

导师曹天钦

到了所里,李载平被分配到蛋白组曹天钦先生门下。

彼时的曹天钦,虽只是年轻的副研究员,却已名声在外。他在英国师从著名生化学家K.贝利（K. Bailey）研究蛋白质化学，获剑桥大学生物化学系博士学位，还被剑桥冈维尔与凯斯学院（Gonville and Caius College, Cambridge）选为院士，这可是该院历史上获此殊荣的首位中国人。然而，想为新中国科学事业献身的决心，使他毅然放弃了去哈佛大学保罗·多蒂（Paul Doty）教授（蛋白质物理化学领域的权威）著名的实验室工作的机会。1952年10月，曹天钦携妻子、麻省理工学院物理学博士谢希德，冲破美国的封锁，辗转英国，回到祖国，成为新中国现代蛋白研究的奠基人。

早在1920—1930年代，肌肉收缩的研究就已成为生物学、生物化学的研究热点（迄今还是分子生物学方面引人注目的重要课题）。1930年代末，已经分离出肌动蛋白和肌球蛋白的复合物，并已知这两类蛋白质跟肌肉收缩有关。以后，又发现肌球蛋白具有三磷酸腺苷（ATP）酶的活力。这些研究成果，大大促进了肌肉收缩机制的研究。但当时，对于在肌肉收缩功能上最重要、结构上最复杂的一种蛋白质——肌球蛋白了解甚少，肌球蛋白成为世界上众多实验室的研究对象。1952年前，对于肌球蛋白分子存在有亚基结构，已有很多推测。但直到1953年，曹天钦发表了《肌球蛋白的分子的裂解》一文，才得到确证。年仅33岁的曹天钦，成为肌球蛋白轻链的发现者。

年轻有为的导师，会是怎样的一方神仙呢？

李载平被带去曹天钦的办公室，正式拜见导师。

春寒料峭，上海不像北京那样冬季供暖，办公室里冰冰冷的。曹先生在室内还披着短呢大衣，亲切握了手，一开口说话，就令人印象深刻。

"曹先生思想很活跃！他告诉我，做科学研究就是要探索新的知识，不要怕钻牛角尖，感兴趣的领域就要钻进去，打穿了……"在没有暖气的办公室里，刚刚认识的师生俩谈了好长时间，谈得很深入，心头暖乎乎的。

即使过了半个多世纪，晚年的李载平回想起来，对于导师初次的耳提面命，还是不胜感佩——

"曹先生主要讲了两个意思：一个就是鼓励我怎么样有信心去做科研，还有一个就是做科研时他体会的要点。那个时候我是一个年轻学子，后来随着一年一年自己也带很多学生，我慢慢觉得对于年轻一代的成长，这两条是非常关键的。要有信心，方法对头，走到好的路上去，就会得到很好的发展。"

多年以后，为纪念曹老师撰文，他又回忆起那次交谈中曹先生讲到的十分重要的三个要点：

首先讲的科研生涯第一章，就是喜欢科学，爱科学，有问题，有设想。他说不要怕人家说钻牛角尖，科学问题就要深钻才能有突破。他在剑桥大学时，正值沃森（Watson）和克里克（Crick）[①]同时在医学研究理事会（Medical Research Council, MRC）[②]，一间不起眼的小屋里，两个人搭建他们的DNA双螺旋模型。

第二，要重视技术。生物化学是实验科学，设想是需要科学实验证明的。因此，在科学问题解决中技术手段往往是决定性的。"工欲善其事，必先利其器"，做实验科学的绝不能忘。永远不能忽视利用和发展新技术。

沃森和克里克做出了20世纪最重大的发现之一，现在有很多讨论沃森贡献大还是克里克贡献大。大部分人觉得沃森贡献很大，因为是他首先提出要研究DNA的结构。当然，克里克有很好的物理学和思维推理的素质，一起帮着把模型建立起来。所以提出问题很重要，还要解决问题。科学的发展离不开技术的发展，假如没有显微镜的话，恐怕很难有细胞学。科学的发展提出了对技术的要求，技术的发展推动了科学的发展。

[①] 美国科学家詹姆斯·沃森（James Watson, 1928— ）和英国科学家弗朗西斯·克里克（Francis Crick, 1916—2004）在1953年共同发现了脱氧核糖核酸（DNA）的双螺旋结构，与莫里斯·威尔金斯（Maurice Wilkins）共同获得1962年的诺贝尔生理或医学奖。

[②] 医学研究理事会，成立于1913年，是英国七大国家级研究理事会之一，隶属于英国研究理事会。作为由英国公共资金建立的国家级政府机构，其主要工作是资助为改善人们健康状况而开展的医学研究。

第三，特别强调了学科交叉。他说，科学发展最快的都是在一些新领域，而新领域的突破产生往往得济于学科交叉。物理学、化学的引入已经给蛋白质的研究带来突破性的进展，如电泳、超离心、桑格化学测序法，使蛋白质的研究发展到分子结构的水平。应该说，曹先生是我国最早提出 Bio-X（生物学与其他学科相结合而形成的交叉学科）的先驱。

1956年之前几年，英国的弗雷德里克·桑格（Frederick Sanger）刚刚把胰岛素蛋白质的氨基酸顺序解出来。桑格靠的是化学改造的方法，在氨基酸上加上标记，做出数据分析。新的技术打开了新的大门。DNA 测序由桑格做起，那时候测一个人的 DNA 顺序要花几十亿美金，现在只要一千美金就能做了。为什么呢？物理技术的引进，纳米技术的引进，才能够有这个新的阶段。①

"他生动的语言、清晰的思路、智慧的哲理，我至今难忘。我觉得，这些可能是以后发展很重要的一个思路。曹先生对我整个科研道路的发展起着非常关键的作用，可以说是惠我一生。"导师开门第一课讲的这些经验，后来都被李载平传授给了更年轻的同行。

曹天钦爱把具有学术传统、不断创新、科研力量配备适当的集体比作"烧红的煤球炉"，一只新的煤球一旦投入这样的炉子，也会很快被燃红，发出自己的光和热。李载平一开始是加入曹老师煤球炉的新煤球，渐渐地烧红了自己的煤球炉，再去燃红别的新煤球。这，便是科学团队传承的力量、集体的力量。

工作之余的曹老师，爱好摄影。所里组织全体员工到龙华春游，曹老师背着相机，甘当义务摄影师。他给大家拍集体照，不说"你们站好了""排好队""看着我"，而是拿着相机随机抓拍，出来的照片特别活。中国科学院华东分院团组织去郊外打靶，李载平打气枪时，曹老师给抓拍了一张，那个神气呀！可惜，这张不可多得的照

---

① 李载平《深切怀念恩师曹天钦先生》，《曹天钦先生纪念文集》第13页，曹天钦基金会编，2010。

片后来毁于"文革"抄家。

曹老师一双巧手，不仅实验做得漂亮，还擀得一手好饺子皮。李载平与妻子崔桂芳还分居两地时，崔桂芳来生化所进修，小夫妻俩被请去老师家吃饺子。李载平发现，老师擀饺子皮特别快，和面、做馅、擀皮、包饺子一气呵成；相形之下，师母就不如他"全能"了。

后来，崔桂芳调来了上海，经常有机会见到比他们大不了几岁的导师曹天钦、师母谢希德，觉得他俩都挺客气的，从不摆

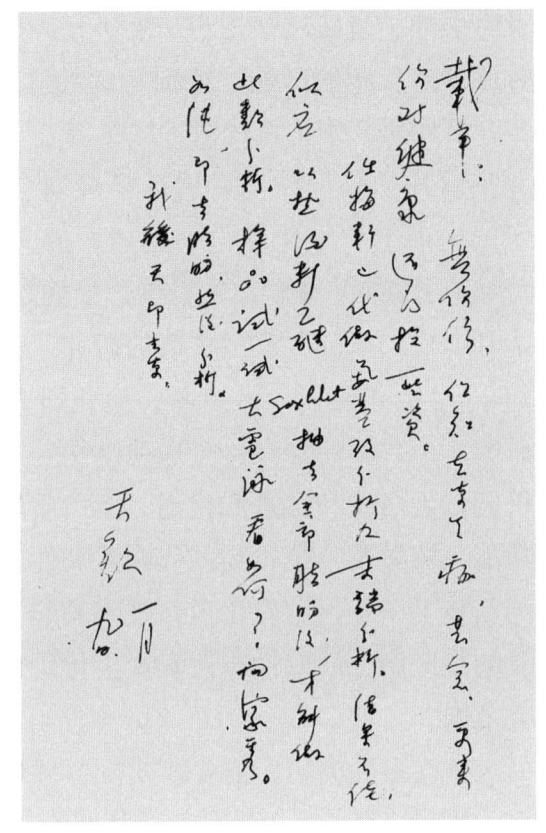

曹天钦先生写给李载平的便笺

谱。饥饿岁月，曹老师还曾请他们到家里打打牙祭。

生化训练班

从高校到了科研所，李载平发现整体气氛就是希望你开开心心投入科研工作中去，对感兴趣的问题去思考、去研究，他觉得特别开心。

1952年，上海生化所成立酶组和蛋白质组，主要进行细胞色素

及有关酶、蛋白质结构与功能研究。1953年，成立代谢组，研究各种因素对代谢的影响，特别是对蛋白质和氨基酸代谢的影响。1954年，开始研究维生素代谢。1955年，开始研究核酸。1956年春，在北京召开的科学技术发展远景规划会议上，确定并建议生理生化所的生理组和生化组分别迅速发展为独立的两个研究所。同时在《1956—1967年科学技术发展远景规划纲要》中，"蛋白质结构、功能和合成的研究"和"核酸的研究"被列入现代自然科学基本理论的12个中心题目。1957年，生化研究的方向做了重新调整，着重研究六个方面的课题：蛋白质结构与功能，酶的提纯、辅基与作用机制，蛋白质和氨基酸代谢，蛋白质的生物合成，维生素的代谢与功能，核酸及其衍生物的代谢及功能。此外，与研究工作密切相关的新技术——蛋白质化学新技术的建立和应用、超离心方法的建立及初步应用、放射性同位素在生化研究中的应用等——也列入了研究范围。

这么多的项目，需要落实。各领域的学术带头人，需要得力助手。快速培育新人，有什么妙招呢？

1949年前，中国的大学不曾设立生化专业，进上海生化所的青年科研人员几乎都是化学系毕业的，没有经过生化的基本训练。所长王应睐参照他当年在剑桥大学的经验，举办生化训练班，既系统讲授生化的最新知识，又强调提高动手能力，掌握研究方法。他选了一系列经典的研究实验，让学员动手去做，从中学习生化大师是怎样做研究的。

训练班持续三个月，从实验、讲课和讨论三个方面培育新人。给大家讲课的，就是曹天钦、邹承鲁、张友端、王德宝、钮经义、周光宇、沈昭文等各领域专家，每人负责讲一段；原始论文的讨论课，往往跟大实验结合。

曹先生讲课，讲到在生命系统中，生物大分子起着主要功能作用，实现各种各样的生命运转活动。他说，蛋白质是非常重要的；

各种酶、各种肌肉、心脏由蛋白质构成；蛋白质由核酸作为模板。他打比方，生命活动好比精彩的芭蕾舞，不同的蛋白质是女演员，核酸是男演员，男演员把女演员托起来，跳出各种各样非常美妙的舞姿，可根基还是需要核酸体系的支撑，遗传物质是核酸一代一代传下来的。形象生动的比喻，让李载平记了一辈子，"这个想法，对我打开思路、以后把重点转移到 DNA 上，起了很大的作用"。

训练班做实验，跟大学里做实验不一样，大学生做的实验比较小、简单；跟做自己课题的实验也不一样，一开始就定下课题的实验涉及的面比较窄。训练班的实验，往往是一个比较系统的过程，需要三天或者一个礼拜才能完成一个阶段性的实验，可以说是大实验吧。大实验的好处在于，规模比较大，涉及的面比较宽。以后做研究工作，对不同的方面，比如做酶的、做蛋白质组分的，都算有一些经验了，要考虑应用某种手段去解决问题的时候就不至于束手无策，不会那么生疏，做起来容易上手。

还有讨论，看文献之后进行讨论，给大家看的不是教科书，也不是综述之类，而是看原始文献，即重要的实验结果初次发表时拿出来的科学论文。看原始文献，可以看到科学论文是在什么基础上提出问题的、又是用什么思路去设计来解决问题的、解决了什么问题、还有什么问题没解决、有哪些实验设计巧妙的地方是值得细说的。假如你比作者高一筹的话，还会看出其中的弱点，也就是这个工作不足的地方。这等于是在科研的最前线，去做实验设计和理论，去进行沙盘演习一样。在研究生培养中，对于重大科学发现的原始论文的分析讨论，是很重要的方式。

大实验准备起来比较麻烦，原始论文的讨论又需要导师安排比较多的时间，对于学员来说，这些都是不可多得的学习良机。

那时候，岳阳路 320 号上海生化所老大楼里，三楼西北角有个拐弯的地方，那儿放了两条长沙发、一张台子、两个报刊架，大家给起了名字叫"红角"。做完实验有点闲暇，李载平喜欢去那里翻翻

1956年所庆活动中蛋白组合影。二排右二为曹天钦，三排右一为李载平

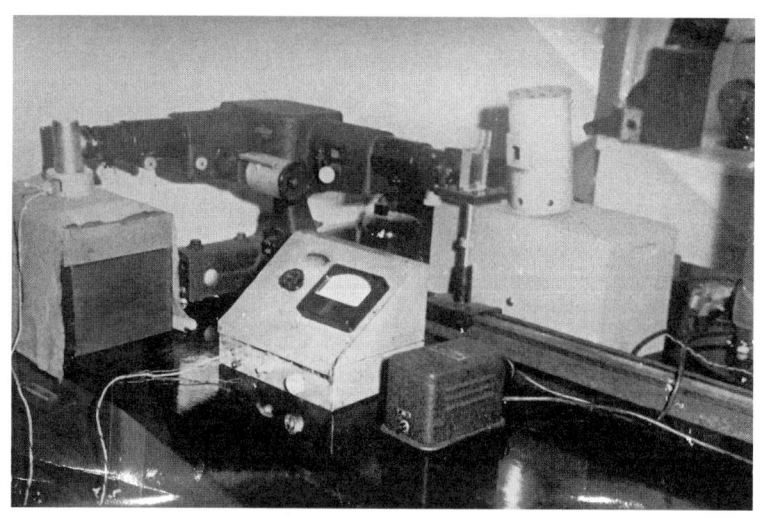

1956年的实验装置

报纸、杂志，碰到熟人还可以聊聊你现在做什么、我正在做什么，或者有什么困难大家可以讨论讨论，气氛非常好。多年以后，大家还都很怀念那个简洁、温暖的"红角"。

当年的学员，有许多后来成了有关单位生化科研和教学的骨干。

研究生当上研究室副主任

北大医学院八年，李载平除了做教学辅助工作外，还在张昌颖教授手下研究胆固醇的体内合成。北医在当时算国内条件很好的单位，连实验室里的老技术员也多是协和医学院过去的。

胆固醇，是来自吃进去的食物还是体内合成的？李载平用不含脂肪的食物喂老鼠，发现老鼠血液里的胆固醇含量并没有发生变化，证明胆固醇是身体自己造出来的。这个研究成果后来为什么没有发表呢？一是他们看到最新的报道，国外有科学家给老鼠吃下碳14标记的糖，糖在老鼠体内转化为胆固醇。但人工合成的胆固醇是否足够，还不知道。二是学校里政治运动一个连一个，严重影响了科研工作。

到上海生化所后，曹先生启发李载平，对什么研究领域感兴趣都可以去尝试、拓展。曹先生说，生物体内重要的蛋白质那么多，我们也不一定只做肌肉蛋白，可以多扩展一些研究领域。

蛋白质是构成细胞的基本有机物，是生命活动的主要承担者。机体中的每一个细胞和所有重要组成部分都有蛋白质参与。人体内蛋白质的种类很多，性质、功能各异。只要有兴趣，选定一个方向钻研下去，其中的奥秘都是无止境的……李载平跟了曹先生一段时间，就已初尝科学实验的乐趣。他选择了神经组织的蛋白质研究这个方向，分别用牛坐骨神经组织和牛脑为来源，进行蛋白质的抽提分离和鉴定。利用实验室已有的条件,他得以高效率地获取牛坐骨神经蛋白,并进行纯度、氨基酸组分、末端、免疫专一性的分析鉴定,另外也获得了不同特性的含磷脑蛋白。

进上海生化所深造,使李载平的科研生涯上了一个台阶。两年之内,他即小有收获,在《生理学报》及《生化学报》上发表了两篇有关神经蛋白的科研文章。正准备进一步深入的时候,1958年"大跃进"突如其来。

全国上下都在大讨论,火热的形势蔓延到生化所。大家觉得过去好多工作都是小打小闹没意思,要搞就搞大的,整个科研规划得从头做起。全所展开了大讨论:科研单位怎么大跃进?怎么放卫星?如何反击美帝国主义的核讹诈?还有人豪迈地喊出"让肿瘤低头""高血压让路""合成蛋白质"等等。民主讨论的结果,定下两大课题:一个是胰岛素人工合成,还有一个是放射生物学。

在这场群情激奋的大讨论中,二年级的小研究生李载平提出:从 DNA 下手。

此前的 1957 年,他已以第一作者在《生理学报》第 21 卷第 3 期发表论文《牛坐骨神经白朊的抽提、提纯和鉴定》。雏鹰初啼,让人对这上海生化所的首名研究生刮目相看。

他被破格提升为放射生物学研究室副主任,协助张友端先生,带领一个攻关小组,专攻分子生物学方向;并由放射生物学机理进入 DNA 损伤的研究,开始了以噬菌体 ΦX174 为模型的实验。

研究室副主任,可是很出色的研究员才能担当的重任啊!而且当时,别的研究室主任、副主任都是老"海归",唯独他不是。但此后的工作业绩在在证明,他担得起这份重任。

在生化所 8 号楼,他有了独立的研究组,还配备了助手,从此顺利转到 DNA 方面的工作。清一色的对 DNA 感兴趣的新手,面对相关试剂、仪器和设备等这些基本条件都不具备的实验室,选择这个课题,意味着很辛苦,却很有意义。

通常说的基因，是编码具有功能的分子的 DNA（脱氧核糖核酸）或 RNA（核糖核酸）的序列。DNA 首先被复制为 RNA；RNA 可以是直接起作用的，或者是执行功能的蛋白质的中间模板。人类基因组是人类核酸序列的完整集合，由细胞核内 23 个染色体内的 DNA 和线粒体内的小 DNA 分子组成。1953 年，DNA 的三维结构才被沃森和克里克发现是双螺旋长链的分子，这项 20 世纪最重大的发现因此获得诺贝尔奖。1958 年已知 DNA 会被放射线损坏，但是被损坏的机制还不明确。李载平选择的放射线对 DNA 分子损坏机理的研究，在当时的中国还是一个空白领域。

"保罗·多蒂研究大分子结构，对我的影响很大。"他说。后来，他被分配去做放射生物学，做抗放药物（放射性损伤防护药物的简称）。"我觉得，能在国家最迫切需要的领域进行科学研究是最高的乐趣。"

他琢磨，X 射线对动物或者对生物起作用的目标靶在哪里？可能是核酸，因为放射线育种是长期使用的，一粒种子被射线照射以后遗传性状就改变了，可以产出带一些新的性状的后代来。这里伤害的目标靶就是核酸，所以由蛋白质考虑到核酸。DNA 是两条链的，射线照射以后，可能有一个阶段 DNA 的两条链没有完全打断，还能维持原来的状态。他很幸运地发现，在放射线的照射下，有柠檬酸盐存在，DNA 受射线的破坏只有单链被打断，没有发生降解的破坏，他称之为"隐藏破坏"。这表明 DNA 的射线损伤，还有修复的条件和可能。在这一情况下，应该有机会可以把 DNA 分子修复如初。

为了能深入了解 DNA 的射线损伤修复，他选择了研究一个最简单生命体的 DNA 分子，即病毒 DNA 分子，作为深入研究的方向。虽然，当时的技术条件尚无法直接研究基因的结构，但他们已可以将小病毒 ΦX174 赤裸的 DNA 转染引入大肠杆菌，复制出有活性的病毒，并可检测到同位素标记的病毒基因表达产生的蛋白质条带。

在试管中用化学方法改造病毒 DNA，由此来分析在基因上的变化。

原来，外界环境不断地威胁、破坏 DNA，而 DNA 不断地修复自身，正是这种微观世界不易察觉的过程，保证了生命的延续！

可以说，这虽然是初级的但也是当时最先进的"基因工程"，是中国最初的基因分子生物学研究……DNA 的损伤和修复，后来成了生物学里的一个重要领域。

开局的精彩，自然延续着。李载平继续硕士论文的研究方向，研究射线对 DNA 的隐藏破坏以及对细胞结构的影响，发表论文《X 射线对小牛胸腺脱氧核糖核酸的隐藏破坏作用》，收入上海科学技术出版社出版的《1960 上海市科学技术论文选集》，这意味着相关工作被肯定是上海的重大科技成果。随后，又发表论文《ΦX174 DNA 的感染活力与离体化学改造》。那一年，他 36 岁。

遗憾的是，这一工作没有再深入展开，因为科研人员被要求尽快拿出药来。李载平带着课题组全力以赴，进展神速。1960 年代初，他们已能将小病毒（噬菌体）的 DNA 引入大肠杆菌产生出有活性的病毒来，DNA 还能在试管中进行改造。这个小病毒只有不到十个基因，但当时的技术条件无法直接研究基因的结构，只能由它生活性状的改变和功能蛋白的改变来间接分析在基因上的变化。

当年的科研条件，差到什么程度呢？实验室非常好用的"恒温水平式黏度计"，还是曹天钦、彭加木两位在工厂里组装的；而实验用的菌种，是王应睐所长帮忙问英国朋友要来的。然而，李载平们对科研的满腔热忱和全身心投入，却是当今拥有先进技术设备的后来者望尘莫及的。

1960 年，李载平硕士研究生毕业。

新中国培养的第一批硕士研究生陆续毕业，意义非凡。新华社注意到这件大事，当作新闻来报道。1961 年 10 月 7 日的《文汇报》，转发了"新华社上海 5 日讯"《科学院上海分院所属七个研究所 15 名研究生通过毕业考试》——

中国科学院上海分院所属七个研究所，从去年9月到现在，陆续有十五个研究生通过了毕业考试。他们即将分别被确定为副研究员或助理研究员。

这批毕业的研究生原先都是具有几年实际工作经验的大学毕业生，能阅读一种到两种外文。他们有的原是研究所里的研究实习员，有的是大学的讲师、助教，当时都是由各研究所通过考试认真挑选出来的。经过几年的培养，他们已具有助理研究员的水平，其中几个突出的已相当于副研究员水平，已能独立负责一个方面的研究工作，有的并且已经做出一些科学研究成果。生物化学研究所这批毕业的研究生李载平所写的论文《X射线对小牛胸腺脱氧核糖核酸的隐藏破坏作用》，在今年召开的第五届国际生物化学会议上被作为文件分发。微生物研究所洪孟民研究的"枯草杆菌的氮同化途径"曾在苏联医学科学院报告过，得到好评。实验生物研究所王亚辉写的论文《无神经的蝾螈胚胎的腿的再生》在学术上也有一定价值。

这些研究生几年来都是在固定的导师指导下从事研究工作，在工作中学习。担任导师的冯德培、庄孝僡、汪猷、曹天钦、沈善炯、邹元爔等人，大都是国内外著名的科学家。这几年为了培养科学研究人才，他们花费了不少心血。他们给研究生指引研究工作途径，确定研究课题，指导阅读国际文献，解答问题，还培养研究生严肃对待科学工作的治学态度。研究生自己在学习中也都能刻苦钻研，虚心向导师学习。

论文入选《1960年上海市科学技术论文选集》，看着是一小步，却也是不容易的一大步。在此后漫长的科研生涯中，李载平发表了大量的论文乃至高质量的专著、译著，但他认为，这最初的几篇论文（包括1959年，他以第一作者在《生化学报》第2卷第1期发表的论文《牛脑的磷脂蛋白Ⅰ的抽提、提纯和鉴定》）特别关键。实际上，他自从在曹天钦先生的指导下从事牛神经蛋白的分离、提纯和鉴定工作之后，只有短短四年的时间，却发表了三篇论文。这让导

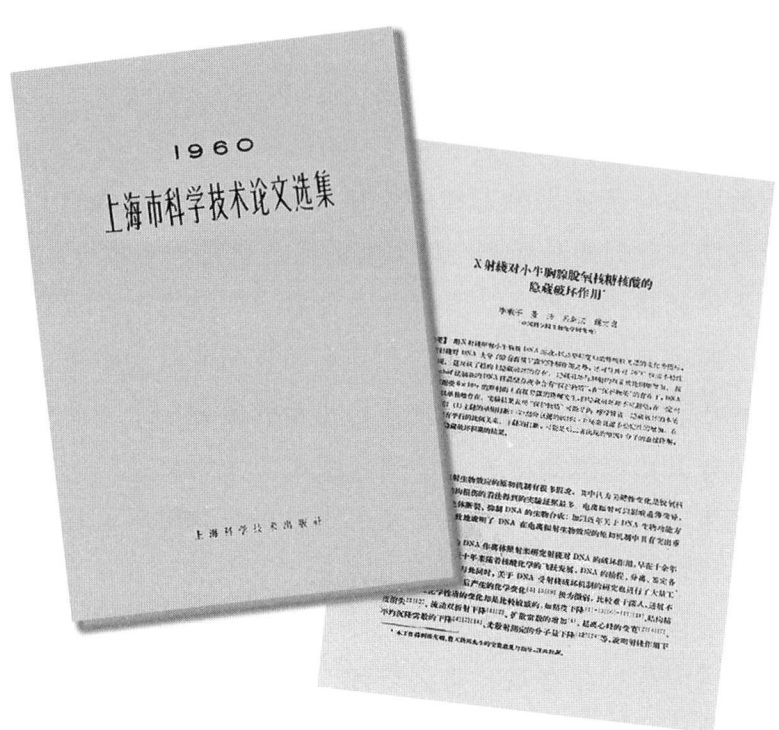

被收入《1960上海市科学技术论文选集》的论文

师曹天钦和生化所所长王应睐注意到他的工作,破格提拔他当研究室副主任,"他俩给年轻人机会,贡献大!"

说王应睐、曹天钦贡献大,不单指对于年轻科研人才的发现、鼓励,给予施展才华的平台;更重要的是,他俩促成了一项"中国第一"——当时在中国生化界,人们的着眼点都集中在蛋白质酶、新陈代谢上;注意到基因,着手 DNA 研究,李载平是第一人。此前,这么重要的一个领域,一直都没有中国人的份。

第二章

困难岁月中的厚积薄发

1960年代初的中国，虽然贫穷落后，但人们普遍心思单纯，就想着建设祖国。

中国科学院上海生理生化研究所提出的"合成一个蛋白质"引起周恩来总理的关注，很快从"大跃进"中的科学畅想变成被列入1959年全国科研计划的国家重点研究项目。科研人员备受鼓舞，忘我地为此工作。1964年，国家科委决定分子生物学为国家重点研究课题，并指定上海生化所为主要负责单位。1961年至1966年初，成为上海生化所的一段黄金时期。可惜好景不长，正常研究秩序被这年春季开始的"文革"破坏，工作几乎完全停顿。①

在物质的极度清贫中，顶着"莫须有"罪名的精神压力，李载平努力工作，与军方合作研发抗放药物取得成果。

1972年，由于周恩来总理针对自然科学基础理论研究工作的多次批示，科研工作有了转机。次年，李载平得到机会参加赴日本的高分子考察团，噬菌体、核酸方面的研究也有了新进展。1975年，又参加赴美国的分子生物学考察团，从此展开科研新天地。

正是初次踏上美国土地，使他拜谒了世界生物化学的圣地——冷泉港。

招收第一个研究生

上海生化所新来的研究生、研究实习员参加的生化训练班，后

---

① 《中国科学院上海生物化学研究所志（1950.5—2000.5）》。

来发展成了小型高级生化训练班,除了为本所新进人员补充生化基础知识,还吸收部分外所同行和进修生参加。训练班人数最多时有18人。

1960年1月,第一次全国生化学术会议在上海召开,来自全国102个单位的400余名生化研究工作者(包括213名代表和200余名列席代表)出席。会上,中国科学院上海生理生化研究所所长王应睐作了《我国生物化学的发展和任务》的报告,指出近几十年来生物化学发展十分迅速,已成为自然科学中最吸引人的增长点之一;针对一些基本理论和生产实践中的主要问题,提出我国生化界的总任务,即在最短时间内赶上世界先进水平,有能力解决生产实践中提出的重大问题,这就需要培养一支强大的又红又专的生化队伍,使全国生化工作联成一个协作网,有效进行全面合作。[①]

培养生化人才、壮大生化研究队伍,成为一项重要而紧迫的任务。1961年,中共中央提出"八字方针"。[②] 上海生化所组织全所主要力量,举办了高级生化训练班。

当年5月开班的高级生化训练班,历时三个月,除上海生化所的研究人员外,全国有26个省、市、自治区,123个科研单位和高校的404名生化工作者(含旁听生75名)参加学习。学员共计442人,包括毕业不久的年轻人、具有多年工作经验的科研人员和老教师。

讲课围绕蛋白质、酶、核酸、代谢等生物化学的主要生长点系统展开,介绍世界生化界最前沿的研究情况,同时介绍国内科学家的贡献及授课老师各自的经验。近百万字的教材,内容70%左右是1950年代的,其余便是近两三年的成果,新写就的讲义油印了分发给学员。曹天钦先生主讲的蛋白质部分,甚至更新到开课前一个月

---

① 戚正武《全国第一次生物化学学术会议》,《科学通报》,1960年5卷第5期。
② 1960年7月,中共中央北戴河会议提出要对国民经济进行调整。9月30日,中央转发国家计委党组《关于一九六一年国民经济计划控制数字的报告》,正式提出"调整、巩固、充实、提高",即"八字方针"。

的最新研究进展。

留所工作不久的李载平，协助导师曹天钦担任了部分教学工作。曹老师讲课，深入浅出，生动有力，善于分析批判。与李载平一起讲课时，他利用立体模型等教具，把难以理解的蛋白质和核酸的结构问题讲得清清楚楚。李载平等几位年轻教师的讲课也各具特色，为各路学员所喜闻乐见。

因为要备课、答疑，长期从事研究工作的科研人员走出了实验室，复习并系统整理了有关的文献资料；更重要的是，得以鸟瞰相关研究领域，了解国际同行的工作进展。曹天钦、邹承鲁等专家还举行大课辅导，解答问题。活跃的教学氛围，使李载平等年轻科研人员也得到不少的提高。[①]

由于业务出色，李载平研究生毕业不久，就有了招收研究生的资格。

1962年，招收的第一个研究生叫汪垣。这复旦物理化学系毕业的女生，跨进"觉得很神圣"的研究所，被李载平的研究课题和方向——"核酸的结构和功能"吸引，是很自然的。因为生物化学在当时还属于一个新兴的交叉学科，而核酸结构是相当前沿的研究课题。得益于李老师的教导，她的科研之路起步早、走得正，日后在基因工程、乙肝疫苗及乙肝病毒基因表达调控规律研究中做出了突出贡献。

当时，实验室要建立一种新的测量方法——光散射方法，即通过生物大分子吸收和散射光的不同来测量分子的大小。汪垣一进门，就按李老师的要求，做起金属离子和DNA分子相互关系的实验。

初来乍到，对科研还没有多少概念的汪垣，只觉得所里的老师"个个英俊潇洒，很有风采"，上班真像看英式电影。李老师则"很年轻，嗓门大大的，个子高高的，没有架子，很随和"。

---

① 1979年又在沪、杭两地同时举办了一次大型训练班，参加者达500人。

37岁的李老师，正当大好年华，科研能力强，做事一丝不苟，也已积攒了一些经验。在他，从实验的进入、操作着手，亲力亲为地课徒，与其说是本职工作的一部分，不如说是分享科研快乐的一种独特方式呢。

科研最讲严谨，来不得半点马虎。比如做实验时，移液管操作哪怕有些微的不准确，结果就会出问题。有一次，汪垣正用移液管量取化学试剂，李老师站在她身后轻轻地说了句："你应该把移液管拿直。"她心里一惊，赶快把移液管竖直立起来。这事让她记取了一辈子。以后她多次跟老师提起，老师总是说"真的吗？我都不记得了"。

严格要求每一名学生，是李老师坚持了一辈子的原则。唯其如此，他带过的学生才个个出色。导师的言传身教、环境的长期熏陶，是除了自身努力之外，优秀人才成就事业的必要外因吧。

汪垣们每天做实验都做到深夜，实验室总是灯火通明的，直到管理人员进去催了才收工回宿舍。如此废寝忘食，也是受了老师潜移默化的影响。那时候，她经常吃不到午饭，因为李老师习惯近中午时来和她讨论问题，到了饭点，讨论还在继续，而且引人入胜，等讨论告一段落，食堂却已关门。

李老师的讨论方式，深受学生们喜欢。师生之间无拘无束的讨论，成了日常工作的有机组成部分。他善于和学生讨论，从来不发脾气，多是启发式的，只要你有好的想法，他都鼓励、支持你做下去。他有敏锐的思想，很会发现问题，这对科研工作者弥足珍贵，对刚入门的学生更可能起到一语道破、醍醐灌顶的作用。正因为这样，他教过的学生留在国内的非常多，就算去了国外的学生也大多会抽时间回来探望他，继续享受当年那样的交流。汪垣就是因了李老师的指点，在国内较早进入乙肝病毒基因的相关研究，才有了后来的一系列成果。

与师生们的学习、研究热情形成强烈反差的，是科研经费、实验设备的匮乏。做实验用的分光光度计来自英国，它的比色杯是昂贵的石英做的。当时的实验不像现在是自动对比读数的，而完全靠手动进行对比读数。有一次，有学生上楼的时候不小心摔坏了一个比色杯，结果全所开会批评，可见仪器在当时是多么珍贵。

研究生院组织仪器试制活动，就是专门设计一些实验仪器，以展现学生的学习动手能力。汪垣做的是测定核酸用的仪器，需用紫外汞灯进行实验。由于不懂防护，她和甘人宝两个小青年做了一天的实验，晚上回去后感觉脸很痛，才发现紫外线把脸烧伤了。李老师为此事内疚了很长一段时间，还受到王应睐所长的严厉批评……

实验室之外，整个国家正处于困境中，史称"三年困难时期"。那年年底，长期吃不饱又超负荷工作的李载平晕倒在工作岗位上，住了一段时间的医院，然后去杭州疗养。身体吃不消，又唯恐荒疏了业务，心有余而力不足，无奈之下，只好收心静养。

半年疗养的意外收获是，美丽的湖光山色唤醒了他沉睡的艺术细胞，使他重拾儿时爱好，创作了一批水彩素描。

李载平水彩画作品《钱塘江的月光》

研发抗放药物出成果

1966年，北京军事医学科学院二所和上海生化所合作抗放药物研究项目。这属于保密级的国防科研任务，研究工作主要由生化所承担。二所的党支部书记、所长过来了，几乎主要骨干也都过来了。大家感觉责任重大，夜以继日地工作。

李载平坚持不要让学生去搞"四清"，说生化所要搞放射生物学研究，学生得做实验，不能走。后来，不让学生去"四清"成为他的一大罪状，他被扣上"只专不红"的帽子遭批斗。[1] 他与团队商定，用大狗做实验：给狗照射致死剂量的钴60，然后用抗放药，通过血液指标测定白细胞数量，研究这种药能否治疗这么严重的辐射。团队中的同事靳嘉瑞看见有报道称，雌激素有提高白细胞数量的作用，便提出可以试试合成类似雌激素的抗放药。李载平觉得可行，就制订了进一步的合成方案，主要是考虑怎样增强药性——雌激素是一个小分子，能否做一个脂肪链，让它变成大分子，在人体内保持很长一段时间呢？

做放射生物实验时，放射室主任张友端、副主任李载平负责为学生们查找资料、设计实验方案，每天还照样穿着专门的防护服、长筒靴，戴着围裙、厚厚的皮革手套，围着实验用狗转——遛狗、

---

[1] 1969年，生化所革命委员会的鉴定："李载平来生化所后，由于资产阶级个人主义思想，个人奋斗，追求名利，一心想成名成家，热衷于文献理论工作，轻视联系实际，直接为工农兵服务的工作，他还鼓吹让什么青年人出些论文，尝上'小甜头'，用名利思想腐蚀青年，作为党员副室主任，在他的错误影响下，使搞国防任务的五室，十几年来的工作走上了'三脱离'的错误道路。"《关于李载平问题的综合报告》，中国科学院档案馆，D149-265号档案。

喂狗、打扫狗笼子、清理脏物、给狗进行放射拍照等，做的都是繁重的体力活。

李载平研究生阶段的课题之一，便是研究放射元素对人体的危害，研究放射元素对DNA分子的影响和破坏。是他最早发现了隐藏破坏作用。放射元素对DNA分子的影响，随剂量大小而不同——大剂量的放射性元素照射会完全破坏DNA的分子结构，人立刻会死亡；中剂量的放射性元素照射往往造成身体局部出血，威胁健康；而微剂量或小剂量的放射性元素照射会缓慢地影响人的身体，即隐藏破坏。研究放射病的防治、研发抗放药物，正好把中断的研究续上了。

后来，李载平的实验室与上海第九制药厂合作，合成了防治急性放射病的药物，做成针剂注射到遭辐射的狗身上，发现很有疗效。

"'大跃进'的时候所里挂了两块牌子，一块是人工合成胰岛素，一块是放射病治疗。还好两块牌子都没有落空。合成胰岛素顺利完成，我们的放射病治疗也拿到了可以治疗两个致死剂量的病人的药。"李载平记得，当时北京有一名受到钴60两个致死剂量照射的病人，就是用他们研制的一种抗放药治疗得救的。还有个工厂，做检测用的钴60没有妥善保管，钴60在黑夜里发光，被小孩捡去当玩具，结果一家人都受到一个半到两个致死剂量的辐射，也是用他们的抗放药及时救过来了。实验室里出来的药能够治病救人，还有比这让科研人员收获更多成就感的事吗？

抗放药物研究取得了很好的疗效，合作就结束了。后来，合作方拿了成果去全国科技大会申报评奖，得了个特等奖。再后来，李载平又看到这项成果荣膺1978年国家国防科技一等奖。

业务尖子忽成"反党集团骨干"

不堪回首的"文革"岁月，在李载平的年表中，仅寥寥数语："文革"开始后，被定为反动学术权威和"王芷涯、曹天钦反党集团"骨干分子，接受群众批斗。

"文革"爆发不久，所里无中生有出了个所谓反党集团……"爱怎么说，就怎么说！"那一段，他不愿再提。

因为被视为反动学术权威、反党集团骨干分子，李载平成了所里第一个被抄家的。"家里没什么东西，抄起来很快……"他心痛地忆及一个细节：见外人突然冲进来乱翻家里的东西，大儿子天笑护着一个抽屉说："这是我的！"可抽屉还是被粗暴地拉出来，"咣当"一声，里面的积木倾倒在地。那次抄家，失去最多的是信件，大部分是李载平来上海十年间与北方家里的通信。他非常心疼，因为"我这辈子，妈妈是很重要的，她支持我到上海的决定"，可妈妈的信都被抄没了。

还有戏剧性的一幕：抄家后，造反派在所里贴出一张大字报，称李载平家里藏有变天账。李、崔两家几代都是城市居民，哪来的什么变天账啊？！原来，家里墙上挂着一个镜框，里面的照片背后垫了一张纸，那原是崔桂芳在天津时家里的一张西药房账单，因纸质较厚实，被利用来固定镜框玻璃，做梦也想不到有一天会被"看"成了变天账！

那年冬天，上海特别冷。8岁的天笑记得，父亲被打倒了，关了一两个月才放回家；母亲当然也靠边站了。"我们家有一段时间被划成'黑五类'……人家小孩拿石头砸我们家的玻璃窗……所以，小时候心理上是有阴影的。"抄家那天，刚上小学一年级的他正好在家，看蒙了：为什么那帮人可以到我家里东翻西翻？还敲敲墙，问我家保姆有没有密室窝藏东西。

汪垣清楚地记得："文革"刚开始，北京红卫兵串联来上海，满街都是"龙生龙、凤生凤，老鼠生儿会打洞"之类的标语口号。她很困惑，问李老师这样的做法对吗。李老师明确回答，不对。可没过两天，形势大变，造反派操控了一切，运动高涨起来，李老师他们也成了批斗对象，学生们被要求揭发老师。所有的工作都停顿了，每天就是写大字报、上街游行、开批斗大会。

有一次在实验室小楼楼上的房间开批斗会，李老师在楼下等着。只听造反派头目嚣张地叫喊："李载平爬上来！"最惨的是曹天钦先生，经常挂着用细铁丝串起来的沉重牌子被批斗。王应睐先生在批斗期间患结石病，依旧遭到不停的批判，身心备受残酷折磨。

同事陈远聪回忆：当时他们住的东安路科学院宿舍都受到严格管制，230弄弄口的墙上贴着批判黑帮分子的大字报，他们的名字和罪状赫然在目。第一幅"反、坏、右、资、黑"的大字报也在研究所里出现了。科研人员被迫劳动，他和李载平在一起扫地。

后来，工宣队又来"清队"，要清除队伍中的资产阶级，抓特务。当时流行一句话："海外归来是特务，监狱出来是叛徒。基本如此。"英国科学家李约瑟（Joseph Needham）先生莫名其妙被定为"特务"，他在华工作时的助理曹天钦因此成了"英国特务""一号特务"，被关在研究所礼堂的地下室，每天晚上都要被揪出来面对质问："你从事的特务活动是什么？"每次他都低着头回答："我从来没有从事过什么特务活动。"然后就遭皮鞭毒打，还被迫背水泥。他的颈椎因此严重受损，发展到后来殃及神经，埋下病根。老师成了特务，不愿揭批老师的学生"待遇"可想而李载平工作过的上海生化所老大楼（李天笑摄于2017年夏）。画外音："'文革'开始，我们每天放学后就跑到老大楼后面去看，又有谁家的父母被贴大字报了，名字被打上叉叉了……"

第二章 困难岁月中的厚积薄发

李载平（二排左一）在"五七干校"

知……

人性的扭曲如此可怕。但人们发现，十年浩劫结束后，老一辈科学家对曾经的悲惨遭遇只字不提。他们从来没有为此抱怨过，受到再大的打击，始终是热爱这个国家的。而且"文革"后，批和挨批的双方即使在同一个单位，挨批方也不会过分追究。汪垣感慨："老一辈人胸怀真是坦坦荡荡的，对党和国家的感情，我们这一辈人都比不上。"

斗争最激烈的时候，李载平还揣着一颗感恩的心，记得他人的善意。320号大院搞过一个抗大学习班。那天，学习班在319号小楼的实验室里设了个公堂，准备晚上审他。白天，就有个学生跑去给他通风报信，还安慰他说"没关系的，您别紧张"。晚上，他到了那儿，看见一个主审官坐在中间，旁边有人拿着棒头，就像戏里县官审案子的大堂。因为白天已经得了消息，有思想准备，他并不怎么紧张。结果，"他们只是拿着棒头吓唬吓唬，没打我。"

科研工作处于全面停滞状态。1972年，李载平去了奉贤"五七干校"。妻子崔桂芳第二年跟着也分配去了。在那片荒凉的海滩盐碱地，成批的科研人员学着养猪、养牛、插秧，一双双拿试管的手磨出了老茧。

从养猪场到日本化学会年会

1972年7月，诺贝尔物理学奖得主、科学家杨振宁参观了北京大学和中国科学院物理研究所。7月2日，在周恩来总理接见时，杨振宁提出应该加强基础理论的学习和研究。周恩来当场表示，杨先生说我们的理论太贫乏了，而且我们也不跟人家交流，这话有道理，你看到我们的毛病了。7月14日，周恩来接见美籍华人参观访问团时，对参与会见的北京大学负责人、物理学家周培源说：你回去要把北大理科办好，把基础理论水平提高。这是我交给你的任务。有什么障碍要扫除，有什么钉子要拔掉。① 此后，针对自然科学的基础理论研究工作，周恩来多次指示，7月23日还亲笔写信，要求国务院科教组和科学院好好议一下，并要认真实施，不要如浮云一样，过了就忘了。②

10月6日，周培源在《光明日报》发表《对综合大学理科教育革命的一些看法》一文，对当时高校中轻视理论的现象，提出了尖锐的批评。这篇文章，实际上就是按照周总理的意见而写的。③ 这是1970年代的一个重要事件。

此时，"文革"高峰已过，形势出现了一些向好的松动。比如，上述《光明日报》文章；又比如，中央对上海网开一面，允许上海有些对外交流。

这一年，国际科学界的目光被美国的一个重大生物化学新闻吸引：保罗·伯格（Paul Berg）第一次进行了DNA重组，获得含有编码哺乳动物激素的基因菌株。④ 而保罗·伯格的中国同行李载平，还在"五七干校"养猪、插秧呢！

1973年某日，李载平突然接到通知，让他马上从奉贤农场回研究所报到，说北京有任务。到了所里，方知国家要派团参加日本化学会年会，主题是有关高分子的。

于是，从"五七干校"的泥腿子，意外回归科研人员身份。应用化学所3人、北京化学所2人、上海有机所1人（都是研究化学

---

① 《周恩来年谱》(1949—1976)（下），第536页。中共中央文献研究室编，中央文献出版社，2007年。
② 同上，第539页。
③ 张义德《周培源与光明日报》，《光明日报》，1999年7月5日。
④ 保罗·伯格，美国生物化学家，因研究出DNA重组体技术而与桑格、沃特·吉尔伯特（Walter Gilbert）共获1980年诺贝尔化学奖。

大分子的）和上海生化所1人（即研究生物大分子的李载平），在北京集合，去著名的"红都"统一定做了西装、人民装各一套，还买了衬衫、领带、皮鞋……收拾停当之后，高分子考察团在团长钱人元的率领下，出发了。

当时，中日两国之间连航线都没有开通呢。碰巧，以廖承志会长为团长的中日友协代表团4、5月间访问日本，中国买了英国三叉戟飞机作为专机，高分子考察团就搭了便机。

刚刚跟日本建交的中国，还没有一个定点的大使馆，只是在东京市中心黄金地段很有名的新大谷饭店租了一些房间，作为中国大使馆的临时办公点。刚好要出席的会议也租了新大谷的会场，中国科学家也被安排住在新大谷。

正是樱花盛开的季节。新大谷虽在寸土寸金的黄金地段，却有个漂亮的花园，鸟语花香，泉水叮咚。漫步其间，身心愉悦、放松，僵化已久的大脑渐渐复苏……

会议之余，东道主安排中国同行从东京到京都、大阪，参观了东京大学、京都大学、大阪大学和相关企业、研究所、产业园区。日本人向中国科学家展示了自己最好的东西。

1970年代的日本，就已有多个大学、相关科研机构密集的区域，形成产业园区了。比如由三菱自动车贩卖株式会社、三菱重工及美国克莱斯勒汽车公司共同投资"三菱自动车工业株式会社"形成的三菱化成工业公司。一大批著名企业集聚在园区，共享科技资源。大学、科研机构成为日本经济腾飞的巨大引擎，也充分带动了当地其他企业的发展。

在东丽公司的全自动化纺丝车间，中国科学家惊讶地看到，偌大的一个车间，居然不见一个人影，只有机器在那里自动纺丝。第一次走出国门，就看见了如此先进的技术，李载平内心感受到极大的震动。他想：以后很大的企业，自动化程度高的话，就不再需要很多劳动力了，整个产业结构都会改变。

他们还参观了做胶卷和相机的富士公司。富士做胶卷相关的那一套化学技术，包括片机染料的技术，都有相应的研究室作为后援。所以后来富士胶卷成了柯达胶卷的强劲竞争对手，欧洲的爱克发公司的胶卷排名世界第三，市值就比不上富士。富士胜在投入很强的研究能力。后来又看到世界上做得最好的日本电子显微镜，分辨率极高，甚至可以拍到化学分子层面的照片。

还有一个令中国科学家震动的，是十五分钟一班的新干线高速铁路。什么叫风驰电掣？他们坐在新干线上，从东京到京都和大阪，第一次深深体会了。而且，那么疾速的列车，却安静又平稳。对于还颠簸于慢行绿皮火车时代的中国人，若非实地体验，真是不可想象！

作为代表团里唯一搞生物大分子的团员，李载平被专门安排参观了大阪大学蛋白质研究所、京都大学化学所。他注意到，京都化学所核酸的合成做得非常好，还有做限制性内切酶（定点切核酸的酶）的，年轻教授高浪满领导的实验室非常出色。

限制性内切酶是沃纳·阿尔伯（Werner Arber）在 1950 年代末、1960 年代初发现的。随后，汉密尔顿·O. 史密斯（Hamilton O. Smith）从 1968 年起研究基因重组，发现了 II 型限制性内切酶，并确定它们对 DNA 特定序列的特异性，使 1970 年代成为 DNA 重组和克隆的时代。丹尼尔·内森斯（Daniel Nathans）则利用这类酶作为测定 DNA 的碱基排列顺序和专一分离 DNA 的工具使用，再次明确了这类酶的巨大作用，有助于遗传性疾病和癌症的诊断和治疗。限制性内切酶技术，为现代基因研究、为人类基因组计划提供了依据。实际上，1973 年正是全世界基因工程酝酿成长的时候，日本人已深入其中，基本和世界一流实验室保持同等水平，积极发现新的限制性内切酶，去推动基因工程。

"所以，那次考察，对我们思想冲击影响蛮大的。日本教育搞得不错，产业化搞得不错，而且好多都达到了世界尖端水平。"李载平不由得心算起来：日本从战败到1973年是28年，我们1949年开始到1973年是24年，只比他们少4年。"可是从科学技术的发展水平比起来，差距就太大太大了！"

中国人挺聪明的，而且也挺能干的，怎样才能够快点赶上去呢？日本之行，这个问号一路盘旋在头脑中。

日本同行坦承，战后他们一度也很困难，东京被炸得一塌糊涂，好多公园的草地都种上了粮食，后来才一步一步好转，迅速恢复发展起来，达到了目前的水平。这给了中国同行一点信心：我们只要能够进入正常轨道，不需太长时间也会发展成为强大的国家。可那时候，"文革"还没结束，何时才能进入正常轨道呢？

回国后，李载平被好多单位邀请去作报告。中国已闭关了太久，大家太渴望了解外面的世界了。就像"五七干校"所在的奉贤农村，由于贫穷、交通不便，很多农民根本没到过并不远的上海城里，只能看看上海下放的城里人，从他们的言谈、生活习惯中想象大上海的样子。

不过，历次运动、当时还蛮激烈的斗争都使人心有余悸，李载平小心翼翼地作报告，只是从纯技术角度介绍情况，给大家一些启发。"至于怎么能够进入正常轨道，我也不知道，不敢有什么感想或者意见。"

中国人对日本，本能的感情是反感，因为他们从甲午战争开始就一直欺负我们。日本帝国主义坏透了，可是日本人民还是我们的朋友，到日本看看的话，就会觉得很多东西值得我们学习。日本社会是多元的。李载平举例说，一次在马路上，看到工会带领工人示威游行，要求改善工作条件。有汽车带着扩音器，游行到高潮的时候队伍走蛇形，非常有秩序。参观浅草寺，发现他们的和尚是职业性的，是作为庙宇的服务人员性质的，帮助信徒创造一些条件，不要求吃素，也可以结婚。他们有他们的文化。

最值得学习的，是他们做什么事都有一种敬业的精神。李载平不止一次看到日本的清洁工擦电梯门、擦玻璃，擦完以后站在这边看看，再到那边看看，生怕哪边还不干净，就是要尽量做得最好。参加他们的茶道，也许喝的并不是什么特别高级的茶，但他们作为一种仪式，很恭敬地一道一道操作，然后双手捧起来敬茶、喝茶。茶道的环境也有一定要求：桌椅都是肃穆的；盛器一般是瓦罐或者瓦瓶，都是比较原生态的，不是豪华的；瓶子里插的也不是很高级的花，都是野花；墙上的画，也是很朴素的。茶道就是叫人崇尚一种简单的精神生活，唤起人们对清新简单生活的追求。

李载平发现，漆器在日本人的生活中用得很多，漆器大师非常精心地制作新的漆器艺术品。这使他想起中国的漆器，特别是故乡福建特产的漆器，为什么就不景气了呢？他觉得，拿漆器艺术作为精神追求的人是很难得的。日本人就有这么一种严格的敬业精神，什么事情都追求做得特别好。包括新干线的设计、物资的回收利用与环境保护，无不体现了日本全民的高素质。中国若要成为强国，这些都值得好好借鉴。

从本专业的角度比较中日双方，李载平认为，最大的差距是"我们还没有启动呢，他们在限制性内切酶上已经有所创新了"。他也明显感觉到，日本科学家想和中国同行拉关系，希望有机会合作。

访日一个月，李载平与日本同行的交流特别顺畅，可以直接充当翻译，中学时代习得的日语派上了大用场。想当年，在辅仁附中念书时，北平已是沦陷区，学校里开了日语课，中国孩子都不愿好好学。后来，他逛旧书摊，发现好多音乐方面的日语书，内容非常好，而中文的音乐书十分稀缺，这才让他对日语兴趣大增。聪明人一好学，自然没有什么是学不成的。

1973年6月,中国科学院高分子考察团访问日本。李载平(前排右一)第一次出国

高分子考察团在藤泽市聂耳墓地,右三为李载平

第一回访美，拜谒冷泉港

从日本回来后，"五七干校"也差不多结束了，研究所依然冷冷清清的，实验室尘封已久。眼看我们荒废科学研究的那段时期，正值国际生物大分子学大发展时期，李载平着急又无奈。

1974年，传来周总理的指示：基础研究还是要做的。王应睐所长得以重新抓起所里的基础研究，关注国际同行的最新动态。

其时，核酸的研究方法已经有了新的进展。原先，虽然知道核酸很重要，但因分子很大、结构很复杂，技术手段不具备，做实验确实很难下手。已知的DNA酶、RNA酶都是随机切的酶，对下一步做实验没有一点帮助。而新发现的限制性内切酶都是准确的，剪切是在一定的位置，而且可以重复，剪切出来的东西也是很确切的。所以限制性内切酶的发现是一个至关重要的打通，加上DNA连接酶，就有了基因工程，这就把DNA实验的工作完全拓展开来，原来对DNA分子的实验也打开了突破口，成为新的理论增长点。限制性内切酶的出现意义如此重大，以至于1978年，瑞士微生物学家沃纳·阿尔伯、美国微生物学家丹尼尔·内森斯和汉密尔顿·O.史密斯因发现限制性内切酶以及在分子遗传学方面的应用而分享了诺贝尔生理学或医学奖。

李载平团队在核酸方面的研究，开始出现新进展。

除了隐藏破坏，他们还研究噬菌体ΦX174的DNA。这种噬菌体可以有两种状态在生命循环里存在，一种是双链的，一种是单链的。病毒里是单链的，感染大肠杆菌以后就变成双链的，再产生很多单链的病毒。"我们之所以选择这个课题，是因为人细胞里的

DNA太大、太复杂，那时候都没有相关手段，上万个基因怎么研究精确变化？但噬菌体ΦX174是比较简单的。"李载平解释。研究中还发现了一种变异的ΦX174，它产生的噬斑特别小，复制比较慢。特别有意思的是，把病毒拿来加热到不同的温度，都是保持加热十分钟，看被杀死多少，结果这种病毒低温加热十分钟都不怕，差不多加热到100℃才死掉。这是比较奇特的。牛奶生产过程中有一种消毒办法叫巴斯德消毒法，不到80℃就把牛奶里的细菌杀死了。加热到100℃才死掉的病毒特别厉害，它的DNA只有一条链，90℃多还活着呢。所以，不要以为巴斯德消毒法能把所有的细菌和病毒都杀死，碰到这个就不行了。

机遇，再一次垂青有准备的头脑。1975年5月，应美国科学院之邀，以胡世全为团长、王应睐为副团长的分子生物学考察团赴美。李载平在团员之列。整个考察团不足10人。这是中美正式建交前，中华人民共和国派出的首个访美科学代表团。

因尚未建交，中国没有驻美大使馆，只在联合国有一个中国驻纽约的办事处。中美之间的交流活动才刚开始，所以非常受重视。出发前，代表团先应邀出席了美国驻中国联络处主任乔治·H. W. 布什（George H. W. Bush）的宴请。这是一次特别的招待，以后中美交流多起来，就再也没有代表团享受如此高规格的款待了。

短短一个月的考察访问，行程安排得满满当当。代表团分成蛋白、核酸、仪器三个组，白天参观各有侧重，晚上聚在住处一起交流收获、整理资料，以充分利用时间。李载平在核酸组。

当年的出访报告显示，代表团参观了19个大学和科研单位，遍访美国最高水平的实验室：

1. 华盛顿：美国国立卫生研究院肿瘤研究所，美国国立卫生研究院关节、代谢和消化研究所。

2. 纽约：冷泉港实验室、纽约市立公共卫生研究所、福透伏特仪器公司、哥伦比亚大学肿瘤研究所、洛克菲勒大学。

3. 波士顿：麻省理工学院生物系、哈佛医学院、哈佛大学。
4. 麦迪逊：威斯康星大学、吉尔森仪器公司。
5. 圣地亚哥：索尔克研究所、加州大学圣地亚哥分校。
6. 洛杉矶：加州大学洛杉矶分校、加州理工学院。
7. 旧金山：斯坦福大学医学院、加州大学伯克利分校、加州大学旧金山分校。[①]

40年之后，李载平还记着初次访美期间那些美妙的奇遇——

见识了初创于1887年的美国国立卫生研究院（National Institutes of Health, NIH），美国最高水平的医学与行为学研究机构。NIH有一些直属的研究所，就在华盛顿的贝塞斯达，研究所有大笔基金支持生物医疗研究。全美的生物医学研究主要靠这个基金资助。而其中，肿瘤研究所举足轻重，因为肿瘤研究在美国国立卫生研究院和医药研究里是第一号重点，NIH的经费差不多一半都给了肿瘤研究所。

一个月内见到的诺贝尔奖获得者，就有近20位。基因工程的出现，正给分子生物学带来无限的发展机遇，DNA的切、接、转化都已实现，第一代质粒载体已被广泛应用。反转录酶已发现，DNA克隆正在进行中。在DNA测序上，当时桑格的双脱氧测序法和吉尔伯特的化学法测序都尚未发表。但在哈佛，吉尔伯特教授已给代表团演示怎样做DNA化学法的测序。到麻省理工学院（MIT），做tRNA立体结构的亚历山大·里奇（Alexander Rich）教授，把立体结构模型拿出来为他们示范、讲解。在圣地亚哥参观的索尔克生物研究所（Salk Institute for Biological Studies），就是发明了脊髓灰质炎疫苗（亦称"索尔克小儿麻痹疫苗"）的诺贝尔奖获得者乔纳斯·索尔克（Jonas Salk）创立的……

就这样，中国科学家每到一处，都是"听最好的科学家介绍最

---

① 《分子生物学考察组出访总结》，中国科学院档案馆，D149-342号档案。

新的工作，收获蛮大的"，"见到的好多都是诺贝尔奖获得者，有些当时还没有获诺贝尔奖，我们一走他们就得诺贝尔奖了。"

加州大学旧金山分校（University of California, San Francisco, 简称 UCSF）做肿瘤病毒的哈罗德·E. 瓦尔姆斯（Harold E. Varmus），当时还没有得诺贝尔奖，后来和 J. 迈克尔·毕晓普（J. Michael Bishop）一起得的奖。中国同行参观 UCSF，性格活跃的瓦尔姆斯负责介绍，晚上他打电话给李载平，两人见面，相谈甚欢。此前，瓦尔姆斯和中国没什么接触，但挺感兴趣的。他太太是个记者，对新鲜事情也非常感兴趣。他表示，有机会的话，愿意到中国……不过那时候"文革"还没结束，他的诉求被反映上去了，没有下文。改革开放以后，瓦尔姆斯如愿来到中国。他得诺贝尔奖后，由于管理能力特别强，还当上了 NIH 的院长，又做过一个美国医学基金的纪念斯隆-凯特林癌症中心①的主任。后来，他成了 NIH 的肿瘤研究所的所长。

美国人热情大方。参观到威斯康星大学，正在此地做转录酶研究的霍华德·马丁·特明（Howard Martin Temin）教授，听说李载平也想做基因工程却苦于什么都没有，二话不说就无偿奉送了限制性内切酶的第一号菌种 EcoRI。

那时候，在美华人很少。代表团访哥伦比亚大学，被誉为"东方居里夫人"的美籍华裔核物理学家吴健雄参加接待，据说为此把箱底的旗袍都翻出来穿了，可见重视程度。访加州大学伯克利分校时，很少看见华人科学家，美籍华裔数学大师陈省身的夫人也是穿旗袍出场的。"当时中国很红，好朋友苏联不理我们了，美国就跟我们亲，好多美国人对中国感兴趣，希望交流合作。"李载平对此感触很深。

---

① 纪念斯隆-凯特林癌症中心（Memorial Sloan-Kettering Cancer Center）是世界上历史最悠久、规模最大的私立癌症中心。百年来，它一直致力于病人护理、研究创新，以及更好的理解、诊断和治疗癌症。作为美国最好的癌症中心之一，纪念斯隆-凯特林癌症中心是美国 41 个被美国国家癌症研究院指定的综合癌症中心之一。

美国之行最大的收获，便是拜谒了世界分子生物学的圣地——冷泉港。25年后，2000年1月1日的《文汇报》组织整版的"科学将给明天带来什么"科学家笔谈，中国工程院院士、中国科学院生物化学研究所研究员李载平欣然命笔：

冷泉港在20世纪生物学发展中起了重要作用，例如德布吕克用最简单的噬菌体模型表明生命活动最核心的规律，开创了分子遗传学，带出了很多人。第一个癌基因的发现和RNA转录后具有剪切加工功能的发现等都与该实验室的名字连在一起；芭芭拉·麦克林托克（Barbara McClintock）教授不为潮流所动，坚持基因转座子研究40年，终于在80年代初获得诺贝尔奖。这些一流学者使得冷泉港实验室更加生辉。

我曾去过两次冷泉港实验室，给我留下深刻印象的有两点：一是它的自然环境特别好，地处港湾，一幢幢小楼，到处是草地，好似在公园里；二是那里的学术空气非常轻松，草地上、院子里随处可以讨论科学。一次，我与麦克林托克在走廊里碰到，就这么站着聊了半天，她一点架子也没有；还有一次，我在澡堂里与一位诺贝尔奖得主谈了很长时间。我想，如果中国生物学的发展也有这样一个中心，发展的速度就会快得多。

建立于1890年的冷泉港实验室（Cold Spring Harbor Laboratory，CSHL），是一个非营利的私人现代生物医学研究与教育中心，研究癌症、神经系统科学、植物生物学和计量生物学等，其主要成就在分子生物学领域。拥有8名诺贝尔奖获得者。当时有1100人在此工作，包括600名科学家、学生和技术人员。每年的会议和课程计划惠及世界各地超过12000名的科学家。该实验室的教育部门还包括一家学术出版社、一所研究生院和为中学师生开设的课程。[①] 冷泉港实验室被誉为世界生命科学圣地、"分子生物学摇篮"，名列世

---

① https://www.cshl.edu/cold spring harbor laboratory.

界影响最大的十大研究学院榜首。冷泉港 DNA 学习中心是全球最有影响的生命科学教育基地。冷泉港实验室负责人詹姆斯·沃森是 DNA 双螺旋结构的发现者之一，诺贝尔奖得主，被称为"DNA 之父"，同时也是"国际人类基因组计划"的倡导者和实施者。他对人类的贡献，被认为"可与牛顿、达尔文和爱迪生相媲美"。①

怀着兴奋、激动的心情，李载平走进冷泉港，"好多概念、历史上引人注意的故事，都出自这里呢！"

他见到了"DNA 之父"詹姆斯·沃森，两人很谈得来，从此订交，亦师亦友的情谊持续一生。

他与"玉米夫人"芭芭拉·麦克林托克有过交集。麦克林托克 1941 年 6 月就进入冷泉港，正式开始她的著名研究了。等到 1983 年，她已 81 岁高龄，终于成为遗传学研究领域第一位独立获得诺贝尔奖的女科学家。人们说，这个奖迟到了 35 年。

一天，他与做细胞膜的哈佛教授聊天，对方提议："今天天气很好，我们到外边去谈吧！"于是，在院子的草地上席地而坐，接着聊。鸟语伴花香，芳草碧连天，这场景对于 1970 年代的中国人未免太梦幻，因而一辈子忘不了。

那时候，王应睐尚未恢复上海生化所领导的职务，可生化所毕竟是他辛辛苦苦一手建立起来的，他总归事事不由自主地要关心。访美途中，谈起新的动态，大家都挺有感触的。李载平与王应睐有过一番长谈。李载平强烈地意识到，人类已经跨入了一个基因分子生物学和生物工程高科技的新时代。基因工程对生物科学的影响太大太大，许许多多前人敢想而难以做到，甚至不敢想、不敢做的事，借助"基因工程"这个"法宝"异想天开都获得了成功。如原来通过基因来调节蛋白质只是一些理论和想象，现在都可以动手做了。从应用的角度，可以做人的胰岛素、人的生长激素。很多问题可以

---

① 《诺贝尔奖得主欲 350 万美元卖掉诺贝尔奖章》，《中国日报》，2014 年 11 月 27 日。

从基因角度去研究，而且这类研究在理论上也有很大的意义。这是一场真正的科学和技术的革命。世界已经发展得这么快了，我们怎么可以还在原地等待呢？

出发时无序的遐想，一个月之后，置换成行囊里满载的收获——

美国从事分子生物学研究的人很多，仪器设备较好，工作内容相当广，在肿瘤病毒、遗传工程、生物膜的研究方面尤为突出，有不少工作处于领先地位。特别是基因工程（遗传工程），将生物特性有关的基因物质分离，人工重组成具有新的功能特点的生物，属于最活跃的领域。美国的分子生物学家已将蛙、果蝇、酵母的基因加入大肠杆菌实现其功能。固氮基因、胰岛素基因、人工合成升压肽激素基因的人工重组工作都在进行中。

在核酸的结构和基本功能方面，美国应用新分析技术已解决了上百个核酸分子的结构顺序。人工合成活性转移核糖核酸基因的工作仍在进行。脱氧核糖核酸的复制、核糖核酸的转录、蛋白质生物合成以及它们的调控的研究工作进展很快。有些病毒的感染、繁殖、潜伏致病、变种都得到了分子水平的阐明。

在肿瘤病毒方面，美国已经分离出鸡、鼠、猴等动物的肿瘤病毒，不但有感染性，而且可以遗传。1975年初，美肿瘤研究所报告从人白血病细胞中分离出一种丙型病毒，但还待肯定。肿瘤病毒结构功能研究成果不少，已肯定很多病毒致癌活性与其特定的基因有关，表明癌变都有分子水平的变化。

在多肽激素方面，美国当时多肽激素结构功能的研究和人工合成进展迅速，新的多肽激素不断发现，为医疗诊断和生产提供了新的理论和手段。促甲状腺素释放激素新类似物用于诊断治疗甲状腺病，促黄体释放激素新类似物用于控制生育，生长抑制素用于治疗肢端肥大和糖尿病，绒毛膜促性腺激素分子片段用于早期妊娠诊断，已进行实验性应用。

在生物膜方面，1975年证明，生物膜有精细结构，分别接受外界的各种信息刺激，传入细胞，做出反应。细胞的分裂、癌变、运动等都与生物膜有关，生物膜结构的流动镶嵌学说能说明细胞癌变等重要现象，已得到不少实验如应用冷冻破裂、铁蛋白标记植物凝聚素与膜上糖蛋白结合分布的观察等的支持。

在技术方面，激光、荧光、同位素、核磁共振、X光衍射、电子显微镜等新技术已广泛用于美国的分子生物学领域，并与计算机结合，向自动化、高速化、微量化发展，可以看到细至原子位置、快到10^{-9}秒的变化，细胞膜的运动、细胞分裂状态的定量都成为可能。许多新仪器是由实验研究员与制造车间共同设计试制的。此外，美国的分子生物学家使用了大量病毒、细菌和细胞的变种作为实验材料，这些都促进了分子生物学的发展。①

访美归来，相关的工作就紧锣密鼓起来。1977年12月，上海生化所决定成立分子遗传研究室，由李载平当主任。生化所的工作，即将回到正常的轨道上。

---

① 《分子生物学考察组出访总结》，中国科学院档案馆，D149-342号档案。

首次赴美，在洛杉矶宾馆留影，胸前挂着身份牌

第二章 困难岁月中的厚积薄发

1975年在冷泉港，李载平（右二）初识"DNA之父"沃森，从此开始亦师亦友的交谊，持续一生

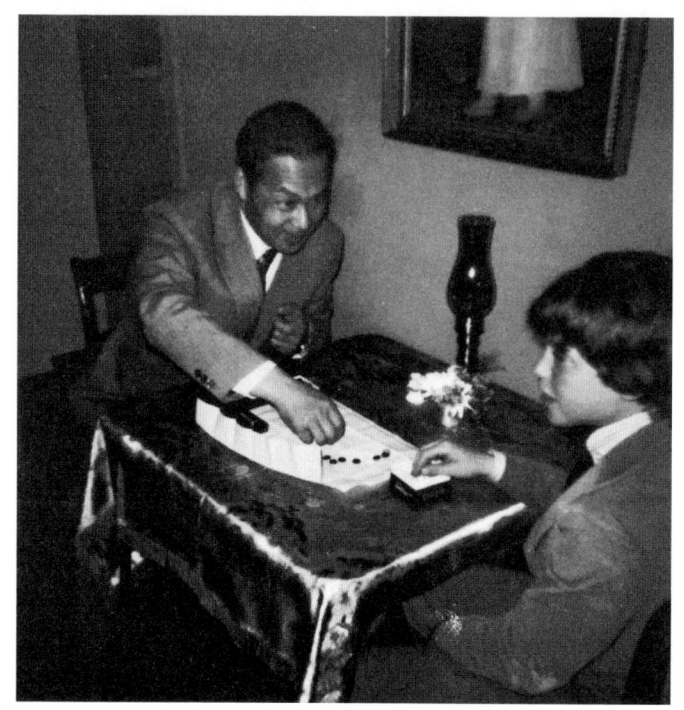

李载平（左）与沃森的儿子对弈

1979年，李载平应邀为总政军官作基因工程科普报告。这是主办方送给他的纪念礼物

第三章

在"科学的春天"创建"七室"

1978年，无论对于中国、中国科学界还是科学家李载平，都是值得载入史册的一个年份。

在国家层面上，先是3月18日至31日全国科学大会召开。在6000人参加的开幕会上，中共中央副主席、国务院副总理邓小平发表重要讲话，提出"科学技术是生产力"的著名论断，并重申"知识分子是工人阶级的一部分"的观点，对国家长远发展具有十分重要的意义。大会宣读的中国科学院院长郭沫若的闭幕式书面讲话《科学的春天》广为传播，"科学的春天"成了流行语。

更重要的是，12月18日至22日中共十一届三中全会召开。这次被称为"具有深远意义的伟大转折"的会议，中心议题是讨论把全党的工作重点转移到社会主义现代化建设上来。识者评论说，这是"文革"结束后的中国在重新寻找自己的历史出口。

在个人层面上，早在1973年"文革"尚未结束，48岁的李载平被提前"解放"，参加了访日的中国科学代表团；1975年，50岁上又参加了访美代表团；1978年，随钱三强访问了比利时和法国。短短几年间，连续出国访问，使他看到了中国的差距，坚定了自己努力的方向。

更重要的是，他受命担任上海生化所新成立的分子遗传研究实验室的主任，确立研究方向以乙肝病毒、蓖麻蚕、核多角体病毒三项作为重点，既有理论研究，又有临床试验应用研究。

事业的巅峰期，由此徐徐展开……

初次领会什么叫"大科学"

访问比利时和法国这个不到 10 人的代表团，是中国科学院派出的，以物理学家为主。团长钱三强本人是搞核物理的，所以，李载平虽然重点目标是参观生物学项目，但也跟着看了一些物理学项目，比如参观丁肇中所在的日内瓦欧洲核子研究中心（Conseil Européen pour la Recherche Nucléaire，CERN）和巴黎南郊的欧塞尔原子能所等。

5 月的此次出访，对他的冲击是颠覆性的。"可开眼界了！第一次领会什么叫'大科学'；我们搞的都是'小科学'，完全没法比！"

丁肇中实验室早有耳闻，去之前以为只是一般研究所或大学的实验室，到了实地一看，竟然比工厂的大车间还大！丁肇中亲自为来自祖国的代表团作讲解。中国科学院硅酸盐所跟丁肇中有合作，后者供应特殊的晶体。

"大科学"，大到什么程度呢？回旋加速器就有几千米，由回旋加速器产生的高速离子像圆周切线那样引出，一个终端就是一个做实验的工作平台。而一个终端实验室，比上海生化所的楼还要大得多。进去以后，看见实验室的护墙是用巨大的水泥块垒起来的。经加速的高速粒子由特殊的终端打向实验用的目标靶，中间由特定的检测器进行粒子检测。检测器比火车头还大，里面都是非常灵敏的感受器。让打到的东西产生更强的荧光，再用非常敏感的光电倍增管接收它的信号。光电倍增管不是一个两个，而是成百上千个。作为接收的终端，收到的信号通过电线送去记录室。中国科研人员平常看到的仪器有十几根电线就觉得特别复杂了，可那里不同的检测部分连接仪器的电线都是一捆一捆的，几十根上百根的电线在地板上通到检测仪器的房间,像个小图书馆一样,几十台仪器放在图书馆书架似的设备上……

他们参观的仅仅是丁肇中实验室,由此推测,整个回旋加速器该是何等的壮观!全世界的科学家都可以利用这套设备来工作。"'大科学'和'小科学'就是不一样。我们仅仅看了丁肇中所使用的终端,就是由大回旋加速器打出来的分支,就比我们这儿不知要大多少。太震撼了!"李载平说,我们国家要想投入这方面的研究,非得有很大的魄力才成。

代表团还到了法国名声显赫的科学城、被誉为"欧洲的硅谷"的法国格勒诺布尔,参观强磁场实验室(GHMFL)。这个实验室与法国图卢兹市的国家脉冲强磁场实验室(LNCMP)、德国德累斯顿市的强磁场实验室(HLD)、荷兰奈梅亨的强磁场磁体实验室(HFML)一起,构成了欧洲磁场实验室(EMFL),以抗衡日本、美国同行的竞争,保证欧洲在超强磁场生产和利用方面的世界领导地位。

他们去看了雾室。进实验室前,大家按参观须知,把手表摘下来寄存。因为里面磁场太强了,手表一旦受强磁场影响以后就不好用了。正观看雾矢射线的轨迹是怎么形成的,射线穿过雾变成可见的了——李载平觉察到裤子口袋一直在动,用手一摸,原来是口袋里的钥匙被强磁场逗弄得跳起舞来。

参观GHMFL带来的启迪,不单单是科研上的,还有管理上的。GHMFL是法国投资很大的核物理研究中心,当时运转得非常好,出了很多成果,各方面都相当满意。听介绍,关键在于那位新去的所长,管理得特别好。新所长有两个特点:一是很年轻,二是并非这个领域的权威。可他一心要让研究中心发挥出最大的潜能,为此他放弃了自己的实验室,以便与研究中心的科研人员没有竞争性的矛盾,他的任务单纯就是把研究中心的事情管好。确实管得很好,让大家觉得拥有很好的科研空气和条件,事业蓬勃发展。那里的科研人员人人都由衷地说,我爱我们的所长,他给我们创造了非常好的条件，所以这几年我们的工作发展得非常好。

"外国的研究机构或大学有这个问题，中国也有这个问题——所长或大学校长要不要有自己的一摊科研？那位新所长牺牲了自己的研究，绝对是一心为公，做出很大贡献。这种模式，跟所长也有自己一摊的模式，到底哪种好？"李载平思考着。

代表团一行在法国了解到，法国等欧洲国家利用"二战"后的和平环境发展经济和科技，原子能利用技术、空间技术和电子计算机方面都取得了飞速发展，尤其是分子生物学领域成绩卓著，1978年前就已拥有20余项分子生物学、遗传学、医学领域的诺贝尔奖，法国和比利时占了其中的4项，仅次于美国。

中国科学家参观了极具国际声望的法国巴斯德研究所。李载平注意到，那里的同行通过基础的遗传工程技术，进行药物的合成与生产，市场前景极其广阔。在比利时，他还注意到，科学家进行植物单倍体繁殖实验，利用这些技术提高植物中的蛋白质成分，造福人类。

法国之行，还探访了钱三强工作过的居里实验室。

居里实验室是法国政府拨款在巴黎大学建造的镭学研究所的组成部分，居里夫人去世后，由她的长女伊莱娜·约里奥-居里（Irène Joliot-Curie）及女婿弗雷德里克·约里奥-居里（Frédéric Joliot-Curie）继续一系列杰出的工作，使之在1930年代保持了世界最先进、最重要的原子核科研基地之一的地位。在这个国际科学集体中，钱三强学到了尽可能多的知识和技能，回来报效祖国。[①]

到了1978年，举世闻名的居里实验室已经很老了，楼还是小楼，实验室里还是木台子，也没什么特别新的装备，跟那些最现代化的实验室没法比。可那里曾经有过伟大的发现，曾经孕育了两个诺贝尔奖！李载平深有感触，"所以关键在于人，而不在实验室。"

得了居里实验室真传的钱三强，已是知名的核物理专家、中

---

① "钱三强自述：我和居里实验室"，中国科学院高能物理研究所网站。

1978年，李载平（右）随中国科学院代表团访欧，第一次与皮埃尔·蒂奥莱（Pierre Tiollais）教授见面

国科学院副院长。一起出访十几天，李载平发现，这位大科学家非常平易近人，一点特殊化都没有，对代表团每个成员都挺关心的，让人觉得特别亲切。每天活动结束，时间早的话，大家就碰碰头。他说，你们这些年轻人活动了一天，讲讲有什么体会、有什么收获。他说，机会难得，所以出来了要尽量多听、多看，更重要的是要多想，什么事情关键的还是靠自己，自己有活力，才能够吸收更好的新东西，才能够在别人的基础上更上一层楼，这都要靠自己多思考。所以，李载平觉得跟钱团长一起出去收获蛮大的。外出参观、学习、访问是给你创造一些条件，是外因；但希望什么事情好起来的话，关键还是在自己，工作能做得多好关键在自己，靠内因。

1970年代的三次出访，对李载平的意义不言而喻。他目睹了发达国家科技的先进程度，看到了中国巨大的差距。实实在在的目标在前方，激起了他奋起直追的热情。

尽管中国科学界百废待兴，尽管他本人"文革"中遭受的冤屈刚刚得到正式平反。①

---

① "李载平同志的政治历史是清楚的。'文化大革命'中对李载平同志的审查是错误的。撤销1969年3月29日原生化所革命委员会所作的结论。"《关于李载平同志问题的复查结果》，中国科学院档案馆，D149-608号档案。

创建分子遗传研究实验室

1977年,上海生化所重新调整研究方向,以分子生物学为中心,以生物大分子的结构、功能与合成,分子遗传学与基因工程以及生物膜为重点,全所建立八个研究室和两个独立的研究组。1975年始设立的遗传工程组扩充为遗传与基因工程室,人员大大加强;其他为多肽室、核酸室、酶与生物膜室、分子识别与代谢室、甾体激素室、蛋白质与病毒室、溶液构象与生化仪器室,以及肿瘤生化组、理论生化组。十年内乱中被迫改行的人员纷纷归队。①

有了分子遗传研究实验室(七室),李载平作为科研领军人物的潜质得以发掘。选实验室课题,他胸有成竹,"做研究工作首先要提出问题,当时的指导思想是:做国际上最热的实验我们不具备条件,但我们可以做有价值的课题,即中国最需要的、符合中国特色的课题。"于是,选定乙肝病毒、蓖麻蚕、核多角体病毒三项作为重点研究,既有理论研究,又有临床试验应用研究。但最主要的是乙肝病毒研究,因为它的危害性最深、影响范围也很大,而中国是乙肝大国,这个课题能够造福中国百姓。

分子生物学的历史始于1930年代,"分子生物学"一词最早由洛克菲勒基金会的瓦伦·韦弗(Warren Weaver)于1938年创造,指一个以物理学及化学来解释生命的概念。自1950年代以来,分子生物学是生物学的前沿与生长点,其主要研究领域包括蛋白质体系、蛋白质—核酸体系(中心是分子遗传学)和蛋白质—脂质体系

---

① 《中国科学院上海生物化学研究所志(1950.5—2000.5)》。

（即生物膜）。1953年，沃森、克里克提出DNA分子的双螺旋结构模型，成为分子生物学诞生的标志，可以说改变了整个生物学的面貌，奠定了基因工程的基础。生物大分子，特别是蛋白质和核酸结构功能的研究，是分子生物学的基础。现代化学和物理学理论、技术和方法的应用，推动了生物大分子结构功能的研究，从而出现了30多年来分子生物学的蓬勃发展，分子生物学经历了从大胆的科学假说，到经过大量的实验研究，建立学科的理论基础。进入1970年代，由于重组DNA研究的突破，基因工程已经在实际应用中开花结果，根据人的意愿改造蛋白质结构的蛋白质工程也已成为现实。

上海生化所的分子遗传研究实验室草创之际，国际上的基因工程研究也处于起步阶段。李载平是中国最早进入这项研究的科学家，堪称中国基因工程研究的先驱。

对于破解DNA的工作语言，他兴趣十足。在DNA双螺旋发现50周年前夕，他写道："自从1953年Watson-Crick DNA双螺旋结构发现以来，分子生物学有了以中心法则为基础的系统理论。生物的不同种类是由于有不同的基因组DNA；发育过程是基因组DNA预置程序的展现；进化的关键是基因组DNA的变异和重组。

DNA是怎么工作的，一直是分子生物学发展的中心。氨基酸的遗传密码、翻译的调控顺序、mRNA的转录起始位点、终止位点和启动子、操纵子、增强子、静止子、激素反应元件、内含子的加工位点、复制的起始位点以及基因重组的信号顺序等，无一不是令人兴奋的里程碑。这让我们知道了DNA是怎样工作的，细胞是怎样工作的。40年来的进展令人目不暇接，DNA推动着整个生物学的前进。"

他否认分子生物学的发展已经差不多了，不会再有那么多新发现的震动了，认为就破解DNA的工作语言来说，我们还处于初级阶段。"……分化的真核细胞中只有特征性的一部分基因表达，一般不到基因组中基因总数的10%。在DNA中是什么元件实现这个最重要的基因表达调控功能的？在分化细胞的分裂过程中，DNA被收入染色体。细胞分裂后，DNA又由染色体展开，而且保持着原来基因表达分化的格局。对细胞来说，经历了细胞分裂的一套翻天覆地的巨变，基因组DNA居然能指挥着它的约10万个基因各就各位，有条不紊。我们又要问，这个过程中DNA的工作语言是什么？

在真核细胞中DNA不是游离的，而是与组蛋白结合形成染色质。染色质也不是完全游离的，它是与核基质结合的，而这种结合在于DNA中有核基质结合元件。在这个三元系统中，DNA是主角。我们目前对此系统的工作语言还了解得很少。

当然还有很多方面的DNA工作语言需要破解，但是仅仅由这里提到的问题，就足以使我们看到，还有很多很重要的DNA元件语言需要我们去发现，去理解。"①

事实上，铺垫早在1950年代末就做起来了。李载平当放射生物学实验室副主任时，与张友端先生分别领导两个小组，各有侧重地展开研究。他善于思考新问题、拓展新领域的特质，开始发挥——

在射线作用的细胞靶分子中，我注意到最重要的是基因物质DNA，于是进入了DNA研究的领域。当时发现了有柠檬酸盐存在下，DNA受射线的破坏可以只有单链的打断；只在热变性时才能观察到分子降解，因此称之为隐藏破坏。这表明DNA的射线损伤，还有修复的条件和可能。这项进入DNA领域的工作当即受到王应睐所长的支持和鼓励。正当我们希望转入一个简单基因组的模型系统时，王应睐所长帮助我们由英国要来了许多大肠杆菌噬菌体株，使我们能在60年代之前就启动了对小噬菌体ΦX174的DNA的研究。

有趣的工作马上吸引了我们，在8号楼（319号院内一幢小楼）楼梯间脚下的小无菌室里，ΦX174的DNA可以感染大肠杆菌原生

---

① 李载平《破解DNA的工作语言》，《生命的化学》，1993年13卷第3期。

质体，产生出活性噬菌体。这在基因工程操作尚未出现时，就给我们提出很多美妙的想象。这个不到10个基因的小噬菌体DNA能不能改造引入新的性状？基因怎么定位？等等。当时我们只能作化学诱变处理，另一方面抓到表型变异的小噬斑变异株。我们分析基因表达，先用紫外线照射宿主菌，停止了宿主基因活动，然后让外源DNA进入菌体表达。产物蛋白放射性标记后，再电泳、自显影分析，看到清楚的ΦX174基因编码蛋白条带。这时，我们迫切感到需要一系列新技术来开展对基因的分子生物学研究。①

他的小组那时就关注起具有简单DNA的噬菌体，做了很多相关的研究和实验，在DNA研究领域积累了不少的经验和成果——1961年，王珩、吴祥甫、江福美和李载平在中国生化学会上发表论文《ΦX174 DNA的感染活力与离体化学改造》；1962年，李载平和甘人宝在《生物化学与生物物理学报》上发表论文《盐类对二苯胺法脱氧核糖核酸定量测定的干扰作用》；1965年，吴祥甫、李光地和李载平在《生物化学与生物物理学报》上发表论文《噬菌体ΦX174的小噬斑变异株》，郑秀龙和李载平在《生物化学与生物物理学报》上发表论文《γ射线整体照射对大白鼠脾脏脱氧核糖核酸结构的影响》。

对于生化所新成立的分子遗传实验室，大家心向往之。除了原有的、成立不久的基因工程小组外，李载平的研究小组就成了主干力量。王应睐、曹天钦两位领导逐一做每个想加盟者的思想工作，最后实验室成员除了李载平小组的原班人马之外，还增加了敖世洲、郑仲承、李敏棠、靳加瑞等。新生的七室，人员超过了30个。

但是，实验设备和实验试剂都很匮乏，条件相当艰苦。而没有实验设备和试剂的话，想进入分子水平的基因研究根本就是空想。

作为控制生物性状的基本遗传物质，DNA太大了，以前没有办

---

① 李载平《王所长和我的基因科研道路》，《生命的化学》，2001年21卷第3期。

法把感兴趣的部分一段一段拿出来研究。有了基因工程，就可以分段研究基因了，整个研究因此进入了一个崭新的阶段，需要相应的技术手段，这对全世界来说都是新的。在发达国家，相关的公司应运而生，有一套科研服务系统为科研提供服务，新的技术、新的手段、新的试剂唾手可得，只需拿钱去买。可是在中国，科研人员不得不自己做。当时国家外汇不多，即使下决心花钱从国外进口实验仪器，从预定到仪器搬进研究所需要整整一年时间，等不起。

于是，七室建立了一个小组，专门研究生产工具酶，包括限制性内切酶和反转录酶。冯宗铭、吴雪、朱绳祖、忻纪厚等，实验室有十来个人都动手做过。这工作实际上是研究工作的垫脚石，大家都没有什么怨言，都是尽心尽力地完成。因为做 cDNA 克隆要从反转录病毒中提取反转录酶，需要用小鸡接种，研究人员还自己养鸡，不断观察鸡的状态。刘定干做的无水肼，是一种易燃、有毒的试剂，需要戴面罩操作，稍一不慎就会引发爆炸……整个过程非常辛苦。

另外，研究 DNA 的分离、重组首先需要对 DNA 分子进行测序，七室又成立了专门的测序小组。那时候 DNA 测序有个比较简便的方法，就是英国人桑格发明的双脱氧核苷酸测定法（Dideoxy）。可是，中国没钱买最先进的双脱氧法的单核苷酸原料，只好用比较复杂的方法，就是美国人吉尔伯特发明的化学法。虽然双脱氧法和化学法都得了诺贝尔奖。

做基因工程的时候，需要有一个载体，叫作质粒（plasmid）。质粒是分子生物学研究中最常用的运载基因的工具。1970 年代，国外生物学家发现，一个可以在细菌或者细胞里独立存在的环状 DNA，把带有外源基因的质粒放进细菌或者细胞后就可以扩增，然后大量得到这个基因，外源基因进一步表达得到的蛋白产物，可以做成基因工程的药物。这无疑是分子生物学研究的一次革命性创举。从细菌中分离质粒很不容易，当时用超离心机来分离、纯化质粒在国外也还是先进技术。这对一无所有的李载平团队是个大挑战。他们试验了各种方案，终于找到一个最高效的土办法——用Sepharose柱子分离质粒，其原理是基于Sepharose的离子交换性能。柱子的高度、交换液的盐浓度，通过无数次的实验才摸索出来。很多东西都是这样，因陋就简，完全凭借在实验室学到的一些基本理论知识摸索，试验成功的。

其实，用土办法争取时间，并非这时候才有的。1958年开始研究噬菌体ΦX174 DNA时，小无菌室就是利用楼梯下的三角地带建起来的。那时，纸层析、纸电泳还是作核苷酸、核苷分析的主要手段，为了得到单核苷酸，他们自己分析制备，没有合适的层析柱，就将离子交换树脂放在胖胖的吸滤漏斗里代替柱作层析，手工操作也得到了很好的分离效果。李载平后来在《分子生物学——技术驱动的科学》一文中，分享了"土办法，办法无穷"的乐趣。

很多年以后，中国开放了、有钱了，什么东西都可以随便买到了，李载平仍然怀念那些白手起家的日子、实验室同事齐心协力的热情，特别感谢这个团队的精诚合作。

"七室"令世人瞩目的成绩单

"七室"是一个很大的独立实验室，可见这个方向的重要性。李载平团队此后令世人瞩目的成果，都是在这个重要平台上完成的。

作为危害生命健康的大敌，肝炎为人所知已有几个世纪。但直到第二次世界大战前，医学界还只知道肝炎常发于人口密度大、卫生条件差的地区，且具有传染性；至于它由什么病毒引起、如何传播，仍一无所知。1940年代，英国医生F. O. 麦卡勒姆（F. O. MacCallum）最先证实，肝炎会通过血液等途径传播，并把由少量粪便污染的食物和水经消化道传播引起的肝炎称为甲型肝炎，把由污染血液经输血传播引起的肝炎称为乙型肝炎。美国科学家巴鲁克·布伦博格（Baruch Blumberg）因在1960年代中期发现乙型肝炎病毒表面抗原（HBsAg），获得1976年诺贝尔生理学或医学奖。随后，各国科学家开始研究乙型肝炎病毒（Hepatitis B Virus，HBV）的结构、感染机制及大量生产乙型肝炎疫苗等问题。可HBV的寄主只有人和黑猩猩，不能用组织培养的方法繁殖，研究严重受限。科学家们试图用乙型肝炎病毒基因工程研究来解决这一问题。李载平团队在这一领域作出了杰出的贡献——

首先是乙型肝炎病毒adr亚型基因组的克隆。这是研究乙型肝炎病毒的基础。乙型肝炎有adr、adw、ayr、ayw四种亚型。国外亚型用EcoRⅠ酶有切点，HindⅢ没有切点；国内亚型相反，EcoRⅠ没有切点，BamHⅠ有切点。1979年，法国科学家皮埃尔·蒂奥莱完成并报道了第一例乙型肝炎病毒的全基因组克隆。1980年，李载平即领导团队开展中国乙型肝炎病毒的研究。

蒂奥莱做的乙肝病毒是ayw亚型，李载平团队则瞄准中国传染最多的adr亚型。这是前无古人的探索。他用了大量人力，从5000多个大肠杆菌的菌落中筛选出158个含有乙肝病毒DNA的菌落，创建了HBV adr基因的大肠杆菌库。外国同行听说了，都不敢相信，工作量太大了，简直是大海捞针啊！实验还有一大意外收获：因为采用纯人工筛选、血液来自不同的病人，所以发现同样的HBV病毒里还分众多亚型病毒，由此发现了HBV基因组多态性，并推测在治疗上也会因人而异。

经过一年多的攻关，首先解决了从大量血清中分离少量的HBV病毒的问题，继而从HBV病毒中分离纯化微量的HBV DNA；接着克服重重困难，完成了HBV DNA与大肠杆菌质粒载体pBR322的体外重组转化工作，终于获得158株带有HBV基因组的克隆株，这样就完成了HBV adr亚型基因组的无性繁殖。

研究成果引起国内外同行的关注。国外很多实验室和公司（包括纽约血液中心、贝勒医学院等）对李载平实验室的 HBV adr 克隆株 pADR-1 及其 DNA 顺序很有兴趣，索取单行本 60 多篇。实验室把 pADR-1 克隆株赠送给纽约血液中心，作不同亚型比较研究用。国内上海市肿瘤研究所、上海第一医学院、预防医科院病毒所等从事 HBV 研究的主要单位也先后得到 pADR-1 克隆株，用于基础及应用研究。研究成果为深入研究 HBV 结构及其感染机制创造了条件，为开展乙型肝炎和肝癌关系的研究打下了基础，158 株克隆株也为开展同一亚型中的变异规律研究创造了良好条件。更重要的是，这项研究为中国独立自主地开展用基因工程方法生产乙型肝炎疫苗的研究提供了菌株，打下良好基础。

课题组因此获得很多奖项，其中"乙型肝炎病毒基因的克隆"获中国科学院成果奖二等奖；"人乙型肝炎病毒 adr 亚型基因克隆和限制性内切酶图谱"获中国科学院自然科学二等奖。

其次是乙型肝炎病毒 DNA 序列测定。 1982 年，在国内建立独特的化学测序法。测序中的一些化学试剂，是课题组成员用重结晶、分馏、萃取等方法加以纯化，通过测定已知序列的 pBR322 进行验证获得的。随后，应用限制性内切酶对实验克隆的一株 adr 亚型 HBV DNA（pADR-1）进行分段酶切后测定序列，并用自编软件进行数据处理分析，1983 年底完成 pADR-1 HBV DNA 全基因组序列分析，全长 3215 个碱基对。从分子水平阐述 pADR-1 HBV 的基因组结构，为 HBV 基因表达调控、致病机理的研究以及基因工程乙肝疫苗的研制奠定了基础。

这是中国最早发表的被基因库（Gene Bank）收录的病毒全基因组序列，也是国际上最早的完整 adr 亚型 HBV DNA 序列的报道。荣获中国科学院科技成果奖。其中，"克隆的 adr 亚型乙型肝炎病毒基因组（pADR-1）的核苷酸顺序"获中国科学院科技成果二等奖；"乙型肝炎病毒 HBV adr 亚型表面抗原顺序及其基因组成顺序测定"

获中国科学院科技成果二等奖。

第三是乙型肝炎病毒基因表达调控。 在HBV基因组克隆成功后，国际上一些实验室相继开展了鉴定HBV启动子和增强子等研究工作。李载平课题组在研究HBV基因表达和基因工程乙肝疫苗的同时，从1985年起开始研究HBV基因表达调控规律。这项研究先后获国家自然科学基金重大项目、国家重点基础研究发展规划项目、中国科学院重点基础项目、上海市科技发展基金重点项目等资助。

1985年，国外两个实验室独立发现了调控HBV基因表达的增强子ENⅠ。1989年，李载平课题组与国外两个实验室同时发现HBV基因组中另一个新的增强子ENⅡ。将ENⅡ定位在与核心启动子Cp部分重叠的一个1.4kb（千碱基对）中，能激活HBV启动子的活性。ENⅡ比ENⅠ具有更强的肝细胞专一性。课题组还鉴定了ENⅡ上两个转录因子结合位点：A和B。

课题组研究了肝细胞核因子HNF3和HNF1对ENⅡ活性的调控——肝细胞核因子HNF3（主要是HNF3β）通过与ENⅡ的B2区结合，激活ENⅡ的活性；HNF1对ENⅡ的肝细胞专一活性也起正调控作用。

课题组还成功从正常人肝脏cDNA库中克隆了结合于B1区的未知的肝细胞特异转录因子HB1F。它是核受体超家族的一个新成员，属FTZ-F1亚家族（NR5A2），是调控HBV基因肝细胞特意表达和复制的关键转录因子，与HNF1有协同作用。测定了150kb的HB1F全基因序列，对HB1F的基因结构进行了分析，证明HB1F基因的启动因子具有很强的肝细胞特异活性，肝细胞因子HNF1和HNF3β能显著激活HB1F基因启动因子。HB1F不仅调控HBV基因的转录和复制，还调控多个肝细胞特异基因（如胆固醇合成中的关键酶CYP7A1）的表达，在高等生物的胆固醇代谢平衡调节中发挥重要作用，具有重要的生理功能。这项工作还有另外一个重要意义：HB1F全基因序列是我国第一个完整的通过细菌人工染色体（BAC）

克隆测定的人的基因组序列，为中国完成人类基因组 1% 的测序工作做出了贡献。

课题组研究发现了一个新的 HB1F 辅抑因子 Prox1，能显著抑制 HB1F 的功能，进而抑制乙肝病毒基因的表达和复制。Prox1 通过与 HB1F 的直接相互作用抑制 CYP7A1 的活性，也是 HNF1 和其他一些调控因子的辅抑制因子。

课题组研究了 HBV 核心启动子对 HBV 3.5kb mRNA 的转录调控。HBV 的 3.5kb mRNA 有起始位点不同的两种形式——前核心 RNA 和前基因组 RNA。前者是 e 抗原的模板；后者不仅翻译产生核心抗原，而且是 HBV-DNA 逆转录的模板。课题组确定了核心启动子的功能区段，并发现前核心 RNA 和前基因组 RNA 的转录可能由不同的起始子元件介导。

乙肝病毒是嗜肝性病毒，其基因表达和病毒基因复制具有很强的肝细胞特异性。增强子 ENⅡ 的发现和深入研究对阐明乙肝病毒基因肝细胞特异性表达的分子机理有重要意义。同时，HB1F 和 Prox1 的克隆和研究也有助于高等生物胆固醇代谢平衡调节分子机制的研究。研究成果发表在 *Journal of Virology*、*Journal of Biological Chemistry* 和 *Molecular Endocrinology* 等国际刊物上，获得了国际同行的承认与好评。这些成果不仅具有重要的理论意义，也为新治疗药物的开发奠定了基础。

在研究过程中，李载平团队与国外同行的合作交流非常密切。课题组与德国马普生物所霍夫施耐德（Hofschneider）教授有长期合作关系，得到霍夫施耐德教授很大的帮助，并合作发表论文。此外，HB1F 基因组序列测定和生物信息学分析是与国家人类基因组南方研究中心合作的。研究过程中，诸多国内外同行提供了表达质粒，给予很大帮助。生化所也把"含完整转录单元的 HBV 基因组克隆 p3.6II"提供给国内外十多个实验室，包括耶鲁大学郑永齐、复旦大学闻玉梅等的实验室。

这项研究成果获奖不少。其中"乙型肝炎病毒基因的克隆与表达"获国家自然科学二等奖;"HBV 增强子Ⅱ(ENⅡ)的鉴定及其结构与功能的分析"获上海市科技进步二等奖,"一种调控乙型肝炎病毒增强子Ⅱ活性的人类基因 HB1F"获中国发明专利。

第四是乙型肝炎基因工程疫苗。李载平并不满足于发表论文、获奖,更希望研究成果能够造福于人类。在获得 HBsAg 的基因序列并克隆出乙肝病毒后,他和同事们开始研制乙型肝炎基因工程疫苗。这项课题成为国家"六五""七五"重点科技攻关项目。

1983 年,美国 NIH 的哈罗德·E. 瓦尔莫斯(Harold E. Varmus)成功利用病毒痘苗载体,表达了乙肝表面抗原。重组痘苗病毒因具有基因容量大、加工完全等优势,引起广泛重视。李载平团队同年开始用重组痘苗病毒系统表达乙肝表面抗原(瓦尔莫斯提供了 PGS20 痘苗表达载体及 CV-1、HumanTK-143 细胞),在国内首先在痘苗系统中表达了乙肝表面抗原,接着又构建了通用表达载体质粒 pGJP-5,为用基因工程生产疫苗的研究打下基础。

重组痘苗病毒不仅可以作为活疫苗直接给人群接种,而且重组痘苗病毒感染细胞后产生的乙肝表面抗原能分泌到培养液中,又可作为亚单位乙肝疫苗的一个生产系统。1986 年,上海生化所与卫生部北京生物制品所及检定所达成协议,共同发展用重组痘苗病毒生产亚单位(HBsAg)基因工程乙肝疫苗。这是一条新的技术路线,当时国内外尚无报道,是李载平团队的首创。这项课题也列入了"七五"国家重点科技攻关项目。

当时国内乙肝的检测方法也有待改进。临床上把乙肝表面抗原和抗体、乙肝核心抗体以及抗原的检测作为鉴别乙型肝炎和愈后观察的指标。但是,当时国产的检测试剂尚未过关,方法不够灵敏,稳定性不够好,制备药盒的抗原、抗体来源有一定限制。用基因工程表达乙肝表面抗原和核心抗原,为提供大量这类抗原、制备合格的检测药盒,提供了有利条件。

课题组利用哺乳动物细胞系统，将乙肝表面抗原基因插入牛痘病毒载体（BPV）中，转化LTK-细胞，得到有效表达HBsAg的重组细胞株BPVS-1。课题组还利用大肠杆菌系统有效表达了乙肝核心抗原。利用大肠杆菌启动子Tac进行调控，构建了含HBcAg基因的重组质粒MC1000，实现了HBcAg的较高表达。

酵母细胞背景清楚，易于大规模培养，表达产物能正确加工，是基因工程比较理想的表达系统，用酵母生产乙肝基因工程疫苗在美国已获得成功。李载平团队在酵母系统中利用GAP（3-磷酸甘油酸脱氢酶）、Gal-10（UDP-半乳糖表异构酶）、Cu-MT（Cu-金属硫基蛋白）、PHO5（酸性磷酸酯酶）等启动因子表达了乙肝表面抗原基因，表达的HBsAg均能组装成22纳米颗粒。其中GAP启动子控制下的摇瓶表达量已达到2毫克/升的国际水平，初步优化发酵条件，产量可达约10毫克/升，具备开发利用的前景。

利用重组痘苗系统来生产乙肝表面抗原颗粒性亚单位疫苗，产物分泌到细胞外，工艺简单、安全可靠，是国内首创，当时国外也尚未见报道。

这项研究也获得了很多重要奖项。其中，"乙型肝炎的重组痘苗病毒疫苗"获中国科学院科技进步一等奖；"乙型肝炎基因工程疫苗（痘苗病毒系统）的研制和中试"获中国科学院科学进步一等奖；"乙型肝炎基因工程疫苗（哺乳动物细胞表达和疫苗表达）的研制和中试"获国家科技进步一等奖。

在乙肝疫苗研制过程中，李载平团队一环紧扣一环，有序、高效：1987年，完成重组痘苗病毒vTH-2构建；1988年，完成三批小试[①]疫苗制备；同年11月，新药评审委员会批准100人临床试验；1989年4月，中国科学院小试专家评议，进入中试[②]；1990年，完

---

① 小试（small-scale test），在实验室进行的小型试验研究。
② 中试（pilot test），在小试完成并通过技术经济评价后，在概念设计基础上进行的放大试验工作，是实验室研究及小试成果放大为工业规模之前的一种系统试验。

成中试研究，共制备六批中试疫苗；同年3月，批准进行母婴阻断传播的人体观察；5月，批准中试疫苗的扩大临床观察；1991年1月，"七五"攻关验收；同年8月，新药审评终审，同意授予新药证书；11月，中国科学院和卫生部专家鉴定；1992年10月，获国家颁发的新药证书。即使在今天，这样的速度也是非常了不起的。

除了乙肝的基因工程研究，李载平领导的实验室1989年还启动了国家"七五""八五"攻关和"九五"重大攻关项目：**人表皮生长因子的基因工程研究**。

人表皮生长因子（hEGF），是最早发现的细胞生长因子之一。1975年，S.科恩（S. Cohen）和H.格里高利（H. Gregory）从人尿中分离到hEGF——一个多功能和重要的细胞因子，可促进中胚层和外胚层细胞的生长和分化，在胎体发育过程中可促使一些器官和腺体上皮细胞生长和分化。S.科恩后来在1986年获得诺贝尔生理学或医学奖。表皮生长因子（EGF）及其某些家族分子对细胞具有双重活性，既能促进表皮细胞生长，又能抑制表皮癌细胞生长。大量的医学和动物实验表明，EGF在临床上用途广泛，包括加快外伤性创面、外科手术、烧伤创面、溃疡等引起的创伤愈合，也可促使角膜损伤和溃疡的愈合；促进离体移植皮肤生长和伤口愈合，同样可用于角膜移植；促进肠和十二指肠溃疡愈合，效果显著；治疗胃酸分泌过多症。

人表皮生长因子存在于人体组织和体液的细胞中，是由53个氨基酸组成的小蛋白，内含三对二硫键。应用基因工程技术表达hEGF时，如采用细胞内表达很容易被蛋白水解酶水解，体内合成的hEGF很难正确配成三对二硫键。课题组独创了大肠杆菌碱性磷酸酯酶分泌表达系统生产hEGF的工艺路线，在设计基因、组建表达转录、优化培养和诱导条件等方面均有创新，经济简单、产物活性高，实现高表达。当时国内未见使用该系统表达目的基因获得成功的报道。

1993年4月，课题组完成了hEGF基因工程实验室研究，经中国科学院组织鉴定，专家委员会认为已建立了一个简单高效分泌表达系统，研究水平属国际先进，超额完成了"八五"攻关任务。

在中试研究中，课题组将发酵罐规模扩大至50升，探索了各种培基配方，研究了影响发酵的因素，不断改进优化发酵条件，连续三批分泌表达150毫克/升以上，最高达170毫克/升，工程菌稳定、高产，建立了适宜生产的简单、经济的分离纯化工艺。超额完成了"八五"中试任务。

1996—2000年，该项目完成临床试验，适应证为烧伤、外伤等创面、慢性皮肤溃疡，经3000余例人体试验，有效率在86%以上，未见有关毒副反应。

此外，课题组还进行了转化生长因子（hTGF-α）和人表皮生长因子（hEGF）的结构与功能研究。EGF及其家族都与细胞膜上EGF受体结合，向胞内传导信号，单个生长因子的功能与作用强弱各不相同。结构域上哪些差异可引起生物功能的差异是很有意义的研究。hEGF与hTGF-α是细胞中两个重要生长因子，其一级结构仅约60%相同。课题组以这两个因子为基础，进行研究。他们应用聚合酶链式反应（PCR）和克隆技术将hEGF与hTGF-α的N结构域与C结构域互换，构造了hE-TGF-α和hT-EGF两个嵌合分子。野生型与嵌合分子分别表达、纯化。结果表明，N结构域可能对受体结合重要，而C结构域可能对促进细胞生长活性重要。

EGF家族C结构域有较高同源性，其中一些氨基酸表现为半保守性。课题组应用点突变法对hTGF-α C结构域的半保守残基进行突变，代之以hEGF相应的残基，建构了三个突变分子hTGF-αV35、Q44、Y45R46。实验发现hEGF与受体的亲和力为hTGF-α的2倍，而三个突变体的亲和力分别为hTGF-α的22%、13.4%和25%；hEGF促NRK-49细胞生长仅为hTGF-α的1/10，而三个突变体的生物活性为hTGF-α的4倍、10倍和5倍，说明C结构域的突变对 hTGF-α 的生物活性有显著影响。

这项研究也获得了很多奖项。其中"人表皮生长因子（hEGF）基因工程实验室研究"经中国科学院组织专家鉴定，获上海市科技进步二等奖；"人表皮生长因子的中试研究"经国家科委专家组鉴定，获"八五"科技攻关重点科技成果奖；"外用冻干重组人表皮生长因子"获国家药品监督管理局一类新药证书。

此外，还有中国科学院"九五"重大应用课题：**人粒细胞—吞噬细胞集落刺激因子（GM-CSF）基因工程**。

GM-CSF 是一个重要的多功能的造血生长因子，可直接作用于骨髓中的肝细胞和多种造血前体细胞（如粒细胞、红细胞、血小板和巨噬细胞等前体细胞），促进其增殖、分化、形成定向成熟细胞。在临床上 GM-CSF 主要可用于治疗粒细胞低下症和抗癌免疫增强物。

1994 年，课题组应用反转录聚合酶链反应（RT-PCR）技术从成纤维细胞获得了 GM-CSF 的 cDNA，克隆和组建至碱性磷酸酯酶分泌表达系统。多次诱导表达分泌至培基的 GM-CSF 量较少，而发现大量的带信号肽的 pro GM-CSF 存在胞内，未被分泌出去。他们研究了大肠杆菌的分泌机理，认为内膜上运转酶中的一个亚基 secB 是一个关键因素。secB 亦属分子伴侣中的一员，负责将胞内翻译后的前体蛋白运送至膜。增加 secB 的量，也将加快前体蛋白运送速率。为此将 secB 和 GM-CSF 的基因组建在一个表达质粒上，由 phoA 同时启动表达。构建成一个全新的表达系统，并申请了发明专利。新的工程菌在摇瓶培养条件下，表达量提高 7 至 8 倍。在中试培养条件（50 升发酵罐）下，三批表达量达约 120 毫克/升培基，实现了工程菌高分泌 GM-CSF。完成中试三批试验和临床前试验后，经国家药品监督管理局专家评审，1999 年用基因工程生产的 GM-CSF 获得新药证书，并进行试生产。随后完成 1—3 期临床试验，并主要负责药品 GMP（药品生产质量管理规范）的论证和生产工作。

在这项研究中，"一个使用分子伴侣蛋白质分泌的方法"获中国发明专利，"注射用重组人粒细胞巨噬细胞集落刺激因子"获国家药品监督管理局二类新药证书，"注射用重组人粒细胞巨噬细胞集落刺激因子生产车间"获国家药品 GMP 证书。

还有一项获得上海市自然科学研究项目部分支持的研究：**人血管生长抑制蛋白及其类似域的克隆、表达与功能**。

1994 年和 1997 年，福克曼（Folkman）实验室从癌细胞中分别发现了人血管生成抑制蛋白（angiostatin）和内皮抑制蛋白（endostatin）。它们都是人体内天然存在的抑制血管生长蛋白质。这些发现在当时国际上掀起了一股热潮，可能有助于癌症的彻底治愈。课题组于 1997 年启动此项目研究。

人血管生成抑制蛋白是由人纤溶酶原的氨基端 4 个三环结构域（Kringle domain）构成的蛋白质，分子中的每一个三环结构域具有不同的抑制内皮细胞和血管生长的活性。人体一些其他蛋白质也含有三环结构域，是否也具有抑制内皮细胞生长活性？课题组应用 RT-PCR 技术从人胎盘组织得到肝细胞生长因子的第一个三环结构域——HGFK1。克隆、表达和纯化得到的 HGFK1 能较强地抑制牛主动脉内皮细胞的增殖和诱导该细胞发生凋亡。将 HGFK1 基因克隆至真核表达质粒，转染肝癌细胞，裸鼠实验表明重组细胞株形成的肿瘤明显小于对照细胞株，表明 HGFK1 可抑制癌生长。这项发现已申请了美国专利。

课题组还进行了 Vastatin 的克隆、表达与功能研究。该蛋白质能特异地抑制内皮细胞的增殖和迁移，并可诱导内皮细胞凋亡；在体内，重组蛋白可以抑制裸鼠肿瘤生长。Vastatin 的发现已申请了中国发明专利。①

由于在中国率先进入基因工程研究领域，李载平于 1980 年代早

---

① 《中国科学院上海生物化学研究所志（1950.5—2000.5）》。

期就意外地给中国科学院院士上了一堂课呢!

1981年5月18日,中国科学院第四次学部委员大会召开。这是"文革"结束后,中国科学院学部第一次开会,与上一次学部委员大会相隔整整21年。可想而知,此次会议的受重视程度。

会议期间,中国科学院副院长、生物学部主任冯德培想起听李载平讲过1970年代国际上刚兴起的生物基因工程、DNA重组,意识到这是一个极为重要的科技前沿信息,便邀请他稍后作一次专题报告。

到了作报告那天,面对台下白发明显多于黑发的高层次听众,当时还是一介副研究员的李载平未免诚惶诚恐,但话匣子一打开,毕竟是自己喜欢的、钻研的课题,就越讲越流畅了。从现场反响来看,老科学家们对年轻后来者所描绘的前景,也满怀了憧憬。

那一阶段,李载平多次应邀外出宣讲分子生物学、基因工程。除了面对前辈同行,他还在中央军委总政治部召开的军以上干部会议上作过一场科普报告。难得有机会,看见那么多身穿制服的将军,齐刷刷地坐满了人民大会堂的一个大厅!将军们饶有兴味地听着,可也许是第一次听完全陌生的高端领域的报告,有待回去好好消化吧,现场没有一个人提问。报告结束,李载平获赠一幅少数民族跳舞画面的国画,珍藏至今。

记忆中"回龙观会议"上的专题报告,以及为军以上干部作的科普报告,对李载平此后的学术成长,无疑起了不小的激励作用。

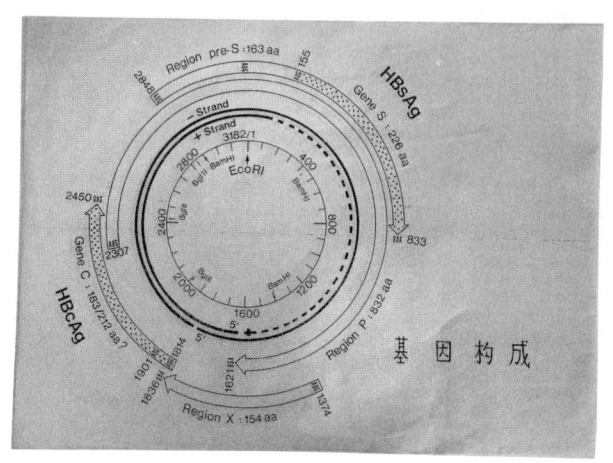

乙肝病毒基因构成

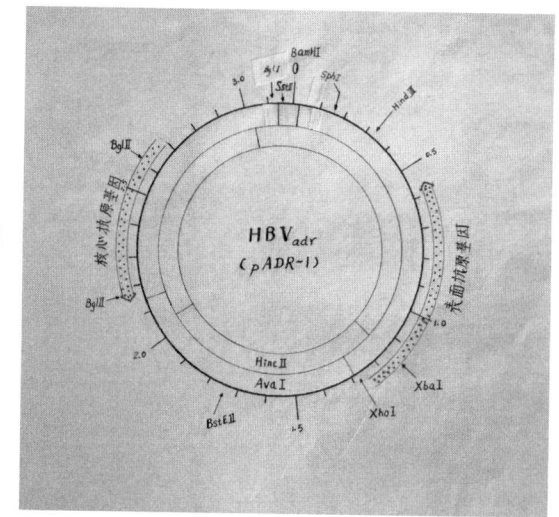

乙肝病毒adr亚型基因组限制性酶切图

记录了乙肝病毒酶切图谱实验艰辛的卡片

高级生化训练班讲义

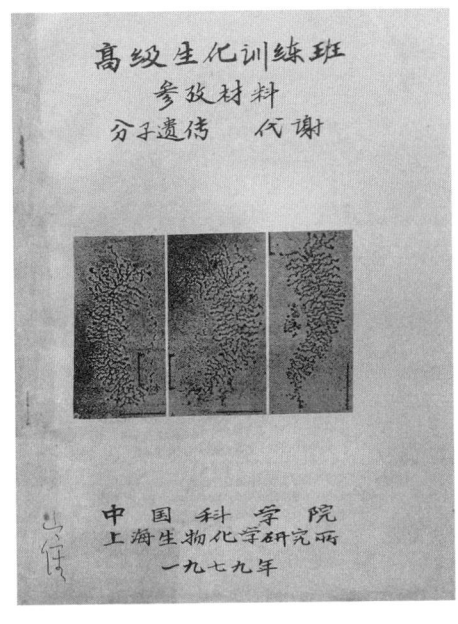

第三章　在"科学的春天"创建"七室"

1979年5月，杭州屏风山，第三次全国生物化学学术会议，北大校友合影。后排左一为李载平

放射生物学实验室所在的小楼,当年的8号楼(潘真/摄)

# 第四章

朋友圈
外国专家助推
中国发展

"文革"结束后,为弥补长期闭关、争斗造成的落后和空白,中央做出派遣研究人员出国进修学习的决策。上海生化所积极响应,有计划、有步骤地选派中青年业务骨干到国外著名实验室进修,收到了积极的效果,许多人回来后成为学科骨干;同时,生化所大力开展国内与国际的学术交流,除经常派出人员参加有关的国际会议外,还在所内召开多次双边或多边国际学术会议。此外,国外生化同行学者也经常来所参观、讲学、举办培训班,最多时一年超过400人次。所有这些,都提供了极好的学习机会,有助于扩大科研人员的视野,使他们了解更多的国际生化动态。①

生化所走出国门,与美欧日同行联络、交流,再请外国专家来所里开班授课乃至合作,在全国开风气之先。

作为新时期最早出国的中国科学家之一,李载平充分利用每次出访的机会,学习先进科学技术、了解最新科研学术成果和动态信息之余,凭着自身的外语水平、学术功底及真性情,与美、日、法等国的世界顶尖实验室的科学家们频频互动,并且尽量把大量有用的信息及时反馈回来,尽力把自己朋友圈的外国专家发展成生化所的学术资源,为生化所科研项目的拓展、为年轻一代的出国进修,创造了各种条件,从而推动了生化所的迅速发展。

---

① 《中国科学院上海生物化学研究所志(1950.5—2000.5)》。

与沃森的交谊始于冷泉港

1982年5月，李载平到美国冷泉港做访问学者。这次机会，是沃森教授促成的。

前一年，沃森到日本开生化大会，与剑桥大学的老同学王应睐再次重逢，敲定了此前通过电报邀沃森访华事宜。稍后，沃森到访北京、合肥、上海。在上海，他见到了睽违30年的另一位老同学曹天钦。在连一件像样家具都没有的曹天钦家里，他看见一张小方椅上画着各种分子式，深受感动。虽然中国人的物质生活还极度贫乏，中国的生命科学整体处于极其萧条的状态，但中国科学精英蓄势待发的精神状态，令人看好这个国家科学的未来。

沃森参观了上海生化所、细胞所和有机所，并作了关于肿瘤基因和单克隆抗体的两场学术报告。他认为，中国经济条件还有限，不宜分散使用，生物学研究最好先在上海和北京建成中心，中心水平上去了，全国也就好办了。他说，中国很大，科学仪器应力求自给。看到中国自制的液闪仪、二氧化碳培养箱等仪器，他高兴地说，生化所东风厂的试剂、酶制剂保证质量，外销会很赚钱。根据上海的基础，他还准备建议EMBO①出资在上海办讲习班推广限制酶的制备和DNA顺序分析、单克隆抗体新技术。②

首次中国行，开启了沃森对中国科学发展的长期关注。回美

---

① EMBO（European Molecular Biology Organization 的首字母缩写），欧洲分子生物学组织。是非官方的学术组织，为促进整个欧洲乃至全世界分子生物学领域的合作和发展，由该领域的科学家推动成立。EMBO最有影响的是EMBO系列期刊和分子生物学公共数据库（EMBL），此外还举办一些学术活动。其在生物学领域的影响力，可与 Nature（《自然》）、Science（《科学》）、PNAS（《美国科学院院报》）等媲美。

② 《美国沃森教授访沪情况汇报》，中国科学院档案馆，D149-581号档案。

不久，他利用个人的影响力，直接给美国驻华大使亚瑟·W. 哈默（Arthur W. Hummel）写信，希望驻华使馆多多给中国学者发签证，为他们赴美大开方便之门。同时，他开始邀请中国学者去冷泉港实验室学习、培训和参加会议，以促进冷泉港实验室与中国分子生物研究的交流。

李载平，正是第一位被安排去冷泉港做访问学者的。

沃森不仅是获诺贝尔奖的优秀科学家，而且还是妙手回春的优秀管理者。在他手里，冷泉港从一个濒临破产的小实验室，发展成为举世无双的科学圣地，融科研、教学、会议、培训和出版于一体的综合性科学机构。虽然从1970年代起他就不带研究生、博士后了，但他亲自安排、指导了来自上海生化所的 T. P. Li（李载平）。

访问只有短短一个月，李载平的收获却不小。

他在那里的主要活动，包括三项内容：前半程在理查德·J. 罗伯茨（Richard J. Roberts）的实验室，后半程在迈克尔·温伯格（Michael Weinberg）的实验室，还有几天去了NIH。

两个实验室各有千秋。理查德·罗伯茨实验室有一个能人，就是被称为"台湾的女状元"的周芷（Louise Chow），人特别聪明、有水平，发现了RNA的剪切——RNA转录成功以后，还要经过一段剪切的过程，把某些部分去掉，保留成熟的RNA，然后再去做蛋白质的翻译。就是说，基因变成蛋白质的过程不是一步走，而是分两步走的，刚形成的RNA比工作需要的成熟RNA要大一些，去掉原始基因给的RNA模板中的一部分，然后接起成熟RNA去做蛋白质合成的模板。这个工作很重要，后来菲利普·夏普（Phillip Sharp）和理查德·J. 罗伯茨因此共同得了诺贝尔奖，很多人都为周芷打抱不平，觉得主要贡献应该是她的，老板却去拿奖了。迈克尔·温伯格实验室也正当红，那时候刚刚有两位科学家在不同的系统里发现Ras是一个癌基因。

一年中，冷泉港实验室组织的世界性学术活动和各种讲习班数不胜数，而每年一专题的"冷泉港定量生物学讨论会"对分子生物学的发展起了很大的促进作用，会后出版的学术论文集是分子生物学进程的记录。

那年正赶上 DNA 双螺旋发现将迎来 30 周年，一年一度的大会就以此为主题，基因领域的世界级大科学家都到会了。来自法国的一位大科学家，工作非常出色，也发现了 RNA 翻译蛋白质先要加工的过程，却没得诺贝尔奖；另外，由基因产生 mRNA 的时候需要一个启动因子去工作，他是研究启动蛋白的先锋之一，发现了很多蛋白质跟启动有关系。他的工作有个特点，要发现一个东西都从正反两方面去证明。他做报告，虽然英语有点法语腔，但打出来的幻灯片数据翔实得不得了，引起会场里一片惊叹声……有个在加州大学伯克利分校工作的美籍华人，也研究转录启动因子，研究得很出色。后来，国际生物学会统一命名，那位法国大科学家的命名不幸被取消了。

"会上能看到真正的科学家，说新的发现、新的现象，拿出来就是过硬的成果，很精彩！"李载平觉得眼界大开。

大会吸引来了好多诺贝尔奖获得者，沃森设家宴招待大家，李载平作为与会者中的"少数民族"也有幸获得邀请。这顿饭，堪称世上最豪华！"看过去满眼都是诺贝尔奖得主。感觉他们并不高傲，不是眼睛看天的，都跟普通人一样。"他暗暗想着：普通人只要努力而且有机会的话，也可以做出很大的科学贡献来。

当年曹天钦先生没去成的哈佛大学保罗·多蒂实验室的负责人保罗，一位了不起的生物高分子科学家，也参加了那次年会。与他同去的华人学生跟他说起李载平，他很感兴趣，"那我们可以谈谈！"李载平闻讯，说："太好了！"春夏之交，天气不冷不热，草地上搭了大帐篷，圈起一片做会议的食堂，气氛非常好。保罗说对中国很感兴趣，直截了当问有机会访华吗。李载平一回国就汇报了此事，可惜不见下文，保罗未能如愿。

冷泉港风景优美，没有高楼大厦，小小的实验室建在长岛海边，更像个旅游休闲地。不同的实验室在不同的小楼里，大家交流的机会也很多。李载平住在布莱克福德（Blackford）设施简单、生活方便的招待所里。很多大科学家到来，也一样住这里。宿舍带卫生间，但洗澡得去公用的洗澡房。

有一次，他去洗澡，碰到了麻省理工学院搞基因合成的诺贝尔奖获得者戈宾德·霍拉纳（Gobind Khorana）。两人一边洗澡，一边聊天。"那大概是我唯一一次，光着身子和大科学家交流。"那场景，历历在目，恍若昨日。霍拉纳凭DNA合成t-RNA基因得了诺奖后，又开拓新的领域，去做生物膜了。很多大科学家都爱好挑战新领域，虽然都知道创新不容易。

这些见闻，促使李载平思索：中国科研条件慢慢好了，科学家也会有这种兴趣和勇气——在某一个领域里拿到顶级大奖，一转身再去抓新东西。像同样在MIT工作的日本科学家利根川进（Tonegawa Susumu）做抗体基因结构得了诺奖，然后转到神经上去了，又有一个非常了不起的发现，可能再次获诺奖。

亲炙"DNA之父"沃森，并开启与沃森夫妇的友谊，自然是此次冷泉港之行又一重大的收获。

沃森有两句名言：一是"Think big"，立意要高。二是"It is ok to be weird"，心无旁骛去做事，不必太在意他人的看法。沃森说，最了不起的科学研究都是想出来的，那是宇宙中最秘密的，比如相对论。他与克里克在1953年提出的DNA分子结构模型，何尝不是这样的宇宙秘密呢？这可与达尔文的进化论、孟德尔的遗传定律相媲美的发现，不也是先由两个聪明的头脑想出来再通过实验证明的吗？

沃森觉得中国人有脑子、会用脑子。在冷泉港，他与中国同行T. P. Li亦师亦友，教学相长。

沃森知道李载平爱好古典音乐吗？一天，沃森对他说："我带你去参加一个音乐会好吗？"沃森夫妇轮流开车，三个人有说有笑地上路了。

音乐会在长岛最东端的纽约大学石溪分校举行,而冷泉港在长岛的最西端,由西到东开车单程得一个多小时,李载平感觉像从北京去天津那么远。到了目的地,夫妇俩先请他吃晚饭,然后三人一起听了一场非常古典的音乐会,乐器都是巴洛克风格①的。

李载平注意到,夫妇俩开车风格迥异。"沃森动作比较愣,还好到石溪的路上车少,比较好开。沃森太太开车水平高,动作柔和……"沃森太太的专业是建筑历史,当年是她"接收"了沃森这个年长自己20岁的"困难户"。他俩感情特别好,互称 sweetie(甜心)。

一路上,听沃森讲故事:他姐夫是外交协会的,早年曾在重庆看到中国那么艰苦还奋力抗战,了不起,对中国印象很好。

后来有个中美友好代表团来访。这位姐夫"开后门"让沃森去纽约参加接待。沃森开车去,捎上李载平,于是他这个中国人也成了"美方人员"。招待宴会前的过程很长:宾主相互介绍,互赠礼品,讲话……中国开放时间太短,外交人员有的也是第一次出国,还处于懵懂之中吧,在现场呆坐着,手足无措。李载平见了,颇觉尴尬,好几个小时如坐针毡……

现在回头再看,在那个中国处于荒芜状态的年代,李载平跑到了生物学的源头上,可谓"中国分子生物学的普罗米修斯",取回了最纯正的火种,以奠定中国分子生物学、基因科学的基础。从那个时候起,中国总算有了一个渠道,跟发达国家联系上了,外面的信息这才得以点点滴滴传过来,如涓涓细流日积月累。

回国后,李载平与沃森夫妇保持着书信往来,每逢佳节寄贺卡问候。"沃森牌"的贺卡,非比寻常,会印上他家有意思的老照片

---

① "巴洛克"(Baroque),风格术语,指17世纪初至18世纪上半叶流行于欧洲的主要艺术风格。音乐的巴洛克时期,通常被认为大致从1600年至1750年,即从克劳迪奥·蒙特威尔地(Claudio Monteverdi,1567—1643)开始,到约翰·塞巴斯蒂安·巴赫(Johann Sebastian Bach,1685—1750)和乔治·弗里德里希·亨德尔(George Friedrich Handel,1685—1759)为止。1750年,对位法大师巴赫的去世,标志着巴洛克巅峰的对位法音乐的终结,也标志着巴洛克时代的终结。

或一年来的新照片，令人过目难忘。有一次访华前夕，沃森太太寄贺卡，幽默地写道："See you sooon!"（soon 里多加一个 o，表示更快吗？）

2006 年，沃森夫妇来上海，李载平做东在和平饭店请他俩吃饭。据当时在场的季茂业博士回忆：面对黄浦江的包房里，回荡着李载平洪亮的男中音："Hi, Jim!"沃森嗓音低沉，但说的话却满是热情。"我看他们彼此很亲热，眼睛都发亮的！"季博士说。

在冷泉港充足了电归来后，李载平一方面继续领导分子遗传实验室研究乙肝疫苗和其他方面的基因工程，并开始频出成果；另一方面，利用自己与国外著名实验室的良好关系，把同事、学生安排出去系统学习考察，同时经常邀请国外学者来上海生化所交流讲学。

走出去、请进来的工作，早在 1970 年代末、1980 年代初就启动了。

1978 年，中国科学院派出的首批访问学者之一、上海生化所年轻研究人员沈绿萍赴美前夕，不知挑选哪所学校好。是李老师帮她选了加州大学旧金山分校，因为该校生物化学系的科研水平、技术力量都位居国际科研前沿，威廉·路特（William Rutter）博士主持的生化系实验室已成功克隆了"鼠胰岛素基因"，轰动世界生物学界。沈绿萍事后回想，深感这个选择真是太对了。① 七室的研究人员大都正是这样，在李老师的帮助下获得合适出国机会的，回来后成为实验室迅速发展的重要力量。

加州理工教授埃里克·H. 戴维森（Eric H. Davidson），很早就研究被认为太复杂的细胞发育过程，拿海胆系统研究生物发育，是这一领域的先锋人物。李载平初访美国时结识的这位同行，应他之邀来华作学术报告。1979 年晚秋，戴维森带着助手第一次踏上中国

---

① 管志华《沈绿萍：改革开放后首批赴美留学生》，《人民日报（海外版）》，2011 年 10 月 14 日。

1982年，冷泉港实验室年会上的沃森教授

1993年，冷泉港实验室，李载平（右）与沃森教授合影（陈惟佳/摄）

 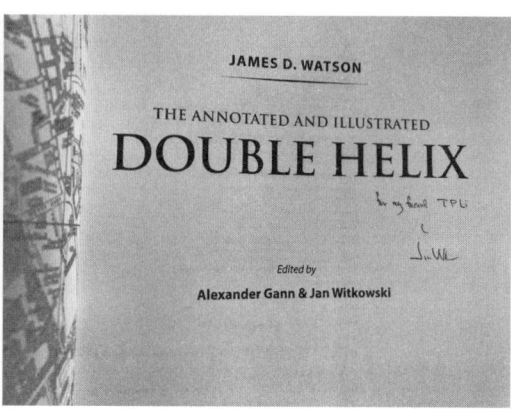

沃森送李载平的新版《双螺旋》签名本。沃森以生动、坦率的笔调，记录了他和克里克的伟大发现。他为1984年出版的《双螺旋》中译本写的前言中说："我力图表达出我们在探究这种我们认为可能是最重要的分子时的兴奋心情。我们所发现的双螺旋果然没有使我们失望。"

来自沃森夫妇的贺卡

的土地，先在上海生化所讲了一场，接着又在西北大学和中国科学院各讲了一场。

生化所没有英语翻译，所领导让懂英语的崔桂芳顶上，从上海到杭州、西安、兰州、敦煌又到北京，十来天全程陪同外宾了解中国文化，同时为学术报告做翻译。

宾主一行坐绿皮火车，都感觉很新鲜，却在杭州火车站听说"没有特别允许，外国人不能到杭州来"，被关进小屋子。崔桂芳赔着笑脸，三番五次跟对方说明："这位是我们请来作报告的名教授！"原来，杭州的接待方没收到上海方面的信息，致使手续未办全。还好，最终如愿游了杭州。

西安太冷了，简陋的报告厅里生了个炭盆取暖。戴维森边讲课边踱着方步，正讲得兴致勃勃，竟一脚踩翻了炭盆，吓得赶紧跳开，还不忘自嘲："我到现在为止一切顺利，除了刚才一脚踩翻……"听了翻译，台下师生哈哈大笑。

改革开放之初，很少有外国专家来中国讲学，所以寒冬里这温暖的一幕，很多人都记着。

而1975年初次拜谒冷泉港的李载平，会不会想到35年后的2010年，冷泉港实验室在美国以外的第一个分支机构——冷泉港亚洲，选择了中国古镇苏州挂牌，冷泉港亚洲的首次会议"沃森癌症研讨会"同时在此举行呢？

老友蒂奥莱卅余年来华百次

2011年在上海，开过一个特别的研讨会，纪念中法两国、上海生化所和法国巴斯德研究所两家研究机构、李载平和皮埃尔·蒂奥莱两位科学家之间绵延30年的学术交往和友谊。

蒂奥莱是法国巴斯德研究所教授，法国科学院、法国医学科学院双院士。他是国际上第一个将乙型肝炎病毒ayr亚型的基因组全克隆成功的，并第一个报告了其全顺序，阐明了表面抗原、核心抗原等HBV基因的全顺序和组织结构，将乙肝病毒的研究推进到分子水平的新阶段。这项成就获得国际上的广泛承认和引用。他在乙肝疫苗、肝癌动物模型等方面也有卓越贡献。自1980年以来，他频繁来华讲学交流，还四次共约请20余位法国科学家，携实验材料，举办短期学习班，为中国带来最新的科学信息与实验技术。他与上海、杭州等地的科研单位、医学院校一直保持密切的学术交流与合作关系，对中国健康大敌乙型肝炎病毒的研究、对中国基因工程的研究起了很大的推动作用。1998年，他当选为中国工程院外籍院士，后被上海生化所聘为名誉教授。

2004年8月，中国科学院、上海市人民政府和法国巴斯德研究所在上海签署建立中国科学院上海巴斯德研究所的合作协议。10月，中国科学院上海巴斯德研究所揭牌。2005年7月，第一批4名科学家被聘为研究组长，并正式在上海巴斯德所建立实验室。

这一切的源头，就是1970年代末，以钱三强为团长的中国科学院代表团访问法国，作为巴斯德研究所派出的接待人员之一的蒂奥莱结识了代表团成员李载平。

"蒂奥莱研究乙型肝炎做得好，对中国感兴趣，中国是乙肝第一大国嘛！"李载平说，"后来他想与中国科学家建立联系、开展合作，他的法籍华人好友汤明毅正好跟我认识，建议他一定要到上海生化所……"他就带着学生克里斯丁·布雷赫（Christian Bréchot）来了。师徒俩把基因工程的原理、实验操作毫无保留地教给中国同行。有意思的是，那位跟来的学生当年还没拿博士学位呢，后来听说他特别能干，成了法国国家健康与医学研究院（INSERM）院长、巴斯德研究所所长。因此，蒂奥莱教授退休后在所里仍然有一个车位，大家都很羡慕。

1980年的第一次基因工程讲习班的授课老师，是李载平请来的蒂奥莱。经反复联系协商，双方确定了讲课内容，11月12日至29日在上海生化所开班，为期18天。

当时，上海生化所成立了王南中（副所长）、唐敦静（副所长）、李载平（主任）三位参加的领导小组。

听课的学员，除了上海生化所的，还有来自中国科学院北京遗传所、微生物所、生物物理所和中国医学科学院基础所，上海细胞所、植物生理所、药物所、生物制品所和复旦大学遗传所的，一共24人。

讲习班以教实验技术为主，实验内容包括：

1. 墨迹法分子杂交技术及其应用于乙型肝炎病毒在乙型肝炎病毒病人和肝癌细胞中的基因检测。

2. DNA碱基顺序测定。

3. HBV基因组DNA片段的次级克隆。

4. 真核细胞受体系统。

法国专家还做了五次学术报告，介绍他们的主要工作：

1. HBV基因组的克隆及结构研究。

2. 基因表达的调控。

3. HBV结构及其与乙型肝炎阴性带毒者，肝癌发生的关系。

4. HBV有关抗原及免疫学研究。

5. 子宫珠蛋白基因的克隆，基因结构及功能表达。

讲习班以实验为主，辅以讲座，收到了良好的效果。学员普遍反映：法国专家工作认真，态度友好，很乐意回答学员们提出的问题，还经常连续工作，午休时间也不歇息。实验设计合理，实验操作上细致、谨慎，微量操作技术、实验技巧熟练，训练有素，特别注意防止污染。大家觉得，这样的讲习班比请一些专家来单纯讲课、做报告收获大，更实用。①

1982年10月17日至10月21日，蒂奥莱教授再次访问上海，在科学会堂作题为"用基因工程方法生产乙型肝炎疫苗的前景展望"的学术报告，对于作为疫苗使用的表面抗原颗粒和表面抗原多肽的生产和合成提出了几种可能的途径；在生化所作题为"HBV DNA在肝癌及有关肝脏疾病的细胞中的存在状态"的学术报告，并围绕HBV以及真核表达系统展开学术讨论。

第二次来访时，蒂奥莱与李载平建立了协作交流的关系，并草拟了一份协作规划，将其列入中法科学交流项目。②

1984年10月29日至11月16日，按中法科学交流协议，蒂奥莱教授一行五人在上海生化所举办了为期三周的遗传工程短训班，内容为"动物培养细胞的转染及克隆的分析"。这次讲课，也是李载平负责组织和接待的。来自中国科学院生化所、细胞所、遗传所、发育所、动物所、水生所，武汉病毒所，中国医学科学院抗菌素所、基础所，军事医学科学院基础所，上海第一医学院微生物教研组，上海肿瘤所等单位的22名学员参加了学习班。

短训班还是讲课和实验相结合。讲课除了专题学术报告外，还有细胞转染及克隆分析的基础知识及技术讲解。蒂奥莱作了"HBV（乙型肝炎病毒）基因在哺乳动物细胞中的表达"及"肝炎与肝癌的关系——肝癌细胞中的HBV基因结构"两个学术报告，听众各有百人以上。C.普塞尔（C. Pourcel）作了"鸭肝病毒在培养的肝细胞中的表达"的学术报告。短训班进行了两方面的实验——（1）真核细胞转染：用带乙肝表面抗原基因（HBsAg）的质粒pFC与带有选择标志tk基因的质粒pAGO转染老鼠LTK-细胞做了暂时性表达和稳定表达（克隆株筛选）两组实验。（2）克隆的分析：对转染后的

---

① 《法国巴斯德研究所来我所举办基因工程讲习班的总结》，中国科学院档案馆，D149-524号档案。
② 《关于法国巴斯德研究所蒂奥莱（P. Tiollais）教授在沪访问的情况小结》，中国科学院档案馆，D149-662号档案。

暂时性表达产物做了放射免疫测定及免疫荧光分析。

与前两次一样，这次短训班办得很成功。学员普遍反映：短训班内容丰富，学到了不少东西，对今后的工作很有帮助。李载平HBV组的工作人员虽然原来比较熟悉这方面技术，通过短训班又得到进一步提高，如掌握了陌生的荧光免疫技术，并立即用于牛痘——乙肝表达产物的分析。李载平NPV（家蚕多角体病毒）组学习了转染技术后，立即用到工作中去了。另外，法方提供的实验器材也对李载平实验室今后工作的开展起了促进作用。

为配合这次短训班，法国健康与卫生研究院情报中心与中国科学院出版图书情报委员会，在上海科技图书馆联合举办"乙型肝炎及基因工程图书、视听资料展览"，131个单位、536人参观了展览。①

三次短训班以后，蒂奥莱教授每一两年，要到上海生化所和其他国内乙肝病毒研究单位进行学术交流。1990年代，中国科技部和法国外交部、研究与新技术部共同发起"中法先进研究计划（PRA）"，支持中法科学家的合作。蒂奥莱与李载平及其学生汪垣、赵慕钧的合作多次受到这一项目的支持，同时也多次受到中国科学院国际合作局中法项目的支持。李载平、汪垣和赵慕钧又频频派遣学生和科研人员到蒂奥莱实验室，学习各种技术或进行短期合作研究，并合作发表研究论文。

在科技部和上海市科委支持下，2002年10月，中国科学院上海生命科学院、国家人类基因组南方研究中心、上海第二医科大学及附属瑞金医院等科研院校，与法国外交部、科技部合作，联袂法国国家科学院、法国医学科学院、法国巴斯德研究所，成立了"中法生命科学与基因组研究中心"。汪垣与蒂奥莱教授的联合实验室是这个中心的合作实验室之一，其合作研究论文在国际会议上报告。

---

① 《举办"法国遗传工程短训班"的小结》，中国科学院档案馆，D149-796号档案。

另外，从 2005 年开始，蒂奥莱所在的法国医学科学院与上海生化所研究员谢幼华的合作研究进展良好，已共同署名发表论文。蒂奥莱教授对这一合作特别看重，会专门请同事喝酒，告诉他们"我又一篇文章发表了"。

退休后的蒂奥莱加大了来中国的频率，每年至少四次。有一年春天，蒂奥莱教授又到上海，带着家人，访问了上海生命科学研究院。李载平和夫人全程陪同。法国教授微笑着对他的中国老友说："这是我人生第 73 次到访中国。"李载平估摸着，时至今日，他的这位法国老友来华大概超过 100 次了吧。

中国工程院院士、复旦大学病理微生物研究所所长闻玉梅说，李载平把自己几十年的好朋友蒂奥莱请来，到中国科学院上海生化所办了多期分子生物学学习班，在全国业内影响大。因为当时中国分子生物学几乎还是空白，科研人员都不会做相关的实验，所以全国各地都派人来学习。

对李载平，蒂奥莱有一种天然的信赖。一次在香港开会，他感冒了，李刚好带着感冒冲剂，送给他，他并不查看配方，直接就冲了喝掉了。李载平还记得，某年在巴黎，蒂奥莱在埃菲尔铁塔上请中国同行吃饭；而到了上海，蒂奥莱"舌尖上的中国"的代名词便是烤鸭……

2017 年秋天，蒂奥莱途经上海，回忆起老友李载平，1978 年初见时的第一印象："我不喜欢很张扬的人。李很安静地谈话、讨论，提出有趣的问题……"在此后身体健康的那么多年里，他俩每年都有多次通信，还互寄贺卡。蒂奥莱透露，自己正在寻找编辑，准备做一本自传，"就写大学、巴斯德研究所和中国三个部分……中国这部分，有些写旧的中国，主要写新的中国，巴斯德所与中国有关的事……"他所谓"旧的中国"，指 1980 年第一次见到的"看穿着很难分辨男女"的这个国家；而"新的中国"，自然是改革开放至今的"完全不一样的中国"。

1980年11月，法国巴斯德研究所蒂奥莱教授在上海生化所办基因工程讲习班

李载平（左四）与蒂奥莱（左三）在基因工程讲习班实验课上

1981年6月，参观瑞士苏黎世大学生物物理研究所。后排右二为李载平

1982年,在珀斯大学参加第12届国际生化大会。这是中国生化学会恢复国际生化协会理事会会员资格后,第一次组团出席大会与理事会会议。左十二为李载平,前排左二为王应睐,右九为曹天钦

1991年,蒂奥莱(前排中)家宴,后排右二为李载平

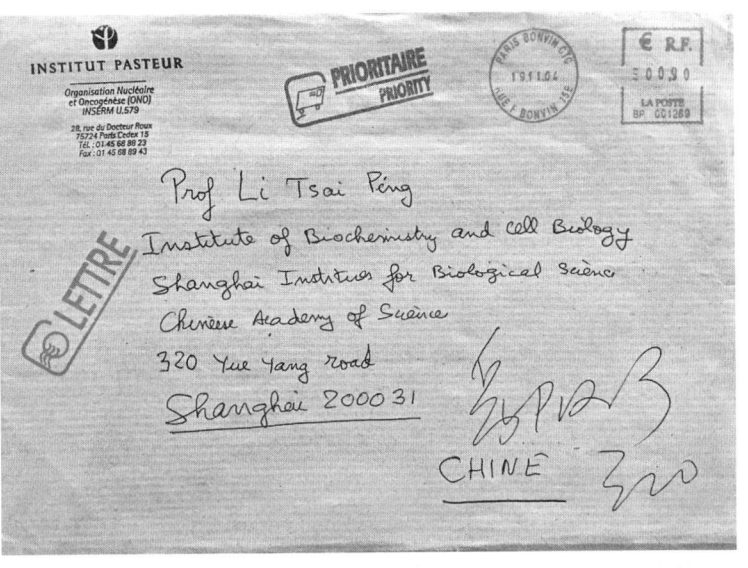

蒂奥莱致李载平的明信片

不仅限于蒂奥莱，李载平还邀请到美国国立卫生研究院的海默教授、哈佛大学的史托尔教授等数十位名家，带着各自的实验教材，来中国举办短期学习班。在较长的一段时间里，在全国各地的同行眼中，上海生化所成了学习基因新理论、新技术的开放大学，起到了引领、指导和普及的作用。

为生化所与日本理研合作牵线

上海生化所与日本理化学研究所①的长期交流合作，也肇始于李载平与相识多年的友人、理研属下的筑波研究所（后改为"筑波生命科学研究中心"）主任井川洋二（Yoji Ikawa）的个人学术交流。筑波研究所是日本最好、世界著名的生命科学研究中心。

1980年代初期，日本理化学研究所代表团第一次访问上海生化所，代表团成员之一、日本理研筑波生命科学研究中心主任研究员井川洋二与上海生化所李载平研究员之间就有了合作进行科学研究的意向。李载平于1985年初首次派遣他的助理研究员刘定干，以访问学者的身份赴日本理研分子肿瘤学研究室、井川洋二主任研究员和野田亮研究员实验室，进行为期一年的进修学习。这是双方的初步接触。

1986年初春，当时的上海生化所所长林其谁和李载平、上海细胞所匡达人等应邀访问日本理化学研究所，初步商谈双方协作进行

---

① 日本理化学研究所（Institute of Physical and Chemical Research, RIKEN），简称理研，是"日本资本主义之父"涩泽荣一在1917年设立的大型自然科学研究机构。其研究领域包括物理、化学、生物学、工学、医学、生命科学、材料科学、信息科学等，从基础研究到应用开发，十分广泛。大部分研究经费来自政府。理研的筑波研究所，与国内外相关机构协作，从国内外收集大量实验用的动物个体、细胞、基因、微生物及含有相关信息的生物遗传资源并保存，进行严格质量管理；向国内外的研究者提供生物资源及相关信息；建立新资源并开发管理解析技术。

生命科学研究事宜。次年春天，在李载平的联系下，当时的中国科学院上海分院副院长曹天钦、上海生化所所长林其谁邀请日本理化所井川洋二等来访，签署中国科学院上海分院与日本理研有关协作进行生命科学研究的协议。

此后，根据这个协议，上海生化所的青年研究人员陆续被派往日本理研筑波生命科学研究中心学习。日方则多次派出代表团到上海生化所，共同举办不同主题的生命科学研究中日双边学术交流会。

1990年6月，日本派代表团到上海生化所，共同举办"中日基因表达调控学术报告会"。

1991年11月、1993年11月，井川洋二两次到访上海生化所。1996年9月，日本理研理事长、世界著名原子核物理学家有马朗人到访上海生化所。日本理研高层的这些来访，进一步巩固了双方的关系，为科学家的交流奠定基础。

根据当时实验室和生化所的需要，李载平选派助手刘定干和赵慕钧，分别去日本理研筑波生命研究中心井川洋二研究室、石井俊辅（Shunsuke Ishii）教授实验室学习。这样的出国深造，无论对于科研人员的培养，还是对于实验室和研究所的发展，都意义深远。刘定干与日本理研合作的恶性细胞突变回复和癌基因研究、赵慕钧与日本理研合作的基因的转录调控机制研究、景乃禾与日本理研合作的小鼠神经干细胞研究，都取得了实质性的成果，发表了论文。

井川洋二教授多次亲自组织日方专家并带队来沪，可见日方也非常重视与中国同行的学术交流。

1997年10月，上海生化所和日本理研筑波生命科学中心牵头，在上海召开"中日双边第一届生命科学讨论会"。

1998年，井川洋二教授被上海生化所聘为终身名誉研究员。[①]

1999年11月，李载平和井川洋二共同主持中日双边"基因、

[①]《上海生化与细胞所与日本理化所三十年之合作和交流纪念》，中国科学院上海生命科学研究院生物化学与细胞生物学研究所，2012年。

细胞信号传导与肿瘤专题学术讨论会"。

2003年10月，李载平和井川洋二共同组织并主持，在上海召开"生科院与日本理研联合会议——分子细胞生物学研讨会"。

2006年11月，中日双方举办"动物疾病模型和干细胞生物学研讨会"。会议主席，中方为景乃禾副所长和李载平，日方为相泽慎一和井川洋二。会上，上海生化所、细胞所与日本理研的神户发育生物学研究中心，就突变异种鼠的生长发育方面的研究和动物模型方面的合作研究，达成新的共识。

日本理研在生命科学领域一直是领先的，一定程度上代表了日本水平。中日双边会议的交流，是上海生化所与日本理研确定合作关系以来的进一步的合作。

人类基因组计划（Human Genome Project，HGP）启动后，日本理研下属新建的基因分子生物学研究所条件非常好，跃跃欲试，但考虑到参与这项大工程工作量巨大，想找中国同行一起做。井川洋二就到上海找李载平，谈得非常好，可当时上海生化所没有下决心，合作搁浅。井川洋二觉得生化所水平不错，就接收李载平派学生到他的实验室工作，双方关系密切。

由李载平发起并积极促进的这项科研交流，极大地推动了中国生命科学的发展。李载平与井川洋二保持多年的友好关系，成为两个研究所合作发展的基础和保障。而一系列密切的交流，使这份友谊在两国年轻一代科研人员中延续……

1981年，中日分子遗传学术讨论会。李载平在讲台上

1981年，李载平（左）与井川洋二团队的副团长

1987年12月，中日生物科学讨论会。报告人为李载平

1990年6月18日，井川洋二教授（前排左三）来访，前排右一为李载平

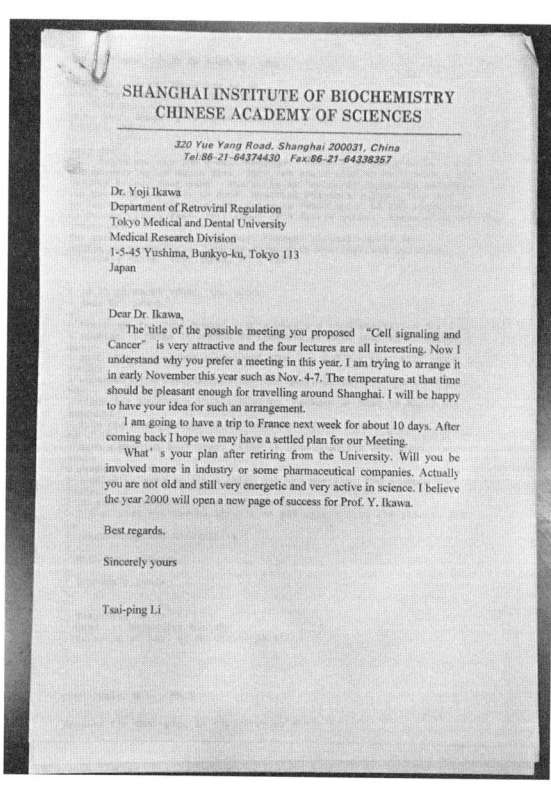

李载平致信井川洋二

第五章

科学家、
教育家、
社会活动家

美国生物学家迪安·H. 海默（Dean H. Hamer）著有 *Biotechnology in China*（《中国生物工程》，1989 年由美国国家科学院出版社出版）。书中专门写到李载平之于中国生物工程的不可或缺："在西方，众所周知，李载平是把分子生物学引入中国的先驱者，他还促进了国际合作……"

在目前可见的公开信息中，李载平一般被介绍为中国工程院院士、分子生物学家。他研制了基因工程乙肝疫苗，取得了生产药证，在国际上首先完成了乙肝病毒中国流行株 adr 亚型的基因组克隆和序列分析，是中国第一个病毒基因组的克隆和第一个基因组的全顺序分析，为中国分子生物学和基因工程研究做出了奠基性的贡献。

而他的另一个身份——教育家，显然被忽视了。或者说，他作为科研领军人物的光芒，遮蔽了他作为成功教育家的风采。他长期悉心搭建的学术平台，培育了大批基因工程精英。

同时，他还不愧为出色的社会活动家。凭借个人的学术魅力、人格魅力，推进诸多国际科研合作，并使中国在多国竞争中占据一席之地，这可不是一般科学家有能力做得到的。

高瞻远瞩，做基础性开创性的工作

由于"文革"，中国的生物研究全面停滞，与国外同行长期无法交流；而就在那十年里，国外的分子生物学突飞猛进。"文革"结束不久，下决心追赶世界先进水平时，我们的科研人员是茫然的、无所适从的——选什么课题？从哪里切入？在信息不对称、实力不对等的形势下，盲目埋头苦干没用，你得知己知彼，方能不做无用功，选准目标，少走弯路，去追求成功。

李载平作为科研领军人物的优势，就在这个关键时刻凸显了。他聪明好学，知识面宽，关注的学术领域广泛，所以能够高瞻远瞩，对未来学科研究发展的动态和方向看得很准。他知道基因克隆、DNA测序、基因表达这些技术是研究基因工程最要紧的工作。是他定下了团队的研究方向和课题，建立了全面的研究模式，做好基础性的铺垫工作，为以后工作的开展打下良好的基础。

"当时的骨干，汪垣、吴祥甫还有我等，都40岁左右了，可一些基本的实验和技术我们都不会，一些做实验的试剂、仪器都要自己动手做，很艰难……"课题组的研究人员甘人宝说，"所以李先生的贡献太重要了！"

国内同行也饮水思源：上海生化所这些基础性的工作，还惠及了许多做生物研究的研究人员呢——他们到生化所来接受培训，掌握相关基本知识和技能之后，才能出国留学、考察。军事科学院曾派出一个学习小组到生化所学习，那批学员现在在军事科学院都是学术带头人。

蒋锡夔院士生前"发明"了形象生动的"猎兔理论"：在一个完善的团队中，必须有经验丰富和视野宽阔的人"指兔子"，有精通"猎捕"工具的人"打兔子"，还要有擅长"烹饪"等技术的人"捡兔子"。按照这一理论，无论"捡兔子""打兔子"还是"指兔子"，李载平本人都早已得心应手；但"指兔子"，却是不可推卸的使命，无人能够替代他。所以，他指了兔子以后，还得分头教人如何打兔子、如何捡兔子。

肝炎是危害人类生命健康的大敌。在西方国家以丙型肝炎为主，而中国是世界上最大的乙肝感染国家，北京、广东……从北到南，感染人数多达几千万，而且还在扩大，却没有防治措施，诊断方法很落后，连给儿童、青年接种的疫苗都没有。乙肝是中国危害最为严重的传染病，又是原发性肝癌的主要病因之一。李载平认为，生物技术研究应该对付常见病，有必要尽快发展基因工程乙肝疫苗以消灭肝炎、预防肝癌。况且，日本、韩国、印度及东南亚国家乃至非洲都没有解决这个问题。如果研究成功，对全世界贡献大。他决定，以研究中国传染最多的 adr 亚型乙肝为己任。那是 1980 年。

他为吴祥甫跑长春、启东调研出思路，申请课题经费，带领团队进入长期攻关。

在没有聚合酶链式反应（Polymerase Chain Reaction，PCR）技术的年代，克隆任何一个基因，都是非常复杂而又庞大的工程。如何进行乙肝病毒 adr 亚型的克隆研究呢？以乙肝病毒为核心的研究，遇到不少困境。

首先是实验原材料。大家都惧怕乙肝病毒。去理发店剃胡子，稍不留意就可能染上乙肝病毒。这病毒传染性极强，从理论上讲，一个病人的血液里含有的病毒的量，传染全上海的人还绰绰有余呢。所以做乙肝病毒实验，对实验室要求极其严格。只能和防疫站合作，前期做活体病毒实验主要依靠启东的防疫站，严格处理病人的血，等到后期抽提基因时才转到生化所实验室。

"我们选择的是 adr 亚型，因为中国传染最多的是 adr 亚型，当时世界上关于 adr 亚型的解析和克隆都没有多少。"李载平回忆，"首先要拿到这些病毒，再分离 DNA。周翊钟做了大量工作……和传染性很大的乙肝病毒打交道，是很危险的。"

国外做 adr 亚型实验，只要找到一个相应的病人，先鉴定出此人体内染有病毒 DNA，由病人提供大量的血，然后就可以进行病毒分离了。可李载平觉得，病人感染了病毒，身体已经比较虚弱了，再要其放大量的血很不人道。所以，他们还是从献血中找含有 adr 亚型乙肝病毒的血，将不同来源的 adr 亚型血混合起来做研究，这样可以得到大量的血，从中抽取 DNA 做克隆。这样做还有一个意外的收获：通过克隆和基因测序发现，不同来源的 adr 亚型的病毒 DNA 序列有细小差别，不是完全一样的。

以前就知道乙型肝炎病毒是一种 DNA 病毒。从得过乙肝的病人中发现，乙肝病毒的 DNA 会整合到人的染色体 DNA 里去，并不是想象中病毒 DNA 和人的 DNA 是独立分开的。那乙肝病毒的 DNA 和人的 DNA 有什么不同呢？当时认为，乙肝病毒的 DNA 本身没有特定的限制性酶切位点，所以，用这些酶所切出来的基因片段会包括一个完整的病毒基因。结果却发现，乙肝病毒的 DNA 和人的 DNA 一样，也有特定的酶切位点，而且从不同病人血里分离出的乙肝病毒 DNA 的酶切位点还有不同，反映出有不同的、更细的病毒亚型。

当时所知道的乙肝病毒，依据血清的型号，主要分为 adw、adr、ayw、ayr 四大类。adw、ayr 已经被克隆了，李载平团队做 adr 克隆之后，ayw 也被克隆了。他们的克隆是由许多人的血凑起来的，有 adr 型的共同特点，可具体 DNA 序列还是有所不同，就是说 adr 亚型里包含不同的多态性。由酶切图谱和 DNA 测序的结果可以得出结论：这个亚型里的 DNA 碱基变化是非常复杂的。于是他们推测，在治疗上也可能需要因人而异。

后来，代培的研究生倪方鄂到上海生化所工作，正好研究这个课题。一个小孩自出生就打疫苗，体内的确产生了很多抗体，可是照样得了乙肝，就是说他体内产生的抗体不足以对付体内的乙肝病毒表面的抗原。这是为什么呢？他们猜想，可能产生的抗体和小孩的抗原这两种东西之间不对号。因此，不能认为乙肝病毒简单，表面抗原只有一种，对应的抗体也只有一种。在有多种乙肝病毒的前提下，假如对号，就可以不得乙肝；不对号的话，虽然体内有抗体，但是控制不了病毒表面上的抗原，依旧会传染乙肝病毒。从这个小孩的乙肝病毒里，他们发现表面抗原上有一个氨基酸发生了转变。有这个变异蛋白的乙肝病毒叫免疫逃避株，具有极强的耐药性，用一般疫苗药物都无法产生作用。这就证明了乙肝病毒不同的结构与它的致病性有相当密切的关系。最近的研究也发现，这和以后乙肝的恶性发展有关。

1982年得到的中国流行adr亚型克隆株，与日本大阪大学同时独立在世界上首先得到的adr基因克隆、基因组全顺序的分析结果表明，两者在基因型的大小、DNA顺序和表面抗原基因的编码氨基酸上都有所不同。1983年，美国国立卫生研究院的莫斯（Moss）实验室报道了利用重组疫苗病毒表达乙肝表面抗原，这种重组病毒疫苗作为活疫苗可以使黑猩猩得到保护。同年，上海生化所开始了重组病毒疫苗系统表达乙肝表面抗原的工作，1984年取得成功，1985年1月通过鉴定。那时候，这些都属于分量很重的开创性的工作，李载平团队与世界先进水平同步。现在有了PCR技术，就方便多了，大家都能做了。

用血清做疫苗是后来进行的，过程也挺曲折的。表面抗原蛋白能够做疫苗，但如果不做出具有高级结构的抗原，那么疫苗效果就会很差。基因工程最初试过，在大肠杆菌（原核细胞）里做出的疫苗免疫能力就很差。到高级细胞——真核细胞里往往形成颗粒，这种颗粒的免疫能力就大大增强了。所以首先要保证拿到高质量的细胞。他们以酵母作为宿主得到高效疫苗，产量高，在这方面也发表了不少文章。后续的一系列工作也很重要，如首先必须将酵母打破，释放出来，去除杂质，再培育疫苗。这些工作既需要技术，也需要仪器，很不容易。因为酵母细胞的结构相当牢固，仅仅打破酵母细胞这一项工作都是很费力的。这条路径，走得很不顺利。

正在一筹莫展之际，美国国立卫生研究院的科学家莫斯发明了用牛痘痘苗来表达乙型肝炎表面抗原的方法。李载平觉得这方法挺有用的，就派汪垣去莫斯实验室，学习用痘苗来表达乙型肝炎表面抗原的方法。后来所应用的痘苗病毒，就是中国独立研制的疫苗，本打算人人接种，可是天花都被消灭了，所以也就没有用于临床，都储存起来了。

中国也有自己安全的痘苗株——天坛株（因最早的生物制品所设在天坛附近而得名）。用痘苗来表达乙肝病毒，效果还是挺好的，但接种反应比较大。

1986年，李载平去北京领中国科学院科技进步一等奖，和北京生物制品研究所的赵铠聊起了乙肝疫苗。赵铠说，当初生物制品厂的主要工作就是研制痘苗疫苗，原来就把不会致病的牛痘病毒给牛种上，让牛身上产生牛痘，然后用刮下来的病毒液分离提取病毒做疫苗。后来改用了鸡胚，就是把鸡蛋孵到小鸡成型但未破壳而出的时候，将不会致病的病毒种在小鸡身上，效果好，而且操作容易控制，提取病毒疫苗也方便。

这次交谈，又给了李载平灵感，其结果就是中国科学院上海生化所与卫生部北京生物制品研究所和卫生部药品生物制品检定所（简称"检定所"）达成协议，共同发展用病毒重组疫苗生产乙肝表面抗原疫苗。牛痘研制疫苗的方法，由此改进为鸡胚研制疫苗。这一工作主要由北京生物制品研究所承担，那是中国做乙肝疫苗最得天独厚的地方，各种条件都具备。做得挺顺利，选的疫苗质量非常好，1988年通过了国家新药审批，也做了大量的临床试验统计，效果相当不错，副作用又小。成果发表在国际有名的杂志 *Vaccine*（《疫苗》）上。

与此同时，中国医学科学院病毒研究所任贵方教授也在研究动物细胞生产乙肝疫苗，效果也不错。双方都得了"国家科技进步一等奖"。

李载平领衔的中国第一个分子遗传（基因工程）研究实验室，做出了世界上第一个关于adr亚型的分析和克隆，并研制成功了乙肝疫苗，已通过临床验证，取得了试生产文号并获得美国专利。就是说，鸡胚生产的疫苗也可用接种牛痘的方法预防乙肝了。

张友尚院士后来对此成果有个评价："……李载平等克隆和表达了乙肝病毒adr亚型的表面抗原，他们克隆了乙肝病毒的基因组，并将表面抗原基因克隆到低毒性的痘苗病毒中。美国NIH的伯纳德·莫斯（Bernard Moss）等人的工作是将重组痘苗病毒直接作为活疫苗应用，而李载平等是在鸡胚中培养重组痘苗病毒来表达乙肝表面抗原。纯化后的表面抗原形成 22 纳米的颗粒，可作为安全的乙肝病毒疫苗应用。意义还在于在基因克隆上实现了零的突破。"① 克隆、测序乙肝病毒及建立疫苗系统，在中国整个领域都是开创性的工作，在国际上也是创新项目，这一个"零的突破"，使李载平荣膺1994 年"上海市科技功臣"奖。

上海生化所同事靳嘉瑞，从北大毕业来上海工作，曾与当年的研究生李载平住一个宿舍，后来又牵头了与军方合作的抗放药物项目。在他眼里，作为科学家的李载平，学术上非常严谨，实事求是。他研究室的工作任务和理念都很好，有短期和长期的研究工作，内容很丰富。

中国科学院院士、分子内分泌学家张永莲，年轻时曾与李载平面对面做实验。她印象中的这位受大家敬仰的同事，"人很正直；是有领导能力的科学家，有前瞻性，纵观全局，抓大事（不像有的人虽然很努力，但只会钻牛角尖）；科研道路上有想法，而且很喜欢这个领域。"后来虽然不在一个组了，但他还会跟她交流对科研、对她在做的项目的看法，真心给她建议。她出国回来，他就邀她开讲座，跟大家说说又学到了什么。

中国工程院院士、肿瘤分子生物学家顾健人，与李载平的交往，始于 1980 年代。"我的老师吕家鸿比李载平高一辈，是细胞所搞核酸的，而李载平是生化所搞脱氧核糖核酸的，辈分上讲他是我的半个老师，我俩亦师亦友……他的实验室研究乙肝病毒是做得最早、最好的。"李载平给了他一些很好的建议，鼓励他去申请癌基因及相关基因国家重点实验室。经过努力，顾健人所在的上海市肿瘤研究所诞生了第一个国家重点实验室，这也是世界上第一个研究肝癌基因的国

---

① 张友尚《中国生物化学与分子生物学的发展》，《生命的化学》，2009 年 29 卷 5 期。

家重点实验室，比日本的还早。随后七八年，美国国家癌症研究所（National Cancer Institute，NCI）人类癌变实验室与之保持了密切的合作关系。李载平担任这个实验室的学术委员会主任，真心诚意地支持实验室主任顾健人。他俩还在国家"863"计划①生物技术专家组一道为国家出谋划策，合作关系一直延续到学生辈的敖世洲、汪垣。顾健人非常珍惜李载平在精神上、道义上对自己的支持，珍惜这位同道的友谊。李载平评上中国工程院院士，他是推荐人之一。这是后话了。

李载平在1960年前后，开始中国最早的DNA分离纯化检测、DNA结构射线损伤机制以及噬菌体ΦX174的DNA转染和基因表达研究。1980年代初，开始重组DNA技术的基因克隆和DNA测序研究。随即，完成乙型肝炎adr亚型的基因组克隆与测序，这是第一个完整的adr乙型肝炎病毒基因组的测序结果，也是中国第一个病毒全基因组测序的结果。接着，发现乙肝病毒基因表达调控中的重要元件——增强子Ⅱ（ENⅡ），并在不同表达系统实现乙肝疫苗的高效表达，开始新型疫苗的研究。1990年代，检定肝脏反式调控因子HNF-1对HBV增强子Ⅱ组织专一性的正调作用，并开始基因表达的高级元件核骨架结合区（Scaffold Attachment Region，SAR）和人基因组肿瘤相关基因的研究。由于站得很高，李载平对所研究的领域能够较好地掌控。而且，他在各个时期的研究工作，无论是放射研究，还是基因工程，都应国家需求而动。他指导下进行的人表皮生长因子（hEGF）、人粒细胞-吞噬细胞集落刺激因子（GM-CSF）研究，为烧伤、溃疡、角膜保健和提高白细胞增强免疫提供了新的基因工程药物。

---

① "863"计划（国家高技术研究发展计划），是以政府为主导、以一些有限的领域为研究目标的基础研究的国家性计划。

1986年3月，面对世界高技术蓬勃发展、国际竞争日趋激烈的严峻挑战，王大珩、王淦昌、杨嘉墀和陈芳允四位科学家提出"关于跟踪研究外国战略性高技术发展的建议"，国防科工委科技委主任、著名科学家朱光亚极力倡导，邓小平在建议上批示"此事宜速作决断，不可拖延"。当月启动实施的"高技术研究发展计划"（"863"计划），旨在提高我国自主创新能力，坚持战略性、前沿性和前瞻性，以前沿技术研究发展为重点，统筹部署高技术的集成应用和产业化示范，充分发挥高技术引领未来发展的先导作用。

半个世纪以来，李载平作为主持人或主要工作者，发表论文180余篇，获国际、国家重量级奖五项即国家自然科学二等奖、国家科技进步一等奖（两次）、何梁何利基金科学与技术进步奖、国泰奖等，院、部、市级奖十余项（"上海市科技功臣"奖、上海市优秀科技工作者称号等），美国专利一项（1991年，为上海生化所在国内外最早建立的一项专利）、中国专利七项。其中，1990年获得的国泰奖（Cathy Award），是美洲华人生物科学学会（Society of Chinese Bioscientists in America，SCBA）①颁发的。SCBA原是以台湾、香港在美国的生物学家为主的组织，现在则以大陆去美的科学家为主，好几届主席都是大陆去的科学家。SCBA为海内外华人科学家架起了交流平台，对彼此学会会员间的专业交流以及建立国际性合作起到了非常有力的推动作用。那一届国泰奖，正值中国与海外科学界开放交流取得成功的阶段，在香港一共颁发了三个奖，除了中国大陆获此奖第一人——李载平，还有美国、中国台湾的科学家各一人。颁奖仪式上，美国、中国大陆和台湾的科学家济济一堂，王应睐、邹承鲁等前辈也都到场了。

因为在分子生物学和基因工程领域具有权威性，李载平还曾担任国家生物工程顾问委员会副主任、联合国基因工程生物技术中心评审组成员、中国遗传学会副理事长、国家"863"生物技术和国家"973"人口与健康专家组成员，从"六五"国家科技攻关计划开始，就一直参与制订计划，为学科规划和发展做出了重要贡献。1980年代中期，国家"863"基因工程立项，其中有16个项目与李载平的研究相关。这些既是他个人的科学贡献，也是上海生化与细胞所发展到今时今日的重要基石之一。可以说，正是他1970年代末、1980年代初及以后的许多工作，引领了中国分子生物学学科的方向。

---

① 美洲华人生物科学学会（Society of Chinese Bioscientists in America, SCBA，网址：http://www.scbasociety.org）成立于1984年，是以美洲华人生物科学家为主的学术组织。目前，美国、加拿大、中国香港和中国台湾地区、新加坡及欧洲等地已有40个分会。该学会目的在于推动生物科学研究、提升生物及医学知识、推动会员彼此间的专业交流以及建立国际性的合作与互助精神。

李载平翻译的 D. M. 格洛弗（D. M. Glover）著作《遗传工程：DNA 克隆技术》，科学出版社，1986 年

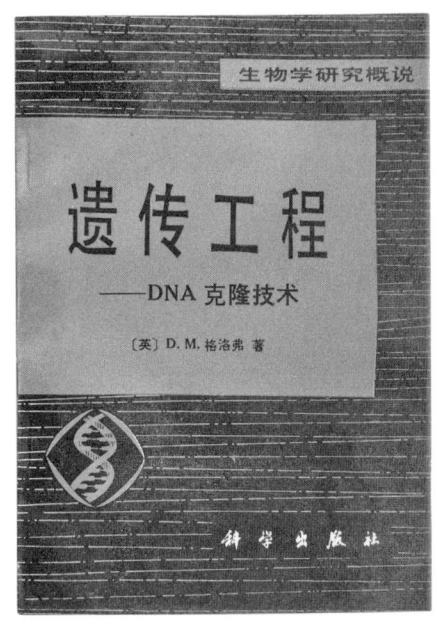

1987 年，李载平在国际生化学会上作报告

1987 年，国际生化学会。左为李载平，中为 Dr. Doi，右为王应睐

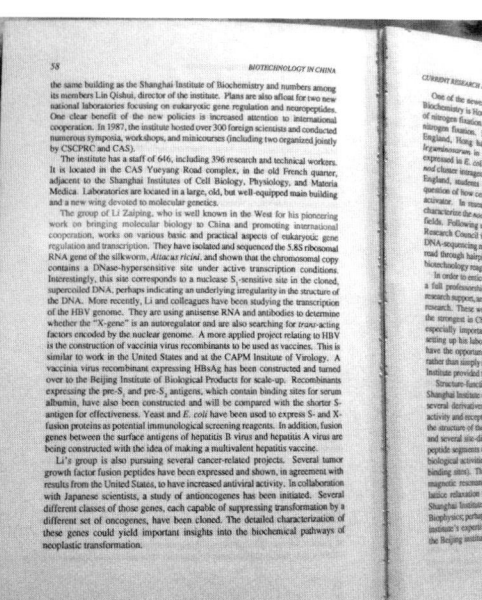

《中国生物工程》(*Biotechnology in China*)一书专门写了李载平及其领导的团队,下图为作者签赠页

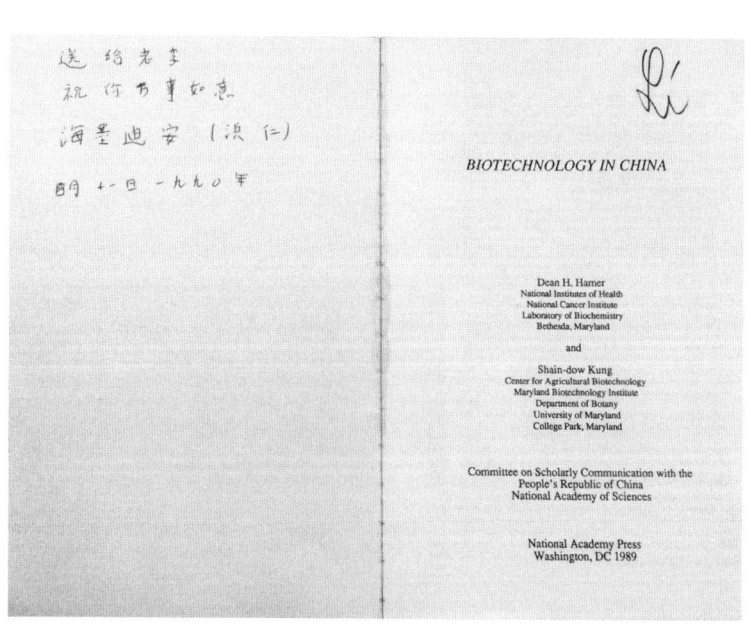

1990年6月29日,李载平(右一)在美洲华人生物科学学会香港大会上获"国泰奖"

1993年,李载平(站立发言者)在人表皮生长因子(hEGF)基因工程实验室研究成果鉴定会上

"863"生物技术专家委员会。前排左二为李载平,左三为顾健人

李载平(右)与慕尼黑大学教授F.戴恩哈特(F. Deinhardt)
共同主持肝炎癌症国际会议(上海)

1996年1月,北京,中欧疫苗研究与开发研讨会。二排左十一为李载平

1997年,中国科学院、香港科技大学联合实验室研讨会。前排右二为李载平

2000年，李载平获何梁何利基金科学与技术进步奖

搭建学术平台，
培育一批基因工程精英

他不是在实验室，就是在去实验室的路上……

从始于1950年代的早期工作，到2000年代的基因工程药物研究，绵延半个多世纪的科研生涯，在外人看来，好似一场寂寞而辛苦的马拉松赛跑。可对于爱好科研、爱好创新和挑战的李载平来说，这何尝不是一种浸润生命旅程的大享受呢？

有很多年，他的团队成果频出，密集发表论文。那些论文，通常是多个合作者联合署名，"李载平"往往排在最后。第一作者，自然是在实验中发挥最重要作用的；其余，则按贡献大小排名；排在最后的呢，却是通讯作者，负责出点子和给予关键指导、管理整个团队。这是实验性科学团队工作的性质决定的。

李载平说："我觉得，团结合作、待人以诚是建设起我国的科技振兴大厦所必需的。特别是实验科学，没有团队精神，是绝对建不成的。"他还说："科学是不断发展的，个人无法永远站在科技阵线的最前沿。我有责任做一颗铺路石子，让我的后辈人走在最前方。"

他在实验室教书育人，提携后学。有的学生原本不见得很优秀，但他特别会发掘各人的长处，鼓励并创造条件让他们扬长避短，在学习、工作中提升科研能力。他的研究团队中走出来的学生、工作人员，很多留在研究所效力，为研究所的发展做出了重要贡献；有些到别的国内研究机构、研发企业或海外工作，也都成了各自单位的骨干。他领导的实验室能持续不断地取得辉煌成果，与他多年来积极努力为年轻人创建学术交流的平台息息相关。他自己,则更多担当了幕后的角色,为国家培养了一大批基因工程学的骨干精英,功不可没。

牛顿有句名言:"如果说我能够看得更远,那是因为我站在巨人的肩膀上。"李载平搭建的学术平台,便是每个渴望成功的学生、团队研究人员赖以仰仗的"巨人的肩膀"。初入门的研究者,好比在黑暗中摸索,关键处有人点拨一下,可以少走多少弯路啊!

说起李载平的为师之道,大家无不感佩。

1960年进上海生化所时,甘人宝大学还没毕业(所谓"拔青苗",即选取优秀的高校学生到中国科学院或者地方研究所进行科学研究,促进科学大发展)。他在学习中碰到问题就发问。李老师并没因他只是没毕业的大学生就轻视他,而是仔细听他讲完,指导他深入研究,直至完成人生第一篇学术论文,并在1962年的全国生化工作会议上进行了报告。这第一次小小的成功,极大地鼓舞了他。

当时,研究生、技术员、工人包括很多生化所外的研究人员都参加了不同层次的培训,后来很多学员成了院士。甘人宝主持的两个基因工程项目,分别获得了国家奖、国家药品监督管理局新药证书。在瑞典两年,他建立的检验测序小技术使异国同行们惊讶、佩服。回国后,他继续在李老师的组里做研究。有时出去作报告或者开交流会,听别人说"看,这就是上海生化所的人,到底是不一样",不由得为生化所人工作做得扎实、细致、到位、负责任而自豪。

1963年毕业于北大生物系的吴祥甫,被分配到生化所最初是做细菌病毒的基因结构功能,第一篇文章也是在李老师的实验室发表的。本来上海生化所与北京生物物理所差距不小,但一年多就赶上去了,通过实验得到了可以发表论文的数据。吴祥甫在《生化学报》上发表的论文,Science China Press(《中国科学》)编辑看到了,写信来要英文稿，不久这篇论文又上了这份著名杂志的英文版。

在上海生化所，吴祥甫受到的最大教育，是学术素质方面的——李老师的专业基础很好，而且分析能力强，即使没做过的事情，也能分析出用哪套技术系统、走什么样的路，说得很具体，指示很明确，剩下的就看你怎么做了。李老师的整合能力、逻辑思维能力非常强，看问题很长远，往往能提出新的方向引导人往前走。"我国 DNA 上的很多基础研究都是从李老师这儿起步的，他是一个标杆式的人物。"

每年进十几个人、出十几个人，中国科学院淘汰率这么高，搞研究十之八九是失败的，可李老师几乎没有出现过判断失误。吴祥甫经常跟学生、孩子讲，自己在生化所学到的综合能力（比如那么多专业杂志，如何从中吸取我们需要的？在专业会议、人来人往的交流中，如何提高我们的认识，取其精华？）、分析能力（方向那么多，选择走哪条路？），主要来自李老师。习惯从讨论、分析中获取灵感，对他一辈子的科研道路非常重要。

汪垣觉得自己很幸运，有机会较早出国，专门学习基因工程知识。留学到哪个国家？那里的研究条件如何？怎么出去？以何种方式交流？没出过国的研究人员，未免不知所措。幸运的是，这些都由李老师负责。他亲自查询、比较，提前联系和申请。最难能可贵的是，他联系的院校、科研机构以及指导老师都是世界上大名鼎鼎的。比如汪垣去的德国慕尼黑的马普生物化学研究所，指导老师就是研究所的所长。

在德国，她惊异于中德两国在实验科学上的巨大差距。第一次做实验，她找了一个试管架和许多常用的玻璃化学试管。一位老师问拿这些东西做什么用，她说做实验啊。老师很诧异地说，不用这些普通管子，你要用爱本道夫管（微型离心管）。什么是爱本道夫管？她不仅没见过，甚至连听都没听说过，完全不懂。她加入德国老师的乙型肝炎病毒研究时，李载平、吴祥甫在国内已着手这方面的工作。李老师希望她能在那边多学一点相关的知识。回国后，她就直接进入李载平实验室做乙型肝炎的基因表达，工作进行得很顺手，李老师就放手让她承担了国家"六五"攻关中的相关项目。

从事实验科学的人，刚开始的工作叫作"Bench Work"，就是站在实验台前做实验；然后，逐步指导学生做实验，直到离开实验台，看报告、写报告、写申请、看作业、看论文、阅读资料、写论文等，成为幕后的指导者、整个工程的领导者，成为论文发表时署名在最后的人。汪垣说："要成为这么一个科学的领导者，需要很强的科学理论背景、广阔的研究视野、深厚的经验积累和很强的人格魅力。从这点上来讲，李先生无疑是成功的。"

赵慕钧刚参与生化所工作时，看见李老师习惯在五点下了班来跟承担不同课题的骨干随意聊聊工作、科研的进展，大自国际最新的研究室，小到这里正在做的一个实验，讨论的话题很多，每次都谈得很畅快。"我在旁边听，觉得挺深奥的，听不大懂。"有国外朋友、早年出国的学生寄来新的文献，或他订阅的国际著名杂志 Nature、Science 等到了，李老师会马上跟骨干讨论，"在寻找课题、研究方案设计时，给我们指路。"那些骨干，后来都成了所里领导课题组的组长。因为想找到基因的转录起始在什么地方，所以很多实验哪怕是跑个电泳、做块胶，遇到什么问题都要讨论。一讨论可能就到了六七点钟，没有下班的时间概念。年轻人正需要学习，这是多好的学习机会！

1980年代，在新细胞大楼，有中国科学院上海细胞生物学研究所、与德国共建的联合实验室，研究所聘请了所外的专家来工作。"我们做真核基因表达调控的时候，现在看来非常简单的一些问题在当时都是国际水平的。"赵慕钧说，启动子（Promoter）是基因的一个组成部分，就像开关，控制基因表达（转录）的起始时间和表达的程度，决定基因的活动。如果你能够克隆到一个启动子，找到增强基因表达的一个增强子，那都是可以发表在国际顶级杂志上的成果。所以大家兴趣很高，完全处于对科研的探索、追求中。有的科研人员把铺盖都放在了实验室，晚上就在实验室睡觉。

李老师虽然是"国家层面上的大师级人物"，却特别容易与年轻人沟通。他会定期找研究生谈话，在聊天中激发学生的想象力。他特别希望学生思维创新，要看到这个领域未来的发展方向。他希望自己的学生都能成为科学家，而不是只想着赶紧发表完论文就毕业或者抓紧时间找工作。他会用深入浅出的图示，帮你理解这个学科基本的东西、新的进展，把你的兴趣吸引到科研上来，让你感觉到追求科学是非常高尚的事业。这样的谈话，对于每一个学生个体当然是有益的，对于科学事业的未来更是必需的。没有这种学术上的引领，不能够把年轻人培养起来，科学的发展和传承就很难实现。

实验室的常规工作之一是讨论会，各人报告实验结果。有时一个月出不来结果，李老师也不会逼你，环境很宽松。谁有了新的结果，就被要求放最原始的图片显示，大家帮你分析，问难你，老师心中也有数，后续实验跟进验证这个结果。PCR技术本身存在误配，实验可能出现假阳性结果，但没有经验的人不会察觉，大家就建议做反向测序。每个实验结果都经过严格的讨论，李老师要求用不止一个实验来证明一种现象……不会急功近利，急于发表论文。不发表论文可以，但是绝不能作假，这是一条底线和严格的纪律，也是科学家的良心。

赵慕钧做的同位素标记，难度非常高。在整个研究过程中，李老师经常跟他们讨论。他会在一张纸上画图，一边提出一些问题，问他们怎么去解决。讨论结束后，她就拿了李老师留下的纸，一字一句去琢磨，不理解的地方回去查文献，做功课。另外，做分子操作所需要的仪器和简单设备，许多都得自己动手做，这样的训练使人的能力变得全面。所以，她把在李老师身边学习进修的几年时间，看作人生中非常重要的一个阶段。

日本理化学研究所筑波生命科学中心到上海生化所招五名博士后，李老师推荐了赵慕钧。她就到筑波分子遗传实验室，做艾滋病毒的基因表达和调控。回来正赶上中国科学院在上海细胞所成立细胞生物学开放实验室，李老师在其中有一个实验室，她就在这个研究室工作，开始做基因表达调控课题。"实际上，我们的工作李老师自始至终在把关、指导。"赵慕钧说，"在几个不同方向各自做工作，是我们这些学生成长的关键。"后来，她的人事关系从上海科技大学转到了上海生化所，她又作为组长参与了李老师负责的"九五"特别重大项目基因功能组计划的疾病基因组，做肝脏疾病方面的研究。从"九五"开始，"十五""十一五"一直到"十二五"，她这个课题组始终在承担国家的重大科技专项，这个方向实际上就是李老师的方向。他把握宏观的方向，主要是国际的方向，使得实验室的科技水平不断赶上甚至超越国际水平。在这个方向下，实验室做的课题面比较广，如鉴定新基因、新功能，一些基因的应用，另外还探讨肿瘤的发病机理，涉及基因的功能和调控机制。

北京成立基因组测序中心后，国外很多人来华访问，李老师都邀请他们到所里做报告。被邀请来的科学家，都可以进行面对面的交流，信息多多，对科研有很大的帮助。

李老师对学生的指导是根据每个人的成长、特点来的。从学生开始到成为研究员，不同阶段得到不同的循序渐进的指导。在你最需要的时候，他总会帮你出点子。比如，他会具体告诉学生，一个酶怎么切、跑电泳的时候这个分子是怎么样的、染色质的超敏位点是基因调控非常重要的元件。学生成了研究员，指导研究生了，他一般就不插手了，偶尔会打电话问问进展，以防课题走进死胡同。他会很客气地给你建议，指导非常具有艺术性。第一次申请国家自然科学基金，他会帮你一字一句修改申请报告，以后再申请就只跟你讨论方向了。你第一次向 Science China Press（中国科学杂志社）

投稿，初稿上必定有他改得密密麻麻的字迹，从语法到逻辑到表达，教你英文论文该怎么写。他觉得你需要到国外去开阔眼界，需要有一个留学的背景，就会主动询问你是不是愿意出国进修……

钱苏雯自称，刚到生化所的时候是个书呆子。有一天，李老师对她说："考试不用考那么好，及格就行。"她理解这是给她信号：多放点时间在研究上。所以，她就去学计算机课。课题组正在测肝炎病毒序列，靠人工识别肝炎病毒。李老师说，要是有人能用计算机分析就好了。见她学计算机，就建议她是不是联系计算机课上所学的知识，以计算机技术处理测序数据。于是，她穿上白大褂，钻进机房，与计算生物学研究室的同事一起整天跟 Basic 语言打交道，小打小闹地玩编程，程序越编越大，终于可以举一反三地用于测序，不必人工做了！李老师觉得有苗头，就派了技术员帮她输数据。做了没几个月，触类旁通，结果发现很好用，她还写了篇相关文章。

李老师就是这样，给方向，让你自己跟别人去合作。学生不是待在小课题组，而是跟很多组接触，自己组是大本营（七室课题经费多、设备最好）。同学妒忌她"大树底下好乘凉"。可李老师对学生不偏心，谁努力他就给谁机会多。

一次，李老师为出国开会赶稿子，周末请钱苏雯帮忙打字，李老师写一页，崔老师就送一页，过一会就送一页、两页，很快稿子就打完了。出国回来，李老师带回 cheese 表达谢意，"你辛苦了！"过了好多年，钱苏雯回国参加他的九十大寿庆典，他竟然还念叨这件小事，"当时我赶着出国，你周末在计算机房帮我打稿子。"

钱苏雯去冷泉港参加分子生物学学习班，听见不少外国人赞美李老师，说那么多中国科学家代表团，给人印象最深的是 Li。美国科学院的一位女士说，中国科学院科学家到美国科学院开会，Zaiping Li 令人难忘，他的科学建树、谈吐都非常好，是这个团中最出色、最有见识、特别让人敬佩的科学家……

在领衔许许多多科研项目的漫长过程中，李载平桃李满天下。

1990年，预算达30亿美元的人类基因组计划（HGP）正式启动。美国、英国、法国、德国、日本和中国科学家，共同参与了这一生命科学的"登月计划"。①

HGP在中国启动非常不容易，因为方方面面对此有各种各样不同的想法，中国科学院难以定夺。中国的基因组研究工作起步较晚，而且基础差、底子薄、资金少，与国际上那几年HGP发展的惊人速度相比，差距很大，并且这种差距还可能进一步加大，这又催促着中国科学家奋起直追。

李载平在分子生物学基因工程方面的领先地位，决定了他在中国HGP战略部署中的话语权。他与国内的战略科学家一起讨论国家科学发展的态势，认为当时不可能组织大量的科研人员去搞测序，中国参与1%比较合适。

1998年，中国科学院启动了基因功能组计划，李载平成为这个项目的首席科学家，由李载平（分子生物学）、裴钢（细胞生物学）、赵国屏三人负责中国科学院"九五"特别支持项目、知识创新工程重大项目"人类基因组和后基因组研究及重要疾病基因的开发利用"。

科学进步太大了，中国第一个基因组排序项目是如此的吸引人。

---

① 人类基因组计划是由美国科学家于1985年率先提出，于1990年正式启动的。美国、英国、法国、德国、日本和我国科学家共同参与了这一预算达30亿美元的人类基因组计划。按照这个计划的设想，在2005年，要把人体内约2.5万个基因的密码全部解开，同时绘制出人类基因的图谱。换句话说，就是要揭开组成人体2.5万个基因的30亿个碱基对的秘密。人类基因组计划与曼哈顿原子弹计划和阿波罗计划并称为三大科学计划，被誉为生命科学的"登月计划"。

这是一项规模宏大，跨国跨学科的科学探索工程。其宗旨在于测定组成人类染色体（指单倍体）中所包含的30亿个碱基对组成的核苷酸序列，从而绘制人类基因组图谱，并且辨识其载有的基因及其序列，达到破译人类遗传信息的最终目的。基因组计划是人类为了探索自身的奥秘所迈出的重要一步，是继曼哈顿计划和阿波罗登月计划之后，人类科学史上的又一个伟大工程。截至2005年，人类基因组计划的测序工作已经完成。其中，2001年人类基因组工作草图的发表（由公共基金资助的国际人类基因组计划和私人企业塞雷拉基因组公司各自独立完成，并分别公开发表），被认为是人类基因组计划成功的里程碑。

原先在导师焦瑞身的实验室研究抗生素的赵国屏，被导师好友李载平院士主持的基因功能组计划吸引。那一年，他50岁，对人类基因组刚刚入门，相当于大学生的水平，等于是改行了！

李载平有点不安，"赵国屏原来跟焦瑞身做抗生素是主力呢，和我接触后慢慢转向基因。我这位老友会不高兴么？"

赵国屏对自己的新科研方向相当投入，他觉得"我们是承上启下的一代"，有一种使命感在心里吧。

李载平担起首席科学家的责任，凭着前瞻性、战略性的思考，把握好方向，第一阶段的可行性研究形成了一个正式的申请立项报告。

项目启动后，都知道这个项目的分量，想进入的人比较多，但真正会做的人并不多。赵国屏感到为难，不知要谁不要谁，求助于李老师。李老师告诉他，开始可以设很多课题组、多安排些人来做，一年以后行的就继续，不行的再调整。"他这个思想，一般人不会同意，认为应该聚焦、做深。但他根据实际情况（中国人从来没做过，没经验，却有热情），让更多的人来尝试，到时候再收起来。采用怎样的启动模式、资助方式、安排项目？哪些东西将来有前途？他掌握方向。一年后调整的力度非常大，非常不容易，因为有人会反对。"赵国屏见识了李老师学术上的决断，以及支撑起这份决断的德高望重。

把项目落实到各课题组，听各人申请、列主要方向，要调动各方面转过来的人，很辛苦。第二年，调整为三个方向，非常关键，解决路线问题是根本。处理中，不出所料有人意见很大，赵国屏搞不定了，又请出李老师。"李老师工作上非常放手，让年轻人做。我最困难时总是找李老师，他总是支持我去克服困难。他挺喜欢我的，这是我的幸运！"这样子，一直坚持到2001年秋天最后结题，9月25日开总结会。赵国屏说："值得总结，李老师对我的教育非常深！"

三年攻关，全面完成了任务：建立了人类与动物疾病模型的资源库，有效地开展了遗传疾病基因定位和定位克隆工作。在肝、子宫、附睾、细胞分裂和神经系统等方面获得了一批新基因。鉴定了10个具有较明确的重要功能的基因。通过基因知识产权的操作，基因组研究的成果正在逐步向产业化转化。建立了能开展人类基因组和功能基因组研究、开发的现代化实验体系。由此，中国科学院走到了人类基因组方向的前沿，成为唯一加入这个计划的发展中国家，跨越到与大国并行的层次。这对中国是关键的一步，也带动了其他生命科学的研究。

赵国屏院士眼中的李载平，"很享受科研生活，这是科学家生活中不可缺少的。"每逢过年去看望李老师，喜欢听听他的观点，与他交流。

30岁成为美国顶尖名校博导的骆利群，是李载平的没毕业的研究生。他15岁考进中国科技大学少年班，毕业后考到李老师门下，不久上海生化所推荐他去考CUSBEA[1]，考取后参加英语培训半年，出国前只有四五个月在李老师的实验室接受熏陶。实验室很大，师生俩又不在一层楼，每月见一次，总共只见了五六次，但彼此印象深刻——

"骆利群在我这儿时间很短，他很聪明但人非常好，到美国后尽拿奖。国内没有合作的实验室，所以不大回来……他写《神经生物学》，寄了我一本。"

"李老师很乐观，看事情眼光比较远。他当时才62岁吧，声音洪亮有气派，老远就能听到，一听就是'大老板'（实验室主任），哈哈！"

---

[1] CUSBEA（China-United States Biochemistry Examination and Application），中美生物化学联合招生项目，是我国改革开放后生命科学领域最早的国家公派留学项目。始于1981年，结束于1989年，共招收400余名顶尖的中国学生赴美学习研究生课程。他们中的相当一部分人，如王小凡、王晓东、骆利群、袁钧瑛、施扬成为国际一流的生物学家，至今一直活跃在生命科学领域研究的前沿。

骆利群当时正要确定去哪所美国学校，他女友考取了加州大学伯克利分校，怎样才能在一起呢？李老师刚好组织了一次国际会议，在上海生化所开，一些外国教授来参加，其中有伯克利的坂野（Sakano）教授。李老师忽然对他说："你女朋友不是要去伯克利吗？你跟这位教授谈谈，给你留个位置嘛！"他就跑去跟坂野说了。李老师手下某"小老板"（课题组长）听到他居然敢跟伯克利的教授说话，议论说"这男小囡头子老活络咯，以后肯定会有出息的"。他不好意思了，"其实我当时什么都不懂，一点也不活络。"

虽然这事后来没有成功，但李老师很简单的一句话，教导了他：以后有类似情况，知道怎么去争取了。

后来，坂野教授跟他成了很亲近的同事，还提起"你很年轻的时候曾经问我……"这茬。

师生俩有缘。骆利群每次回上海都去看望李老师，淮海中路的家去过好几次。而李老师去美国，也曾到波士顿看他。这位对发育神经科学作出重要贡献的斯坦福教授，后来被选为美国科学院院士。

骆利群最近跟李老师联系了，好开心，"刚才和李老师微信通话了，李老师还是声音洪亮有气派！"

1978年，40岁的冯宗铭随所在实验室，并入新成立的分子遗传研究室（七室）。七室以李载平原实验室人员为主，其他实验室并入人员只占三分之一。

不久，李老师便让冯宗铭担当七室的行政秘书。他有点吃惊，原以为自己属于"外来户"，李老师应该更愿意重用老部下吧。他想：这是对我的信任啊，那我就努力去做好！

行政秘书的工作之一，是购买生物制剂、实验设备等。因为外汇配额有限，他觉得责任重大，去请示李老师，得到的回答多是"你全权处理吧"，只有买大仪器前才需要讨论。在李老师手下工作，虽然很忙，但他忙得心情愉快。

后来，冯宗铭出国，须室主任批准。李老师说："既然考核通过了，你就去吧！"并为他写了恰如其分的推荐信。

身在海外，冯太太最感念李老师、崔老师的信："他俩身体好的时候，每年都会写一封信，文笔好啊！信是寄给研究室出去的同事的，从来没有落下过我们！"

王珩也曾是李载平的部下。40余年后的今天，有朋友找上门来，谢她当年救了家里长辈一命，使老人家多活了37年。年已八旬的她摆手笑道："那是科研的力量，要说功劳也是老李的！"

老李，就是当年带领大家研究DNA的李载平。王珩所在的五室，又称"国防任务室"。"我不懂DNA与国防有什么关系，但老李早就在研究DNA的损伤修复了。"她说，救了朋友长辈一命的药功在促使骨髓再生，正是DNA研究的成果。

她特别佩服李载平，认为他是一位"热爱科学，有前瞻性的思想，又能坚持的了不起的科学家"，不会争权夺利，一心搞科研。国家一开放，他因为有长期的积累，基础好，一下子接得上，看到DNA还有双螺旋结构，就抓住了，做出了名堂。

对于老李一辈子的际遇，她颇多感慨，"如果在自由的环境中，就不会那么压抑，有机会充分发挥，就能真正实现科学愿望了！"

当年的秘书张爱宝记得，真核细胞调控开放实验室搬进负压楼时，李载平让团队成员先挑办公室、实验室。挑剩下的三楼楼梯口朝东那间，日晒时间长、夏天热不可挡，就成了他的办公室。

实验室里一向不兴称"主任"，也不像有的国家叫"老板"，由于李载平年长且个子高，更由于他乐于助人，大家喜欢叫"李大哥"。"文革"中，叫过"老李"。到了1980年代后期，老朋友还是叫"李大哥"，其余叫"李先生"的居多。

1980、1990年代，研究生的伙食补贴比较低，大部分研究生家在外地、家境贫寒，老师总是担心学生们营养不良。李老师中午会去食堂看看学生吃些什么，一盘青菜、一块肉，太简单了。于是考虑帮他们改善。开春补营养，成了这个研究室的传统。那时候奖金很少，但还是留一部分作为公用，李老师自己也会拿出一些钱。让他们去买鲈鱼，在负压楼底下清蒸了，给每个学生分半条。有时烧几大锅竹笋、咸肉，给学生一人盛一大碗。好多次，李老师忙，就关照大家："我在开会，小朋友都要饿的，快吃吧，给我留一碗就行了。"他还让工作人员多包些饺子，放在冰箱里，以备学生夜里做实验晚了垫垫肚子。每年过春节，他总要约两三个没回家的外地学生，到他家吃一顿饭。

李载平75岁时招了最后一批研究生，与课题组长联合培养，硕博连读五年。80岁以后，他就不招研究生了。他带学生的方法是"散养"，实验室兜兜、讨论讨论，看到哪篇最新的论文、哪本最新的书对谁有参考价值，马上拿给谁看。学生们把他当父亲，实验中碰到困难，"和李先生一谈，就豁然开朗了。"他则把学生当自家孩子，实验若有什么差池，他也会说两句重话，但脸上还是带着微笑，以耐心开导为主。

在学术会议上提出很多idea（想法）的李载平，平时却与世无争。课题组分奖金由课题组长说了算，他一概不知具体标准，给他多少就多少。

他随和、低调，自得其乐。不认识的人见他哼个小调下楼梯，哪里会想到这是个"大老板"。他在办公室里看书、查文献，总有背景音乐相伴。他用过的擦手纸不扔掉，吃完饭还可以擦饭盒。传真纸翻过来，当草稿纸。圆珠笔套套上铅笔头还能用，或者换上新圆珠笔芯继续用；好的圆珠笔，则当礼物送给学生；开会发的PARK金笔送外宾。他认为，不过是留个纪念，没必要让课题组专门出钱去买洋酒啊什么的。实验室工作人员的小孩来了，他都会想到送不同的礼物。

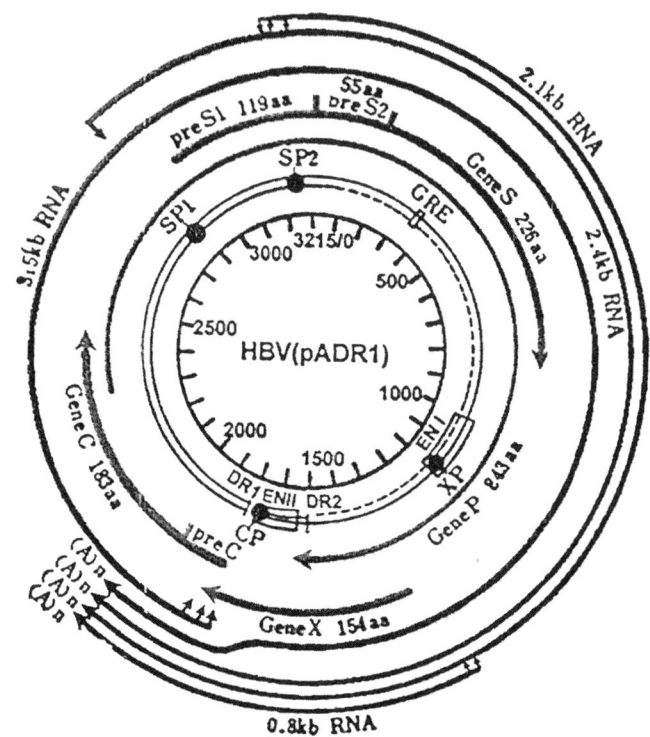

带乙型肝炎病毒 adr 亚型基因的 pADR-1 结构图

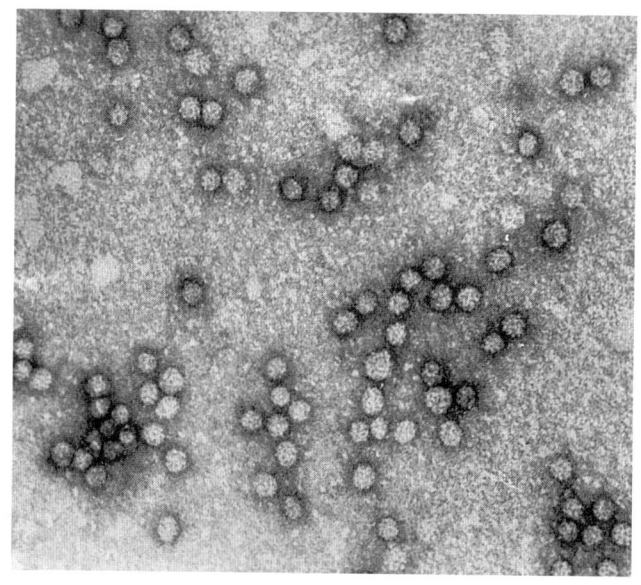

乙肝病毒 adr 亚型电镜图

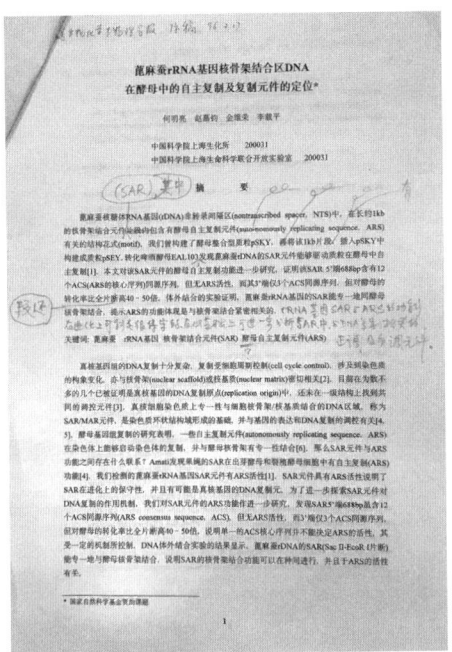
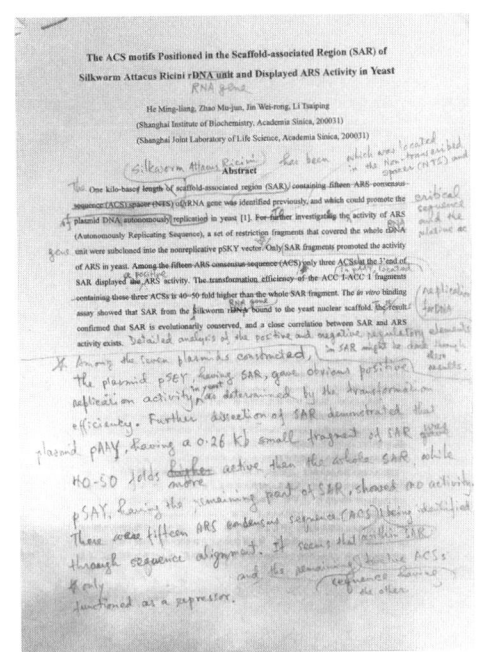

李载平修改过的论文

1987年9月,美国科学院基因工程学习班。右一为李载平

第五章 科学家、教育家、社会活动家

荣获1994年"上海市科技功臣"奖

1996年,李载平(前排左四)与部分研究团队合影

这，就是一位大科学家对日常生活、对物质的态度。

1998年，李载平、邹承鲁二位院士应邀出席中国科学技术大学40周年校庆。中科大生物系本科生朱悦是负责接待院士贵宾的学生之一，就此与"很有气度，学识很好，谦虚，没架子"的爷爷辈生物学界泰斗李载平成为忘年交。

四年级实习季，她冒昧地找李老师问能否接收她男朋友到上海生化所实习。李老师不但接收了，后来又推荐他到日本公司实习，待他赴美深造前又帮着写推荐信。

李老师特别愿意提携后来者，而这种提携是完全不求回报的。朱悦到生化所看望李老师，发现他对每个学生都如数家珍。有一件事，让转行当了律师的朱悦特别感动：李老师实验室有个学生也想转行当律师，他竟然嘱她给那学生打电话帮忙指导指导。

周游列国，推动中国基因工程起步

1983年新成立的国际遗传工程和生物技术中心（International Center for Genetic Engineering and Biotechnology，ICGEB）[①] 打算资助各国基因工程，到底资助哪些国家呢？ICGEB决定派出由多国科学家组成的评审团（参加国各派一员），历时一个多月，考察十来个国家，根据考察、评审的情况再做决定。中国被选中的科学家，正

[①] 国际遗传工程和生物技术中心属政府间国际科技组织，是在联合国工业发展组织的支持下于1983年创立的。其宗旨和原则是促进发达国家和发展中国家在遗传工程和生物技术领域的合作与交流，使发展中国家有机会参加这些领域的国际研究和培训活动，以提高本国实力，推动国民经济发展。

ICGEB目前已有43个成员国，中国于1987年成为该中心正式成员。生物中心成立以后，受合作司委托，成为ICGEB中国分中心的正式挂靠单位，具体负责中国分中心的日常管理工作，主要业务包括向ICGEB推荐博士、博士后及相关人员培训、开展合作研究。

是李载平。

在ICGEB产生这份科学家名单的过程中，据说吴瑞（Ray Woo）对李载平的入选起了很大作用。吴瑞何许人也？

"中国生化祖师爷"吴宪，前清秀才，前北京协和医学院系主任、教授，与美国著名生物化学家奥托·福林（Otto Folin）一同提出著名的血液分析系统方法"福-吴二氏法"（Folin-Wu），对临床化学、蛋白质结构理论研究早期贡献大。吴宪的儿子吴瑞，燕京大学化学系出身，康奈尔大学博士、教授，发明了DNA测序"引物延伸法"（primer extension method），是国际教科书承认的诺奖级科学家。引物延伸法催生了三个诺贝尔奖，其中一个利用引物延伸法加上核酸的聚合酶，让它反复合成，结果出来了一个新的技术叫作PCR。

中国改革开放后，有大批学生通过CUSBEA项目到美国深造。物理学的CUSPEA[①]是李政道推动的，生物学的CUSBEA就是吴瑞推动的。吴瑞从世界各大名校请到很多专家，来帮助中国建立一些先进的研究所。台湾建成了好几个研究所，可大陆刚刚改革开放，千头万绪，中国生物工程研究所没建成。作为上海生物工程实验研究基地专业委员会副主任，李载平为无力促成中国生物工程研究所的建立而抱憾。CUSBEA倒很成功。现在好多CUSBEA学生在美国都是非常优秀的科学家，在不同领域起很大的作用。吴瑞对生命科学的发展功莫大焉。人们为了纪念他，于1998年专门组建了吴瑞生命科学学会。这个在美国影响很大的学会，宗旨是促进中美之间的科技交流和中国的生命科学研究。

吴瑞对中国很有感情，尽可能地为中国做一些事情。他觉得，

---

① CUSPEA（China-U.S. Physics Examination and Application），中美联合培养物理类研究生计划，是1979—1989年中国用来选拔派遣学生到美国攻读物理专业研究生的项目。CUSPEA由李政道和中国物理学界合作创立。当时中国大陆"文革"刚结束不久，高等教育还在重建之中。美国招生使用的成绩单、介绍信等手段在中国高校不常见，其可信性很难评估，TOEFL、GRE也没有在中国开展。在李政道的游说下，美国和加拿大的一些大学改用CUSPEA选拔中国留学生。至今，风格类似而规模大为缩小的Mini-CUSPEA考试仍在举行中。

基因工程前景特别好，对发展中国家（粮食增产等）是重要机遇，生物基因工程并非大科学，比较容易上手做，况且每个国家都有不同的植物资源，就是不同的课堂。所以，他游说、推动联合国支持，建立了ICGEB。联合国要建立国际的基因工程研究中心，很多国家的科学家都希望把中心建在自己的国家。吴瑞希望中国候选，可惜中国因条件太差没有申请。他熟知李载平的成就，便举荐其进入多国科学家组成的评审考察团。

中国科学院很重视李载平的这次出访，出国服装是到北京配备的，由中央首长的裁缝师傅定做西服，还租了拎包和皮鞋。

各国科学家在联合国工业发展组织总部所在地维也纳集中，上午交护照，下午十来个国家的签证就都办好了。联合国机构派出的一名秘书特别能干，全程为大家服务。

考察让李载平很开眼界，他戏称"像孔子周游列国"。他与ICGEB建立的良好互动，对日后中国基因工程的起步起了非常重要的推动作用。

他参加的那个评审组，组长是爱尔兰都柏林大学的教授。科学发展需要什么样的条件，评审就要问所到的这个国家具不具备这样的条件。西方管理概念的一个长处就是讲究环境、条件是不是有利于科学的发展，指标都是具体化的。往往到一个地方，大家看看自然环境不错，接着就要问科学技术条件怎么样、人才（包括老年和中年）条件怎么样、研究的课题在国际上有什么优势、外面的仪器运进来交通方不方便、机场的效率和质量怎么样，外国人来工作生活条件怎么样（有没有语言困难，带孩子来的话就学条件如何）……好多的问题，都要具体了解。

这使李载平想到："我们很需要这种管理的精神。原来我还不理解，中国建了很漂亮的五星级酒店，为什么非要让外国人来管理？现在理解了，管理是很大的学问。这个学问的核心就是要具体化。说它好，好在哪儿，你要说得出来，而不是笼统地说这个地方好。"

在比利时的见闻很有趣。考察团抵达时，被告知"我们南北分裂了，现在没有政府了"，所以南北分开接待。南边说法语，北边说荷兰语（佛拉芒语）。南边交一份申请，北边交一份申请，所以得评审两次。南边希望国际基因工程研究中心设在南边，北边说要把它设在北边。南边有鲁汶大学①，北边有根特大学②，都是国际名校，各拥有相当强的科技实力。一个比利时交两份申请，简直令人难以理解！南北之间无法和解，但也相安无事。这些，都引发李载平的思索。

在意大利，东道主招待科学家们欣赏歌剧《茶花女》、到博物馆感受古罗马文明，大家还游览了梵蒂冈大教堂。欧洲深厚的文化底蕴，令人震撼。李载平想起曾去东北看金、辽时期的东京城，就剩一块地基了。可是，眼前的罗马古城到处都是古迹，半圆形的、阶梯形的石头剧场都保存得很好。

"我们到每一个地方都可以看到优点和缺点，重要的是要学习别人的优点，不要老讲什么自己是老大。"他觉得秦伯益院士有个意见非常精辟：中国曾经兴盛过三个时期——文景之治、贞观之治、康乾之治，但康乾之治不值得赞美，因为正是在那个时候，西方的近代科学文化尤其在文艺复兴以后大发展，中国还自以为是老大，从那时以后就一下子落伍了，经常受帝国主义的欺负了，让人家欺负得没有还手之力，所以说康乾之治是中国由盛转衰的标志，也就是转到落后状态的一个关键，称不上盛世。他进而提出："现代科学为什么不是在东方产生，而是在西方产生的？这始终是我脑子里的一

---

① 鲁汶大学（KU Leuven）是比利时久负盛名的最高学府，欧洲历史最悠久且最受人尊敬的大学之一，也是享誉全球的世界级顶尖研究型大学。建于1425年，是现存最古老的天主教大学。近100多年来平均排名居全球前20名。与牛津大学、剑桥大学、莱顿大学、爱丁堡大学、日内瓦大学、海德堡大学、阿姆斯特丹大学等欧洲著名高校一起，建立了欧洲顶尖研究型大学联盟（LERU—The League of European Research Universities）。

② 根特大学（Ghent University），成立于1817年，是比利时学术排名第一的综合性研究型大学，也是全球闻名的世界百强大学之一。在生物技术、数学、计算机、医学、水产学、食品、社会科学等基础及应用研究领域具有较强科研实力和竞争力。

个大问题，到现在也没有解决。这可能也是科学史长期要研究的一个课题，特别是在中国。"这一问，使人联想到他导师曹天钦的导师李约瑟的类似困惑。①

走过奥地利、美国、加拿大、瑞典、比利时、意大利、巴基斯坦、印度、泰国、古巴，再回到维也纳开总结会。结果，决定在意大利、印度分别设中心、副中心，总部选在意大利的海港城市里雅斯特。同年成立的第三世界科学院②也设在那里。

这样的安排，大致有两个原因：其一，起初建立中心的目的是要促进发展中国家的发展。意大利是科技水平比较发达的欧洲国家，印度相对而言算是一个大的发展中国家。其二，还有某些因素值得考虑，就是联合国里印度官员比较多，中国虽然也是发展中国家，人口比印度多，但是中国在联合国里的工作人员很少，所以就在印度设一个副中心。

周游列国的前一年，李载平到过南斯拉夫，回来后还写了篇游记《南斯拉夫纪行》。他对南斯拉夫印象好，主要是因为交了个南斯拉夫同行好友弗拉基米尔·科瑞信（Vladimir Glism）。科瑞信是当时的南斯拉夫基因研究所所长，对南斯拉夫的科学贡献大，得过骑士奖。科瑞信夫妇曾经长期在哈佛多蒂实验室工作，他们建立了一个提取 RNA 的方法，广泛地为大家所使用，相关文章的引用率奇高。科瑞信人特别开朗，前些年到上海来，还邀请李载平访问南斯拉夫。"哎呀，我这么大年纪了，南斯拉夫又那么远……"听中国老友这么说，南斯拉夫人回敬道："由贝尔格莱德到上海和由上海到

---

① 英国学者李约瑟（Joseph Needham，1900—1995）在其编著的15卷《中国科学技术史》中提出："尽管中国古代对人类科技发展做出了很多重要贡献，但为什么科学和工业革命没有在近代中国发生？"1976年，美国经济学家肯尼思·博尔丁（Kenneth Boulding）称之为"李约瑟难题"。

② 第三世界科学院（The Third World Academy of Sciences，TWAS）是在已故巴基斯坦物理学家、诺贝尔物理学奖获得者阿卜杜勒·萨拉姆（Abdus Salam）教授的倡议下于1983年11月创建的。总部设在意大利的里雅斯特，是一个非政府、非政治和非营利性的国际科学组织。2004年12月16日，TWAS前任院长、印度科学家拉奥将第三世界科学院更名为发展中国家科学院。2013年1月1日，中国科学院院长白春礼院士正式就任TWAS院长。

贝尔格莱德的距离是一样的。"他的意思是：我能来嘛，你也能够去啊！可惜的是，他与中国没有如愿展开合作。

而那些有机会与中国、与上海生化所合作的外国同行，大多享受过李载平烹调的美食。

中国改革开放之初，物质贫乏，外宾来了，住静安宾馆、在绿波廊吃饭，可接待费用有限，在外宴请太贵，李载平就把外宾带到家里，自己动手，招待他们。李大教授很会做饭，崔老师负责打下手和公关，宾主谈笑风生，其乐融融。

那年代，像他们家那样住两室一厅，在上海还是蛮稀罕的。说起淮海中路的房子，李载平连说"运气好"，"原来是给市委领导盖的，后来邓小平说给知识分子改善条件吧……我们楼下住着交大校长、中山医院心脏科主任，对门住着硅酸盐所所长……"

1987年夏天，李载平请 NIH 的科学家迪安·H.海默和布鲁斯·帕特森（Bruce Paterson）来办一年的分子生物学学习班。他俩赴李家家宴，迪安见了钢琴不禁手痒，崔老师邀请他弹奏，自己也弹了一曲为晚宴助兴。

"不必讲排场，不需要搞得很辉煌的，就可以请朋友吃得很舒服。"李载平的拿手菜，是卷心菜叶子包各种菜。他得意地介绍自己的这项"发明"："中国有春卷不是吗？春卷是面擀皮，我们把面擀皮换成卷心菜，生菜也行。嫩卷心菜叶子，洗净，用高锰酸钾水泡过，放各种料（或肉松），一卷，很简单吧？你回家可以试试！"这个菜很受欢迎，每次都被一抢而空。迪安的老爸老妈到中国玩，顺便来上海看望儿子，李载平请他们吃饺子，也让他们回味了好多年。他还发明了大虾、芹菜末汤，老外朋友同样吃得忘不了……

可是，那些"假私济公"的家宴，谁也没想到应该报销。

1983年,ICGEB访问印度。右三为李载平

1983年,ICGEB访问印度,在泰姬陵。后排右二为李载平

1983年,ICGEB访问比利时。左四为李载平

1983年,ICGEB访问威尼斯。中为李载平

第五章　科学家、教育家、社会活动家

1986年10月7至12日,中西德生化第二届讨论会。前排左一为李载平

1987年1月22日,美国科学院—中国科学院生物技术双边会议。前排左二为李载平

1987年3月12日，对李载平罗马学术报告的报道："中国科学家介绍乙肝研究进展"

1988年8月，加拿大多伦多，世界遗传学大会基因转录分会。讲台上主持人为李载平

1991年,访问以色列。左二为李载平

1999年4月,李载平(右一)与吴瑞(左二)等同行在琅岐岛

第六章

院士的
人生观、价值观

在人的一生中,童年、少年时期倏忽而过,对于鲐背之年的长寿者,尤显短暂。那些懵懵懂懂的岁月,看似早已没入时光深处,其实却隐藏在人的潜意识里,倘若小时候遭遇大事件,对此后的生涯更易产生不可逆料的影响。

李载平成长在文化积淀深厚却内忧外患、积贫积弱的中国。他对化学的喜欢,便是从小埋下的伏笔。他对科学的激情、对名利的淡泊,他的人生观、价值观乃至科学观,无不与学生时代的际遇(包括家庭出身、学校教育)有着千丝万缕的联系。

少年立志"科学救国"

李载平是5岁念的北师附小,第二年就爆发了"九一八"事变,日本人入侵中国。幼小的心,第一次感受到什么叫愤怒。

老师教育小学生"天下兴亡,匹夫有责",校长韩秋圃希望孩子们做"小凯末尔"。第一次世界大战结束后,英国和法国想分割战败的奥斯曼帝国,凯末尔领导人民坚决抵抗,成立了独立的土耳其国家,捍卫了国家主权。凯末尔被尊为"土耳其国父"。校长讲这个发生在"九一八"前十几年的外国故事,来激励小学生们。

在家族中,李载平的姑婆(外祖父的姐姐)是个小脚老太太,她丈夫曾是清政府派往台湾的官员,甲午战争后中国台湾被日本人侵占,他回来后恨死了日本人。中国在清末就处于被瓜分的境地,"九一八"事变后,日本人继续向山海关以南渗透,冯玉祥将军带领军队在山海关喜峰口阻击敌军。姑婆爱国热情高涨,参加北平组织的慰问团去慰问冒死抵抗日军的冯玉祥部队。后来发生"一二·九"运动,北平学生上街游行,李载平和同学们还折断日本进口的铅笔烧掉以示抗日决心。

北师附小教育环境宽松,不仅注重数理化教学,而且鼓励全面发展。童子军相当活跃。有一次活动,老师帮助同学们学会自力更生——在学校操场架起锅,点着柴火,自己煮粥吃,训练野外生存能力。吃着自己挖灶、点火煮的粥,大家感觉可香甜了。学校期望同学们能给国家带来新的光明,把学校当作一个城市,取名"拂晓市",寓意胜利的曙光就在眼前。各班通过活动相互联系,周末组织交流,还排演过话剧。学校成了鲜活生动的大课堂,而不是整天死板地读书、考试,同学们以校为家。

小学里功课少,李载平贪玩,在好朋友张中和家的大院子里,不仅在地上玩,还爬房,北京话叫"野玩"。院里有棵大枣树,枣子

李载平(前排右一)就读北师附小时(约1934年)与家人在一起

成熟时，他俩就在房顶上一边玩一边吃枣。忽然想起老师说我们周围的空间不是空的，充满了空气，空气是有阻力的，他俩就爬到墙上，各拿一把打开的伞往下跳，体会空气阻力，幸亏没出事。诸如此类，难以想象的各种各样的玩法，不知不觉中锻炼了体魄，也学到了知识。

比较著名的小学同学有"邓氏兄弟"，哥哥邓昌国、弟弟邓昌黎。邓昌黎更有名气，辅仁大学物理系毕业后到美国，担任过芝加哥大学物理系主任，还是阿贡国家实验室①成员。该实验室专门做核物理研究，也是美国最大的回旋加速器生产基地，他是该基地的领头人。1977年，中国需要一些回旋加速器，他回国帮助祖国生产和建立回旋加速器基地，受到邓小平接见。2007年，美国物理学会授予他罗伯特·R.威尔逊奖（Robert R. Wilson Prize）。他的哥哥邓昌国，小提琴拉得很出色，北师大音乐系毕业后，留学比利时，1949年后去了台湾，是"台湾艺术专科学校"的创建者兼校长，也是台湾交响乐团的创建者和指挥。李载平认为，他们的成功，除主观努力外，离不开良好的生长和发展环境，包括在小学所受到的启蒙教育和基本素质的培养，这是最为重要的。

整个小学阶段形成的思想就是：处于危险之中的国家不能亡，我们一定要自强，要用我们的力量拯救国家。"这种思想，在我的脑子里念了一辈子。"时光飞逝80年以后，李载平说起当年情景，还历历在目，恍若昨日。

选择走科学道路，则是辅仁附中时期。在那个由清朝贝勒府改建而成的漂亮校园里，李载平早早地定下献身科学的志向。

初一年级时，他曾经跟冯友兰的儿子冯钟辽等一些北大、清华教授的儿女同班，"七七"事变后，他们都随父母内迁了。北大、清

---

① 阿贡国家实验室（Argonne National Laboratory，ANL），是美国政府最早建立的国家实验室，也是美国最大的科学与工程研究实验室之一（在美国中西部为最大）。ANL隶属于美国能源部和芝加哥大学，前身是芝加哥大学的冶金实验室（Metallurgical Lab），著名物理学家费米在此领导小组建立了人类第一台可控核反应堆（芝加哥一号堆，Chicago Pile-1），人类从此迈入原子能时代。

华内迁后，北京"四大名校"就剩燕京和辅仁了。辅仁是天主教会办的，校名取自《论语》"以文会友，以友辅仁"。学校内部有小教堂，但没有任何宗教课程，也没人强迫学生加入天主教。由于罗马教廷与国际关系因素，辅仁并未坐待日军接管，就像沦陷区里的特区一样，校内秩序一切照常，同学们可以大骂日本人而不受影响。然而，特区之外，已是一片白色恐怖。太平洋战争爆发后，燕京大学停办了，日本人开始大肆搜捕打击对象。许多同学都被抓去，关了好长时间。在燕京念书时参加过读书会的姐姐也被抓了，同时日本人还派出特务到家里监视。在日本人统治的地方，监视无处不在、无孔不入，大家不敢随便说话。

辅仁附中办学有声有色，课程非常吸引人。教数学的夏鼐老师，上几何课不带作图工具，直接在黑板上画标准的三角形和圆，画笔直的切线，课讲得清晰明了，学生也学得很轻松。教英语的王玉栋老师，外号"王胖子"，纯英语讲课，教学灵活，半年下来，即使英语很差的同学也泡出点味道来了。教化学的陆昭老师，板书一清二楚，堪称一绝。正是这些，点燃了少年对化学的兴趣。

他也读课外书。《水浒传》浅显、好看，但提出一个大问题：为什么林冲原来备受欺辱，上了梁山之后却很快活，但招安之后死得很惨？读胡绳的《从鸦片战争到五四运动》，感觉中国被各国欺负的程度简直难以想象。甲午战败，仅赔款就要清政府三年大财政收入总和，中国人到底还活不活了？火烧圆明园和八国联军占领北京，中国人怎么就这样窝囊？切肤之痛，让人热血沸腾。

他学化学的理由是：第一，化学厉害，做炸药抵抗日本人需要化学，炼钢铁、造枪造炮需要化学。化学工业能够救国、强国。所以要救国就先强科学，首要的是强化学。第二，他对周围世界的第一次认识来自门捷列夫的元素周期表，万千世界都是这些元素化合组成的，使他觉得十分神圣，对周围世界倍感兴趣。通过化学途径了解全部世界乃至整个宇宙的奥秘，实在是太具有吸引力了。

这番简单而有力的道理，成为少年选择、投身科学事业的人生道路上的一盏明灯。

1943年，李载平顺利考入北京大学理学院化学系。系主任余兰园，是1930年代中国非常有名的有机化学家，有不少著作。进北大并不容易，一是因为北大教学质量相当好，而且不收学费，吸引优秀学子纷纷报考；二是因为太平洋战争使得燕京大学被关闭，许多燕大学生转入北大（时称"燕转生"），占了北大总人数的五分之一到四分之一，导致进入北大的难度增加。

大学四年，一个更加广阔的化学天地展现在他的眼前。他喜欢有机化学。原因是那门课有位好老师，叫萨本铁。萨氏兄弟可了得，哥哥萨本栋是物理学家，《普通物理学》教科书就是他编写的。萨本铁专攻有机化学，最重要的贡献是合成维生素K。

萨老师的讲课引人入胜：好多有机化合物是人们日常生活急需的。那时候，还没有抗菌生素，磺胺（人工合成的抗菌药）种类不多。最热门的东西，就是染料和维生素。天然染料很少，大多数靠化学合成，染料合成是当时有机化学最重要的课题之一。维生素也是，一种又一种新发现的维生素需要化学，首先要证明维生素是什么结构，最好的方法就是用有机化学手段把它合成出来。食物中有些维生素含量不高，如果需要，可以大量合成维生素，作为微量的食品添加剂。维生素A、维生素E基本是成吨成吨合成的，比起天然的维生素，合成的特别便宜。也可以生产动物使用的饲料添加剂，促使畜类动物快速成长。青蒿素治疗疟疾效果很好，但也需要有机化学合成比较高效、便宜的青蒿素。由此可见，科学技术是怎样地在造福人类。"听了萨老师讲课，觉得化学的本领简直太大了！给你一个结构，经过设计，一道一道一道……一个新的分子就可以做出来。人掌握了化学知识，多自如啊！"了解了很多实用的知识后，他对有机化学产生了特别浓厚的兴趣。

大学生活带给李载平好多方面的收获。首先是全面系统性的学习。除了许多化学知识以外，也学了不少其他知识。那时候的老师水平相当高。1941年，太平洋战争爆发，协和医学院被迫关闭，那里的许多教授如化学家萨本铁、生化学家刘思职等都到北大理学院讲课。抗战胜利后，西南联大又转来不少名师，系主任换成了钱思亮，教生物化学的张龙翔后来担任北大校长。刚从美国回来的马祖圣教微量化学，教学知识相当新颖，实验器材十分细小精致，和小玩具一样。曾昭抡教工业化学……这些老师基本上都是中国当时比较有名气的。他对化学的了解，由简单的化合物，深入到复杂的维生素、染料、药物分子以至糖类、蛋白质。

毕业论文设计，李载平是跟着钱思亮老师做一个杀菌剂的研究。怎样在原有的杀菌剂基础上，进行一些化学改造，可以增强杀菌能力，而且减小副作用？钱老师要求他做一种新型杀菌剂，即在酚的化学结构上加上两个氯、一个六碳碳链。做成这种新型杀菌剂需要六个步骤，先做一步，将得到的东西纯化，并且证明是你想要的东西，接着做第二步，以此类推。在当时的条件下，做出一个系统的实验是相当不简单的，需要大量的实验药剂，还要减压蒸馏，用一个电动泵不断地抽气减压，进行细致的混合物分离。最难得的是，钱老师把自己使用的研究室交给他这个本科生使用。1947年时局动荡，学校里许多老师都没心思安心做实验了，同学大多也没心思泡实验室了，简单写一个专题综述（review）交差了事。只有他得到这个小实验室，为24小时随时都能做实验而欣喜。实验做得顺利时，他会在那里待到半夜，才回宿舍睡觉。

李载平至今珍藏着大学毕业论文，上面有钱老师的签名。钱思亮既是论文指导老师，又是系主任，所以这篇论文里有两处钱老师的签名。

钱思亮后来去台湾，担任台湾大学校长（继首任校长傅斯年之后），又担任台湾"中央研究院"院长，对台湾的科学发展起到了骨干作用。钱家三个孩子，也各有出息——钱复，曾任中国台湾地区监察管理机构负责人和台湾地区外交事务管理机构负责人,与美国关系密切。两位兄长钱纯、钱煦,分别是财政界、医学界的知名人士。李载平1975年去美国进行分子生物学访问时,钱复也一起参加活动,还申请参加了中国代表团的大宴会。

那些年,正值整个社会转型期。他是后来才知道的,北大理学院有不少地下党党员,如同班同学沈时全办了"景邻壁报",每期都登一些批评国民党腐败的言论,团结了一批要求进步的同学。还有同学到了1949年后,当上化工部部长、冶金工业部部长等,大家才恍然大悟:原来他们也是地下党!

一小学同学送给李载平一本毛泽东写的《论联合政府》。他读后很兴奋,觉得书里的主张非常好。

同学们走出校门参加"反饥饿、反内战"游行,国民政府将北大沙滩到理学院附近地区给封锁了。大家气愤地去找胡适校长。"我看见胡适校长回答同学们的质问,那场面绝对可以拍电影!"李载平记得,在西斋门口,同学拉过来一个长条凳,让胡校长站上去接受大家的质问。后来胡校长答应去和国民党当局交涉,说他们封锁沙滩是不对的……"那一幕,可惜我没有相机拍下来。"

在沙滩,有一个学生办的剧艺社,一次演出四川话版的《抓壮丁》,幽默风趣,才华横溢。就在诸如此类的各种熏陶里,李载平完成了学业,唱起毕业歌,随后进入北大医学院工作。

那时北大医学院,很多是北大理学院的老师和同学。生化科主任刘思职的助教李玉瑞去美国读书,这个职位就空出来了。毕业后彷徨不定了大半年的李载平,就此进了北医生化科工作。

北医这个工作机会对李载平来说很关键,因为从此他得以跟有机化学相接近,并且生化研究在有机化学里还算比较新兴的学科。

协和医院被关后,很多十分有名的大夫和教授都到了北大医学院,院长就是原协和的皮肤科主任胡传揆。这样,协和人占了北医班底的三分之二。北医因此专家云集,实力雄厚,在医学教学、研究领域独占鳌头。刘思职原来也是协和的，他的老师正是中国生物化学界的"祖师爷"吴宪。其实，国内许多著名的生物化学家都出自吴宪门下，包括后来做出不小贡献的上海有机化学研究所所长汪猷。

北医小助教李载平，意外得到过北大校长胡适的帮助。那是1947年底，有个朋友骑了新买的名贵摩托车，到李家炫耀。李载平看了心痒，请求让他骑出去试试。他骑上车，飞驰到西四那边的中学同学家。谁知那同学的一地下党长辈被抓了，警方正在那儿蹲守同党，他算是自投罗网，连人带车被扣下。车主跑去交涉，只要回了车，他却被关了起来，在大冬天的看守所夜里，拉过旁人的腿当被子盖。家里可急坏了，在银行工作的哥哥四处活动，最后找到胡适。大校长听了诉求，大笔一挥写信相助，小助教终于获释。

李载平在北大医学院工作了八年，其中到哈医大支教三次。

在北医，他和北大师姐、微生物生化科的中共党员杨贵贞，还有郭时钦一起吃午饭，关系挺熟的。他很喜欢那样一种气氛，慢慢受到影响，越来越希望能为国家多出点力。杨、郭两位觉得他为人好，想早点介绍他入党。不怕一切困难，为了共产主义宁愿牺牲自己，为共产主义的未来而奋斗——党员的标准好高啊！他觉得自己的思想觉悟还不够，先参加了党的外围组织——教职连。北京刚解放，北京市委决定原来的高校地下党党员要进行系统的理论学习，就在暑假办了一个月的党训班。他是唯一以非党员身份参加那个党训班的。听了一些老党员的报告后，他提出了入党要求。杨、郭看到时机成熟，就介绍他入了党。

庄严宣誓那天，是1950年1月25日。

"科学救国的道路，常是我们这一代知识分子追寻的一条共同的道路。中国之一切苦难，归根于落后。中国若能够有现代科技、现代工业生产能力，有钢铁、飞机、大炮，就不会再受侵略。"这份不改的初心，就是"科学救国"。

中学时期身份照

大学时期身份照

大学时代在景山公园小山上。那时长袍尚未完全退出中国人的生活

1947年，北大各学院毕业的原辅仁附中校友相聚在理学院教学楼前。前排左一为李载平

李载平，摄于1949年10月

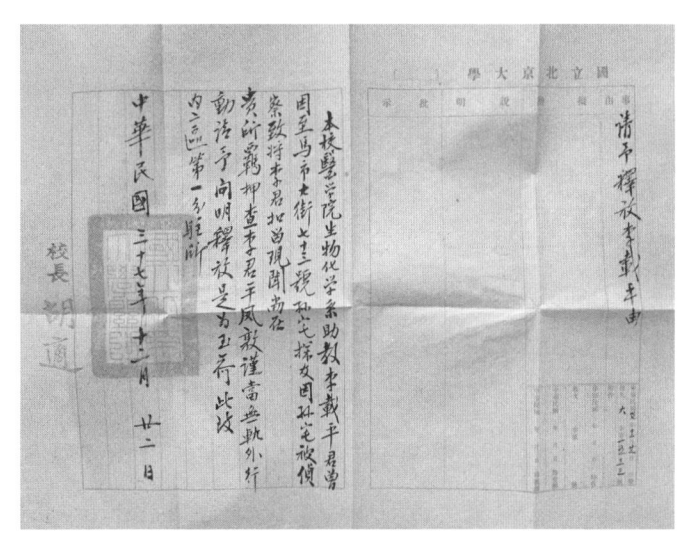

北大校长胡适写信请求释放被误抓的北大医学院生化系助教李载平

第六章 院士的人生观、价值观

一直觉得"院士呒啥啥"

由于一辈子工作、生活在科学院圈子里,同事、学生来自天南海北,平时多用普通话交流,而妻子崔桂芳又是天津人,李载平学上海话缺乏必要的语言环境,偶尔讲几句,旁人听了评论说是"南腔北调的上海话"。他也自言:"上海闲话讲勿来。"但有一句上海话,他讲得蛮地道的:"院士呒啥啥。"

"院士没啥了不起,"他说,"有贡献的人多了去了,我不觉得院士有多大。"所以,名片上压根就不印院士头衔。他不在意名啊什么的,讨厌别人拿院士、官衔说事。

然而,评院士这件事,倒真值得说一说。

同事、学生中,不乏为李载平打抱不平的:凭他个人和所带团队的这么多成果,他早该是院士了。可他就是全心全意埋头于业务,从来不拉扯人事关系,不愿意去争名夺利,不愿意像某些人那样为评院士去四处"活动"。

做事高调、做人低调,谦和谦卑,心存敬畏,淡泊名利,是李载平一贯的做派。

改革开放不久,王应睐所长就推荐他去评中国科学院院士了,但他感觉自己还不到那个水准,所以就没有提交材料去争取。实际上,当时要是参评,他是很有希望评上的。

1994年,他申请了,却没有成功。

无谓的人事纷争,让李载平觉得不值,他心疼时间,所以不肯再申请。后来,经领导、同事、朋友的劝说,他才申请参评中国工程院院士。提名人是中国工程院院士顾健人、曾溢滔。

推荐书，这样评价李载平的科学技术成就与贡献：

李载平从50年代末开始DNA大分子结构功能的研究，70年代中，为我国生物工程高新技术的起步，呼吁宣传推动，艰苦创业，是我国基因工程领域的开拓者和学术带头人之一，为我国在这一领域的队伍建立和人才培养作出了突出的贡献。他已发表论文150余篇，在分子遗传学和基因工程领域作出了具有国际先进水平的突出贡献。获国际、国内（国家科委和中国科学院）奖十余项，中国和美国专利三项。1994年获得"上海市科技功臣"荣誉。

70年代，国际上基因工程刚刚出现，在王应睐所长的支持下，李载平负责建立了国内第一个基因工程实验室。在尚无国外进修的条件下，艰苦奋斗纯化了十几种工具酶，建立了系统的基因工程克隆技术和DNA测序技术，使我国不失时机地参与了国际的竞赛，并立即投入重大项目的研究。

1. 乙型肝炎病毒（HBV）基因和基因工程疫苗的研究，在国际上最先取得adr亚型的基因组全克隆株，报告了其全顺序和结构特征。同期，日本的第一个adr克隆是个缺失株。

发现了adr亚型之内还有基因组DNA酶切图谱不同的多态性，提出了有致病性不同的HBV存在的可能性。他从疫苗免疫保护失败的乙肝患者，分离到一个新的HBV免疫逃避型突变株突变的S基因。第144位密码子从GAC突变成GCC，相应于氨基酸由Asp变为Ala。该突变S基因表达出的HBsAg蛋白，对anti-a单抗和anti-HBs多抗的抗原活性都大大降低。此项发现对乙肝的控制和预防将具有重要意义。

发现了HBV基因表达调控的新元件增强子Ⅱ（ENⅡ），它是HBV在肝细胞中复制的重要元件。证明了HNF-1是控制它的关键的蛋白因子。这为控制乙肝病毒复制找到一个关键位点。

在乙肝基因工程疫苗的研究中，使用了自己克隆的我国流行最广泛的 adr 亚型乙肝表面抗原基因。用痘苗病毒载体系统已完成中试，经国家新药评审委员会批准，取得生产药证。疫苗的临床效价相当于美国 Merck 基因工程疫苗，达国际先进水平，并且获得了中国专利和美国专利。该疫苗已经意向性协定出口东南亚。在新型疫苗研究中，已经得到分泌型的 preS1 肝细胞识别点的表面抗原颗粒，进行研制更高效价的疫苗，为人类在 21 世纪消灭乙型肝炎作出贡献。

2. 基因工程人表皮生长因子（hEGF）在大肠杆菌中分泌表达，产量为至今报道的最高量（大于 60 毫克/升）。表达量 90% 以上分泌到培基，保持天然活性结构，纯化简便，是一个基因工程的理想新系统。hEGF 在外伤愈合以及胃溃疡的复合治疗上用途广泛。该技术已转让给上海大江生物制药公司。

3. 早在 80 年代初，结合中国养蚕业的优势就开始了家蚕和蓖麻蚕 NPV 载体的研究，属于国际最早带头实验室之一。国外主要是利用苜蓿尺蠖（AcNPV）。他发展了家蚕核多角体病毒（BmNPV）的基因表达体系，使荧光素酶、乙肝表面抗原在昆虫细胞都获得高表达。乙肝表面抗原在蚕和蛹中的产量都达到了 700 微克/头蚕（蛹）。是至今最经济高效的动物细胞表达系统。

4. 由正常 cDNA 处理癌细胞得到的回复突变株，发现了抗癌基因 p14-6。它是转录因子 NF-IL6 的 3′ 非翻译区（3′-UTR）。此 3′-UTR 在细胞内的高表达能抑制 NF-IL6 的转录，并诱导与该 3′-UTR 专一结合的蛋白的高表达。特定基因 3′-UTR 的抑癌功能在不同系统也得到证实。p14-6 的工作已被引用（Cell. Vol.75，1107—1117，1993）。这可能为肿瘤基因治疗探索一个新途径。

5. 新的核骨架结合元件（SAR）已由 rRNA 基因非转录间隔区（NTS）分离得到。它可以为基因定位（anchor）和高效表达提供新元件。

推荐意见写道：

值此工程院医药卫生学部增补院士之际，我愿热忱推荐李载平作为院士候选人。

李载平是我国基因工程和分子遗传的开拓人之一，他在70年代中期，在我国最早建立了基因工程分子遗传实验室，艰苦创业，建立系统技术，培养人才队伍，为我国该领域的研究发挥了重要作用。

多年来，他的工作一直与医学密切相关，乙型肝炎病毒我国流行株adr亚型的克隆、结构分析、疫苗制备、免疫逃避株Saa 144 Asp→Ala的发现、带肝细胞结合位点的preS1+S的分泌型新型疫苗的研制都在国际领先，疫苗研制已获得药证和中、美两国专利。这为最终消灭乙肝都是十分关键的成果。近年，他进行的分泌型大肠杆菌表达系统，使重组人EGF高产分泌、纯化简便、工艺优越，已经技术转让给上海大江制药公司，将为肠胃溃疡复合治疗提供新药。

此外，他的HBV增强子Ⅱ的发现具有重要意义和潜在的生物医学应用价值。家蚕NPV表达系统也属于中国特色，是一种最经济高效的动物表达系统。

他是国际知名的科学家，曾获得国内外大奖多次，并在1994年获"上海市科技功臣"荣誉。

我认为他的科学水平和贡献已完全符合院士标准，特此竭诚推荐。①

1996年，李载平当选为中国工程院医药卫生学部院士。

对这个迟来的院士头衔，他轻描淡写道："其实我所做的工作就是：在中国比较早地对DNA、对分子生物学进行研究，并做出了一些基本的工作。我觉得，作为院士的话，要对国家的科学技术有开创性的工作才成……有个院士称号嘛，应该有自知之明。就是说自己努力做了一些工作得到人们的承认，这方面总是有限的。"所

---

① 《李载平院士推荐表》，中国科学院档案馆，D149-265号档案。

以，他从来不把院士头衔印在名片上，像对别的头衔和荣誉那样，一概忽略。以至于第一次有记者采访，需要翻箱倒柜找那些在他看来"不值钱的"奖状、聘书，后来采访多了，才慢慢找出来，聚起来。

虽然不看重自己的院士头衔，但他又认为，在中国科学院和中国工程院的院士里，有很多著名的做出重大贡献的科学院士，他们的工作和精神值得钦佩和学习。因此，他偶尔也"追星"："一次，我有机会和朱光亚同志同桌吃饭，我一直对他很尊敬，虽然带的本子不是很好，但还是郑重邀请他为我签个名。"朱光亚当时是中国工程院院长。

当上了院士，生活也不见得有什么改变。只不过，假如不当院士的话，年逾古稀早就该退休了。"当选之前，我在科研工作里头尽量让年轻的一代能够得到充分的发展；现在当选了，更应该提拔年轻有为的人进行科学研究。"继续引领晚辈同行做科研、出成果，仅此而已。

他一方面感觉科学发展很快，而自己年纪大了，也不能落后，不能懒惰，更应该勤奋，不能淡忘学术研究；另一方面，又提醒自己要有自知之明，不要乱指手画脚。

而在很多同行看来，上海生化领域的院士中，李载平的学识和眼光之高是有目共睹的，他在学术界的威望也非常高。

这年头，社会风气大不如前，科学界也不那么纯粹了，为了名利，个别院士竟然也玩起了歪门邪道。对此，李载平说："希望中国的科学发展得更好，也希望中国的科学发展有更高的素质。希望全国人民对院士提出更高的要求，不要用院士来炒作，也希望不要宽恕院士的过错，这才是维护院士荣誉和院士作用所应该走的路。"

李载平在实验室，摄于 1997 年

第六章 院士的人生观、价值观

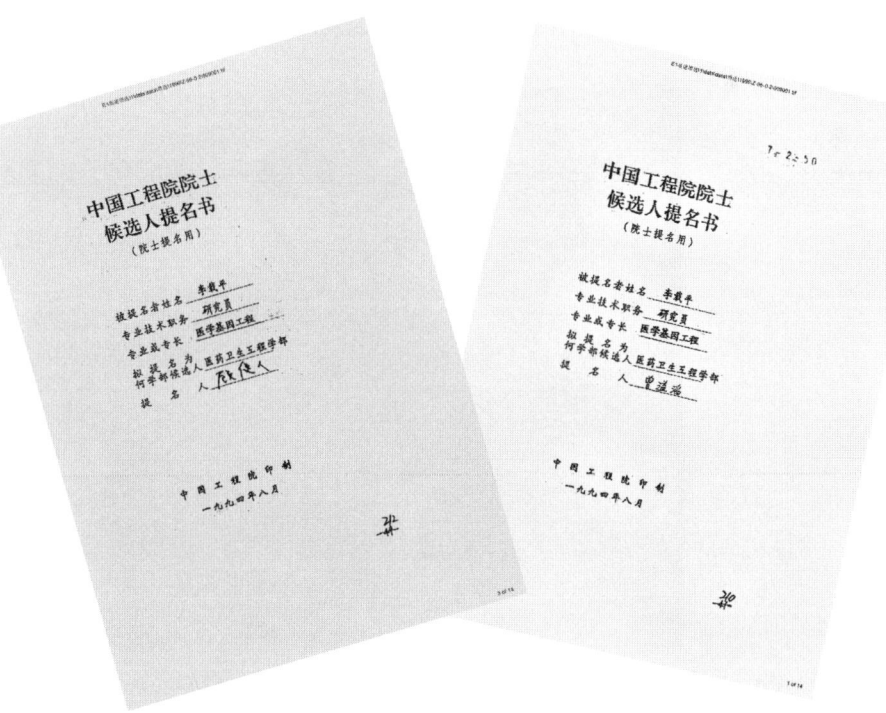

顾健人院士的提名书　　　曾溢滔院士的提名书

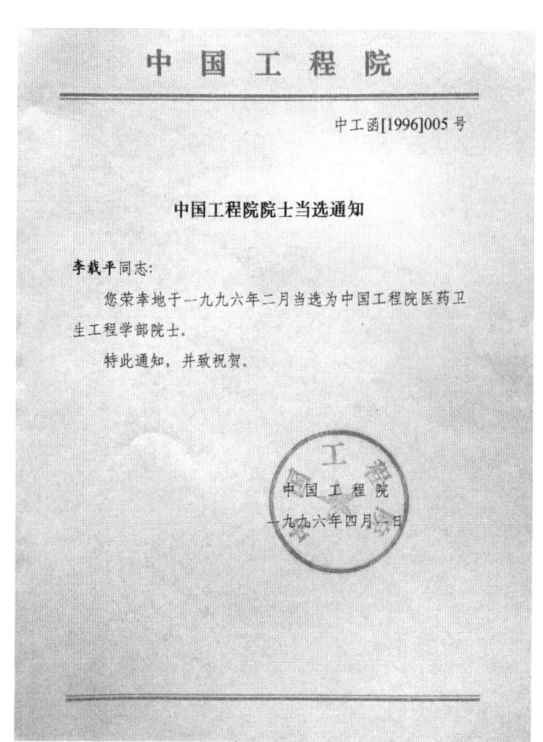

院士当选通知

1997年春节，李载平（左）给王应睐先生（右）拜年。中为戚正武

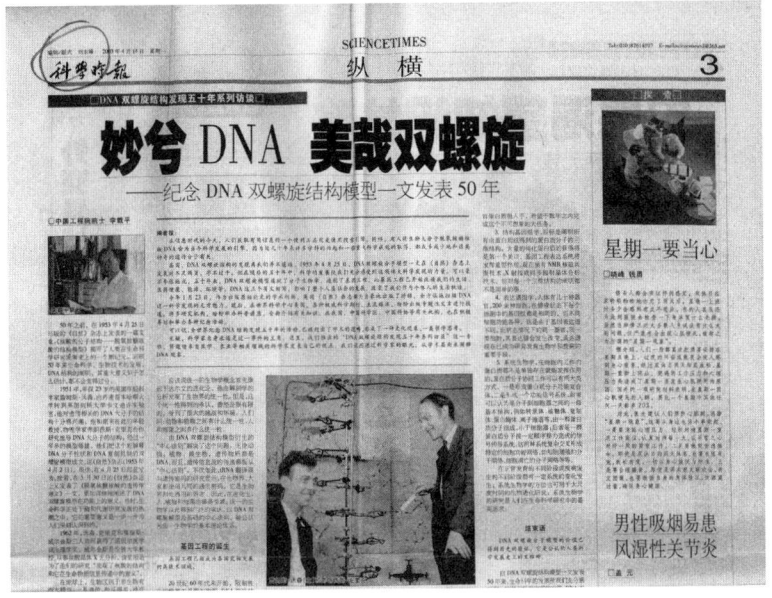

2003年4月14日《科学时报》刊登李载平署名文章

李载平（左四）参加生命科学院2011年院士恳谈会

上海生化与细胞所的院士墙（潘真/摄）

"珍奥核酸事件"中被利用炒作

谁知,没过几年,就发生了一起用院士来炒作的事,轰动一时。无辜被利用的院士,竟是李载平。

2001年1月5日,《光明日报》发表新闻报道《让生命核酸造福人类——记我国著名基因科学家、大连医科大学博士生导师崔秀云教授》。文中有这样一段话:"崔教授带领研究人员日夜攻关,在中国首先进行核酸应用于人体的研究,终于通过实验证实外源DNA对人体新陈代谢的促进作用,找到了用基因延缓衰老,使人健康、年轻的秘诀,并掌握了最先进的核酸提取技术。采用这项技术提取的核酸纯度更高,与人体同源性更好,更容易被人体吸收,是核酸中的'极品'。成果一经公布,立即受到国内外专家的一致关注和高度评价。中国工程院院士、中国基因研究先行者之一、中国科学院上海生化研究所的李载平教授评价说:这是一项对人类做出重大贡献的发现!"

这天的《光明日报》,可谓"一石激起千层浪"。李载平感到莫名其妙,他和这个"著名基因科学家"崔某根本没有任何业务来往,怎么可能为她的所谓成果背书呢?很多同行也对被此人吹嘘得花好稻好的"核酸营养"深表怀疑。众多消费者却被误导得慷慨解囊,大家都相信院士的评价呀!

"打假斗士"方舟子迅速在他的"新语丝网站"发表《新的商业骗局和新的"基因皇后"》一文,对李载平极尽讽刺:"为这种江湖骗子抬轿的中国工程院院士、中国科学院上海生化研究所的李载平教授……"

此文发表后，李载平的学生们坐不住了，纷纷出面为老师叫屈。方舟子于是又作一文《答李载平院士的学生们》：

"根据《光明日报》的报道，李载平院士赞扬核酸营养'是一项对人类做出重大贡献的发现'，也即李院士的名声被用来推销核酸营养这一大骗局。至于这是否代表了李院士的意愿，作为普通读者，我们不知道。我们所知道的是，不管李院士的意愿如何，都已造成了李院士帮助推销骗局的客观效果。

"如果报道无误，那么李院士要么是个生化的大外行，要么是昧着良心说假话。但李院士跟于若木等的背景可不一样，他们还能说是因外行而被蒙骗，李院士能做到生化方面的院士，能说是大外行？只能说是昧着良心说假话……"

事实上，在第二篇方文发表前，李载平已撰《致光明日报社的一封公开信》，并分别抄送了崔某和方舟子——

光明日报编辑部：

贵报一向在我的心目中具有较高的地位。可是2001年1月5日贵报所刊载的署名为邓太焱的文章中，竟对我作了无中生有的、不负责任的报道。报纸应该讲真话，不能凭空捏造。邓文中讲："……在中国首先进行核酸应用于人体的研究，终于通过实验证实外源DNA对人体新陈代谢的促进作用，找到了用基因延缓衰老，使人健康、年轻的秘诀，并掌握了最先进的核酸提取技术。采用这项技术提取的核酸纯度更高，与人体同源性更好，更容易被人体吸收，是核酸中的'极品'。成果一经公布，立即受到国内外专家的一致关注和高度评价。中国工程院院士、中国基因研究先行者之一、中国科学院上海生化研究所的李载平教授评价说：这是一项对人类作出重大贡献的发现！"

事实上，我从未在任何时间、任何地点、任何场合，看过或评价过此项成果。我不知此项成果是什么，更无从有幸表态'这是一项对人类作出重大贡献的发现'。借此机会我想讲清楚，我没有看到过什么口服核酸会延缓衰老，使人年轻的科学材料。

我希望贵刊对此事进行查实，并尽快在贵报刊出此信，作出说明。

此致

敬礼

李载平

2001年1月12日

方舟子也许没有及时收到抄送给他的这封信。在第二篇文章发表后，他才公开向李载平道歉，但并没按承诺删除那两篇文章中攻击性的语句。

生物学家饶毅评论此事："显然是误解。李载平老师是我尊重的科学家。我既尊重李老师的科学，也尊重李老师的品格。"他写了《不要把有限的收入投入到无限的无益的营养保健品中去》一文，"我自己的背景是研究神经系统的分子生物学和细胞生物学，对核酸和脑功能都有了解。'珍奥核酸'的说明书号称他们的核酸可以'显著改善脑机能'，我想我可以说自己对脑的了解比这些厂商要多，我认为这是不太可能的。厂商就是不说出什么'脑机能'，也不能逃脱广告不实的责任。附带提到，我们研究神经系统的人都知道，世界上科学家对脑和智力的了解还不够，不足以推出提高智力的药物。"

这年3月1日，Nature（《自然》）刊登评论中国科技现状的文章"China's hopes and hypes"（《中国的希望与炒作》），提到中国的"核酸营养"。虽然没有正面批评"核酸营养"，但标题已明示了对它的不屑。

3月6日，诺贝尔奖得主沃森发信给新语丝网站，否认核酸有营养功能。①

另外三名诺贝尔奖得主——美国的戴维·巴尔的摩（David

---

① 《诺贝尔奖获得者沃森来函否认"核酸营养"》，新语丝，2001年3月6日。

Baltimore)、保罗·伯格(Paul Berg)和瑞士的沃纳·阿尔伯(Werner Arber),也先后在不同场合表示核酸没有营养价值,并表示中国厂商把他们的肖像用于"核酸营养"的宣传未征得同意。共有38位诺贝尔奖得主,被利用来为"珍奥"产品营销。

……………

当一切尘埃落定,采访中被问及对方舟子的看法,李载平大度地说:"应该打假,当今社会造假猖獗,需要方舟子这样的人。"那些侮辱性的不当措辞,被大科学家一笑置之。

最大的满足是不断给自己出题

李载平遇见过一位很棒的音乐老师,大名曹试甘。为什么取这个名字呢?据说因为他想在生活和事业中寻找甘甜的东西,寻找美好。这是给他留下印象最深的小学老师。曹老师绝对可以称得上才子,不仅会唱歌,还能拉小提琴、吹笛子、弹钢琴,什么都行,简直是通才。令北师附小师生最难忘的,是曹老师在学校操场上创作沙雕。沙雕是一点一点建起来的,是一个漂亮姑娘的形象,一时间,牵动了全校师生的心。大家见了面,会相互打听:曹老师的沙雕建得怎样了?这成为师生们心中的一件大事。后来不知是谁把她给破坏了,许多女同学都哭了,因为那是全校师生付诸心血、表达对美好生活追求的一个精神载体啊!曹老师后来到北师大去教音乐了。前些年,李载平还在网上搜了搜,发现曹老师过世后,他的学生集体给老师出了一本书《一代名师曹试甘》。

试甘、试甘,不知有多少听过曹老师课的学生,日后在生活和事业寻找到甘甜美好。至少,李载平是其中突出的一个。超过60年的科研人生，在外人看来也许是一场寂寞的长跑，而他却乐在其中，一路享不尽的成就感。

"我的一生一直比较顺利。对我来说，最大的满足就是不断给自己出题。如果不知道自己应该做什么，我反而不知所措。"

1978年，在杭州开了"文革"后第一次全国生化会议。终于可以回归科研了，大家都很兴奋。当时相对年轻的李载平和张友尚，被吸收为中国生化学会的常务理事。

生化学会在那个阶段，对中国生命科学的发展起到了非常大的作用。因为生化本身就是生物学与化学交叉的，而且还用很多物理学的方法，在诺贝尔奖项目中跟生物学有关的，好多跟化学或物理也有关。超离心机的发现对于测定分子量起到了很大的作用，电泳技术的运用也起到了很大的作用。在生命科学里，生化正好处在一个跟物理、化学交叉的地位，当然，其他的生命科学学科也会有交叉，不过交叉机会最多的还是生物化学，在生命科学发展中起到了带头学科的作用。生物化学那些年受到了重视，相比之下，李载平感到在北大医学院生化科做助教的时候，医学院里最受重视的是病理，生化虽然很重要，但是他们埋怨它一直不受重视。不过后来，生化也被认为是基础医学发展的一个很重要的学科了。生化学会在其中起到了很大的促进作用。

李载平这个常务理事，组织了基因分会，搞过一系列的学术活动。他还参加了谈家桢先生组织的遗传学会的活动，担任了多届副理事长。中国遗传学会的主要队伍，过去是搞农业育种的，随着生化和基因分子遗传生物学的发展，慢慢变成农学的和医学的。农业遗传学和医学遗传学是两大主力，基础遗传学当然是中间不可缺少的基本力量。

老师辈的谈先生，对新的东西也很敏感，值得学习。参加遗传学会的活动，接触了许多原来不熟悉的科学家和领域，对李载平的科学思想有很大的帮助，他认识到生物学已经发展到一个新的阶段——统一的生物学。

在某次科学会议上，他专门阐述了"统一的生物学"这个概念：

过去的生物学，大家虽然都是搞生物学的，但是"老死不相往来"，没有共同语言，搞植物的和搞微生物的关心的是分类、形态，跟搞生理生化的不搭界。自从分子生物学出现后，整个生物学才有了一个核心的理论系统，就是说生命的延续是由遗传物质传递的。遗传物质的表达决定了细胞的性状，细胞的性状的活动构成了不同的个体。这一套理论，基于近代的基因的理念、基因工程的技术。所有搞生物学的人，都必须从基因的结构、功能的基本角度去认知问题、分析问题、研究问题和解决问题。这个时候，大家才有了共同语言，都从基因分子的角度来考虑生命活动的规律，掌握或利用这个规律研究相关的应用。搞医学的、搞遗传病的需要考虑基因的问题，搞肿瘤的也需要考虑基因的问题，搞疫苗的需要考虑病毒的基因问题、细菌的基因问题，搞植物的需要考虑怎样增产的基因问题，大米好不好吃跟淀粉的结构有很大的关系呢！这样的话，大家就在一个共同的学术理念系统里工作。到20世纪七八十年代，形成了统一的生物学。统一的生物学的出现，跟对基因的认识和基因工程的出现密不可分。基因工程很重要，不是说说的，而是可以做出来给你看的，可以分离出来给你看它的结构是怎么回事，可以由实验验证的。所以，统一的生物学的出现是科学界了不起的一件大事。

特别重要的是，到了21世纪，数、理、化、天、地、生各门课里，第一可能要数生命科学。统一生物学的出现，才造就了生命科学处于领先地位。现在，能源短缺希望靠生物能源来解决，太阳能的利用也希望靠光合作用或光合作用模拟来解决。环境污染，很难让某种机械的处理或者化学的处理顾及每个角落，可能也需要用生物学的办法来解决，假如有合适的生物如蚂蚁、细菌能够帮助清理环境，就可以每个角落都清理到。另外，现在设想的生物计算机可以小得不得了，却拥有很强的信息量和功能。这种设想值得研究，有很多人正在探索。所以，生命科学应该会有很惊人的进步。

现在好多问题人类还没办法，假如能够靠生命科学的进展想出办法的话，都会出现新的局面。譬如，中国在1960年引进了水葫芦。在干校养猪时，饲料匮乏，就养水葫芦，捞水葫芦喂猪，还以为这是解决饲料的好办法。实际上，当时已经发现这是一个很难的课题。虽然劳动力不花钱，可水葫芦好不容易从水里捞上来，累得够呛，实际上真正有营养的固体成分也就百分之二吧，百分之九十几都是水，有用的东西极有限。1983年，他去泰国，看到湄公河上大片的水葫芦。泰国朋友说，没办法，生物污染，这是一个错误。到现在，水葫芦也是两难的问题，黄浦江为了清除水葫芦的污染，花了不少钱和人力才维持现在这样干净的水面。不过，水葫芦的光合作用很强，到底还是很吸引人的。21世纪应该会有好的办法，利用水葫芦的植物光合作用解决能源问题。

就这样，李载平不断给自己出题，思考着如何解题，造福人类。他说："想改变客观规律是不成的，而技术是可以创造的，了解了客观规律以后，就可以利用它做出一些东西来。"

1993年，他还担任了中国生物工程学会常务理事。这个学会很有活力，做了不少工作，推动生物工程的产业化。"不过一到产业化，就变成了很复杂的问题，不光是科学技术能力的问题，还有管理和进入社会的问题。一进入社会就复杂得不得了，因为有很多利益相关的因素牵制着。所以，不是光有好的技术就能够造福社会，还需要有好的社会环境条件。"这么说的时候，他是否想起了科研成果产业化中的种种乱象？

造福人类，对于胸怀使命感的科学家而言，该是人生的终极目标吧。

李载平最近谈到，很多病是基因病，身体各种活动都离不开各种基因。"所以，我越来越觉得，自己做的这些是很有意义的事情。"

1978年,杭州九溪,中国生化学会"文革"后第一次活动,李载平(后排右三)与王应睐(前排左三)、曹天钦(后排左一)、邹承鲁(后排左三)、王德宝(后排右四)、张友尚(后排左五)等在一起

1996年5月，李载平（左）与王应睐

他面带成就感十足的微笑说，"基因元件的结构功能研究，是我们永恒的追求。"

前一阵，从微信上看到，美国食品药品监督管理局（Food and Drug Administration，FDA）批准PD-1为治疗肿瘤等的新药，他马上想起，几年前，PD-1作为治疗某些肺癌的药已获批准。此前，FDA一直是依据癌症的发病部位（如肺癌、乳腺癌）来批准治疗方法的。这是第一次，基于肿瘤生物标志物而不是肿瘤原始位置，批准了一种新药。

PD-1是与基因有关的药。从原理上看，人体内有好多不同的基因，有的细胞这个基因不好那个基因不好，现在还不清楚，如果研究清楚了，治疗手段就多了。而今，FDA批准PD-1为治疗肿瘤等的新药，却告诉我们：这个基因不好，得治，这药是抗体，让它作为靶子，跟它结合，治它。"药还可以是这样的！这是医学上一个新的概念的突破！其中有更深的道理，所以，特别引人注意。"李载平为抗癌史上这个重要的首次而欣慰不已。

第七章
大科学家的科学发展观

虽然事业发达，但李载平不是"两耳不闻窗外事，一心只读圣贤书"的书呆子。数十年如一日醉心于科研之余，他热爱生活，对于新时代层出不穷的新鲜事，比很多年轻人都好奇。

就说微信吧，他注册得比学生早，与三五老友微来微去，不亦乐乎。即使在病床上，他还通过移动终端，关注天下大事、业内新闻，丝毫不见与社会脱节的疏离感。真可谓"风声雨声读书声声声入耳，家事国事天下事事事关心"！

对一些热点问题，他都有自己的思考和高见。

克隆人的伦理困境

上世纪末，李载平写过一篇文章《人类将能活到200岁》[①]。对于人类的未来，他是乐观的。"科学发展太快了，我现在还相信人能活到200岁！你看现在人的平均寿命一下子提高很多。以前是传染病影响人的寿命，当然传染病至今还没有完全解决；现在是慢性病影响人的寿命。现在有分子生物学3P治疗，即预防性（Preventive）、预测性（Predictive）和个体化治疗（Personalized）。原来觉得个体化治疗是很遥远的事情，现在做人的全基因检测都很普遍了。好多过去不知道的病，现在发现和治疗得很快。"

但他同时还说："人类总是在进化，可是靠着DNA进化起的作

[①] 此文后被收入《你了解自己吗》，科学普及出版社，2000年1月。

用很小，速度太慢太慢；更大的进化，主要靠科研和教育。中国要得到更好的发展，人文科学一定要跟上。"

这话是由关于克隆人伦理困境的探讨引起的。

在接受媒体采访时，他先是肯定了克隆技术的好处。克隆技术早就应用于植物方面，继而通过胚胎细胞也克隆过青蛙、兔子和羊。英国科学家伊恩·威尔莫特（Ian Wilmut）克隆的"多利"绵羊之所以引起全世界轰动，是因为"多利"在克隆过程中不是取自胚胎细胞（克隆的是后代），而是取自乳腺组织细胞（克隆的是自己，即复制）。取自体细胞的克隆成功是生物工程学的一个重大发展。它可以用来大量繁殖许多有价值的基因工程蛋白，如生产出治疗糖尿病的胰岛素、使侏儒症患者重新长高的生长激素、能抗多种病毒感染的干扰素等。在人体基因被大量克隆时，微生物大量地生产出人们所需要的名贵药品。再如，医生从一位75%皮肤被烧伤的美国妇女身上取下一小块未损坏的皮肤，送到生化科研公司，利用克隆技术培植出一大块健康的皮肤，使患者迅速痊愈。从这个原理上来讲，克隆高级动物的技术障碍已经扫除，克隆人不再是一种幻想。[1]

但是，他态度明确地反对克隆人。他认为，一个人无性繁殖的后代虽然携带有此人的 DNA，但因其生长的环境、接受的教育等诸多不同，绝不会成为同一个人、同一个心灵。[2] 要克隆人的想法，无非建立在两种思路的基础上：一是有些很优秀的人，想克隆出同样优秀的人。不过，现在大家都追求平等，因此这种想法也就慢慢变淡了。二是一些有权势的人，想克隆自己。这只是他们炫耀性的自我选择，但这种想法从人文角度来讲是没有任何可欣赏价值的。"科学非常了不起，前景无限。"他说，"人类文明出现以前，进化是最重要的；人类文明出现以后，人类的进化是在科学与人文的两种文化理念基础上发展的。人文理念相当重要。忽视人文作用，一味

---

[1] Gene Therapy Creates Replacement Skin to Save a Dying Boy, *The New York Times*, 2017.11.8.
[2] 钱勤发《克隆人大逆不道——访李载平院士》，《新民晚报》，1997 年 3 月 15 日。

强调科学作用,会使人类走向斜路。"

他举例:第二次世界大战前的德国,科学发展很迅速,还研制导弹,但是科学还是会为人类服务的。"二战"结束后,美国从德国得到的"头号战利品"是挖走了一大批科学家。如果那些人才为纳粹服务的话,后果不堪设想。所以,人文因素是非常重要的。

至于有人梦想克隆出一个爱因斯坦,他的意见有点出人意料:要相信,以后可能会出现很多爱因斯坦,还可能出现比爱因斯坦更聪明的人。聪明的人会有很多,但是能够得到很好发展机会的人却不多。"虽然我知道我不是最聪明的,但是我仍然得到了很多机会,能够做自己想做的事情,对中国的基因研究事业起到一点作用。我觉得自己是很幸福的,我非常满意。"

这个角度有意思,把"你幸福吗"也一并回答了。

没有批判精神,人类不会进步

在屠呦呦得诺贝尔奖之前,李载平被问及中国人有没有可能获得科学方面的诺奖,给出的答案是肯定的:"我想会有的,中国人很聪明。美国有个统计,华裔在美国人口中占百分之二,可在科学技术上的贡献占了百分之十以上!"

他觉得,"钱学森之问"[①] 不是随随便便问出这个问题的,钱老

[①] 2005年,温家宝总理看望科学家钱学森。钱老感慨:"这么多年培养的学生,还没有哪一个的学术成就能够跟民国时期培养的大师相比!"又发问:"为什么我们的学校总是培养不出杰出的人才?""钱学森之问"是关于中国教育事业发展的一道艰深命题,需要整个教育界乃至社会各界共同破解。2010年,温家宝到北京大学与同学们共度"五四"青年节。一名学生提出"如何理解钱学森关于中国大学为什么培养不出杰出人才的问题"。温家宝说:"钱学森之问对我们是个很大的刺痛,也是很大的鞭策。"他认为:大学改革要为学生创造独立思考、勇于创新的环境。大学还是应该由懂教育的人来办。教育家办教育不是干一阵子,而是干一辈子。大学还应该逐步改变行政化,按照教育规律办学。大学应该以教学为中心,使学生德智体美全面发展。

已经深思熟虑了，有了种种答案，可是觉得假如作为一个意见讲出来比较难，还是以提问的方式来提醒大家注意。

"知识分子有个特点——总不满足，总要挑毛病，这个东西看着已经不错了，他还要千方百计挑毛病。文雅的说法，叫有批判精神。"他指出，应该充分发挥知识分子的批判精神，"人类为什么会进步？人如果不会挑毛病，就进步不了。或者只能等人家进一步，我们跟一步。"他直言，我们改革开放这些年的进步，多少还处于跟在发达国家后面的性质。要创新的话，就得有批判精神，批判精神是知识分子特有的素质。

这就说到了中国科技的出路。

"改革开放这些年，生产上的进步和科技上的进步，还是不容忽视的。但想要赶上西方的话，出路就是百花齐放、百家争鸣。"李载平说，中国的历史实际上也说明了这一点。中国人一讲自己的历史，有孔子、有孟子、有荀子、有墨子、有庄子、有老子，有种种的思想，讲来讲去，讲了几千年，这些好多都还是春秋战国时百花齐放、百家争鸣催生的成果。所以，这个经验一直在我们的文化发展里，也告诉我们百花齐放、百家争鸣是科学技术发展的必由之路。而说我们还处在向西方学习的阶段，并不是说我们看了国外有什么优点，就觉得国内的就不行了。"大家可以比赛吧，可以争辩吧。传统的东西讲得有道理我们还是要继续保持，没有道理大家可能就不愿意接受它。但少数人坚持就让他们坚持嘛，也没有什么了不起。"

就拿科学技术的发展来看吧。要知道，科学和技术是不一样的，技术是为眼下的生产提供支持；科学呢，则是先走一步，研究事情尖端的内在规律，然后在这基础之上，能够让人更聪明，人更聪明以后就会有更好的技术。现在慢慢有条件了，我们比较重视科学、重视创新了。

他认为，创新需要有开创性的思维，不是照猫画虎。拿生物医学来讲，譬如你说某一种病跟一个基因的变化有关系，大家觉得这是一个新的见解。这个结果可靠吗？用肿瘤细胞跟正常细胞来比较，证明确实是不一样的。可是在整体里是不是这个样子的呢？要在动物上做实验来比较一下，证明这个概念的确如此，这个结果才被认为是可靠而有价值的。然后，更有价值的就是到临床上去，相关的疾病在临床上确实有这样的变化，说明这不是在你的实验室里试管里的变化，在病人的身体里确实是这样的一个因素在起作用，那这个结果就被认为价值更大。假如再进一步，有一种药物能够调节这个基因，把病治好了，那价值就更大了。所以，在某种程度上，重视应用性研究是有道理的。"不要忽视对看起来没有道理的东西的支持，就是要鼓励自由研究，给自由研究一个空间。"

参加"千人计划"评审时，他看见有个评审对象说的研究目标：水稻碰到干旱以后，干旱的条件会给水稻的基因组一个压力，使其发生某种适应性的改变。要研究的就是这种改变，希望能够有抗旱能力更强的水稻。他眼前一亮，这比其他一般的想法更新，挺有想象力的。基因组会不会因为外来的生活压力的影响而改变呢？不知道。当然从进化的角度来讲，随机的改变永远不停地在发生，其中有个别的适应性强的"适者生存"，留下来了。不知道这位申请者研究的目的是不是如此——要对水稻加以训练，让水稻更抗旱。他对这个特别的计划，表示了支持。

由此，他想到在 PNAS[①] 上读到过的一个研究，更有意思。说在猴子群里面有不同的等级，猴王最厉害，什么东西都是它优先享用，然后它比较宠爱的猴子容易受到优待，还有些不受待见的在猴群里就很苦。说这个猴子在猴群里的社会地位会影响它的基因表达，基因组的传递过程或结果会受影响。

---

① *Proceedings of the National Academy of Sciences of the United States of America*（《美国科学院院报》）的缩写。美国国家科学院院刊，百年经典期刊，公认的世界四大名刊（*Cell*、*Nature*、*Science*、*PNAS*）之一。自1914年创刊至今，*PNAS* 提供具有高水平的前沿研究报告、学术评论、学科回顾及前瞻、学术论文以及美国国家科学学会学术动态的报道和出版。*PNAS* 收录的文献涵盖医学、化学、生物、物理、大气科学、生态学和社会科学，2014年最新发布的影响因子为9.803，特征因子（Eigenfactor）为1.6033（2011）。

"这个研究看上去也很有挑战传统的意义。不同的社会地位会影响猴子的基因表达，那么人的社会地位不同会不会有类似影响？我不知道是否合理，但是我想应该给予研究的空间和支持，还是那句话——百花齐放、百家争鸣。多给一些不同的研究以不同的发展空间，给新的和古老的研究都提供上场比赛的场地。"

呼吁大力开发生物学宝藏

李载平曾接受《世界科学》杂志的长篇访谈，从自身的科研体会出发，比较系统地谈了多年来对于开发生物学宝藏的思考。20年前的见解，今天读来仍有警示作用。[①]

他首先再次强调基础研究之于应用研究的不可或缺。应用研究假如没有基础研究支持，就没有后劲，这个道理已成为许多人的共识。但现在谈到科技发展，一些马上能见效的技术或项目往往容易受重视，而明天或者后天才能起作用的研究工作往往得不到相应的重视。可是，那些问题到了明天、后天需要时，再从头抓起的话，就可能晚了一步。现在整个国家经济的发展形势见好，高新技术企业的产值不断攀升，对基础研究的规划和稳定支持应该提到议事日程上来了。中国要想真正成为科技强国，必须要有自己独立的科技体系，在工业上要有独立的设计能力和创新能力。没有这些，说要屹立于世界强国之林，恐怕只能停留在良好的愿望。而基础研究对于提升这些能力是必不可少的。现在很多生物医学的新发展，实际上都是基础研究与应用研究密切结合的产物。

---

① 江世亮、朱泽民《我们怎么来开发生物学宝藏——李载平院士访谈录》，《世界科学》，1997年第9期。

然后，他以自己领导的实验室为例。当时的一项应用研究工作是用大肠杆菌表达系统来做基因工程药物。大肠杆菌系统国内外应用得很多，但都是用包涵体系统，即只让产物在细胞里表达，形成包涵体。在这个包涵体里，许多蛋白质分子缠在一起，打开后蛋白质分子的结构都要重新调整，有些蛋白质分子能调整得与原先的活性结构很相似，甚至完全一样，那它就恢复了原来的活性；而那些不能恢复到原先空间结构的，其功能就大受影响。所以，这种包涵体系统的技术路线虽然简单易行、产量很高，但生物活性并不理想。他实验室采用分泌的表达系统，就没有这种问题，让蛋白质的分子在细胞内表达后一个一个分泌到细胞外，每一个都有天然活性的空间结构，一个顶一个。之所以能达到这一步，是基于对细胞分泌表达分子机制的了解。所以说，高技术一定要有基础研究的支持。他们已用分泌表达系统来表达人的 EGF 和人粒细胞—吞噬细胞集落刺激因子（GM-CSF），得率都很高，而且产品的生物活性比外国公司的要高出好多倍。这表明，科学是不断前进的，只要有好的思路方法，有相应的分子机制的思考，就可以得到高的回报。如果只满足于人家做什么我也做什么，那就跳不出人家的圈子。而如果肯在基础研究上下功夫，相应地在技术上总能得到一些回报。在当今的世界高科技竞争中，谁若想领先一步，就必须先要在基础研究上前进一步，这样才能在技术上前进一步。遗憾的是，现在 GM-CSF 在国内销售较多的却是外国公司的产品，是用包涵体系统生产的。

新药开发实际上基于两方面的努力：一是在药物的技术上要创新突破。就像大肠杆菌分泌表达系统，有自己的特色。曾溢滔院士的乳腺表达系统也是世界上大家重视的一个新的技术系统，它表达的东西可能不是新的，但利用该系统就能达到前所未有的效率。比如说，人血清白蛋白原先都是从人血中得到的，现在由于人血污染严重，人们对血源产品避之唯恐不及，就想到基因工程。用通常的基因技术做血清白蛋白既容易又很难，即要做出样品来很容易；但要做得那么大量、那么便宜，能与血浆产品相竞争，很不容易。现在就寄希望于乳腺生物反应器，能做到千克的规模。有人估算过，我国人血清白蛋白这一产品的年需求量在百吨以上。要满足这么大的需求，选择合适的技术路线挺重要的。乳腺生物反应器是一个好的选择。李载平实验室早在1970年代末，就开始尝试建立昆虫病毒的表达系统。如中国蚕很多、很便宜且生活周期短，他们已能在蚕里成功表达多种东西。一条蚕可以提供2至3毫克的产品，这是很高的回报了。从进化角度看，蚕远比大肠杆菌高级，所以在大肠杆菌中不能有效表达的产物，在蚕中可以顺利表达。新药开发的另一条重要思路是要抓住新的能做药物的基因。这是很根本的一条路，也是现在人类基因组研究如此受世界各大药厂青睐、肯投上亿美元的原因所在。现在估计人体内约有10万个基因，而人类已知的至多只有大约6000个，其中真正了解得比较清楚一点的大概只有3000个，还有9万个基因的情况一无所知。人体可能患有各种疾病，还有许许多多的基因可开发作为药物，这方面的潜力、机会和市场几乎是无限的。

  20多年前，李载平就呼吁国内要重视基因药物开发工作了。他曾以肥胖基因为例，说明一个真正具有治疗作用的基因药物，即使还未形成产品，就已为各大药厂看好，投资上千万美元。当时，肥胖基因的生物功能和如何作为药物还在研究之中，不是马上就能得到应用的，但他认为，抓有苗头的新基因仍不失为新药研究的热点。他知道，有两家美国生物医药公司就一个名为"OP-1"的基因达成协议，共同开发。"OP-1"与骨头生长、肾脏功能都有关。其中一家公司为获得这一基因药物开发的一半使用权，支付了数百万美元，并愿投入上千万美元进行研究开发。"OP-1"是一个很突出的例子，表明对一个新药的开发一旦看到苗头，大家就会把力量放上去。他实验室的一名博士生，后来到哈佛大学工作，发现了与骨质疏松有关的基因，如能找到一种特殊的拮抗或抑制剂，就可能控制骨质疏松，这将为成千上万的患者带来福音。诸如此类的发现，都有很重要的前景。

1990年代中期，生物学的一个重要进展是把酵母的整个基因组DNA全顺序测出来了，一共有6000个基因，其中近一半是原来不知道的。即使这么一个很简单的、我们原先一直以为了解得很透彻的生物体里，还有那么多不知道的东西。由此提出，我们不仅要了解更多的未知基因，而且可能更重要的是了解整个基因组怎样工作，这也是生物学基础研究的新课题。譬如，大家都知道人的细胞具有全息性，就是说每一个细胞都有同样的信息。然而对一个具体细胞来说，每个全息的细胞基因组并不是按统一的模式工作的。全息的这套基因组，有些成为乳腺细胞，有些成为肌肉细胞，有些则成为肝脏细胞了。李载平提醒大家注意，研究基因组的工作程序成为以后基因研究的重要课题，现在就可以着手做这件事。多利羊的一个重要贡献也与此有关，把乳腺细胞拿出来培养，然后把细胞核取出转到去掉核的卵里去。克隆羊就是把羊的一个乳腺细胞的细胞核取出来，利用它的全套信息最终产生出一只完整的羊。克隆羊的试验为什么成功率不高，时常失败呢？现在发现那些挨饿的细胞容易成功。细胞在培养过程中，总是处于某个分裂周期里，一饿就要脱离分裂周期，到旁边休息去（即处于G_0期）。移植细胞最好在G_0期，也就是说，若让待移植细胞脱离细胞分裂周期，这时的核移植成功率是较高的。所以，研究整个基因组的工作程序、工作状态，将是生物学基础研究的一个很大的课题。发现很多具体的新基因是一方面，另一方面还要知道基因组是怎样工作的，实际上也就是要了解基因组的结构功能问题。原来总以为基因组的结构功能问题太复杂，但现在随着如酵母这样的生物的整个基因组的DNA顺序都搞清楚了，基因组工作程序的研究已经成为生物学的重大研究任务了。我们现在已经知道，人的很多脏器细胞内工作的基因只有10%左右，而90%的基因是不工作的。在不同的细胞里，基因组里那么多个基因如何来控制谁工作、谁不工作呢？基因组如何工作的问题若能解决，不少疑难疾病将得到根治。例如病毒病，有些病毒会钻到染色体基因组里去，如反转录病毒、乙肝病毒，若让它进去后不起作用，细胞仍可正常生活。这方面的发展，无疑对未来生物医学的发展起着举足轻重的作用。

对于本专业的前景，李载平一直非常乐观。他说，现在生物学在整个理科中已占半壁江山。Nature、Science这样一流的杂志并不拒绝其他自然学科的文章，但最终发表的大多仍是生物学方面的文章。PNAS主要的文章，也是生物学方面的。美国科学院院士的名单中，生物学家是最多的。这些都表明，生物世界是生命物质长期进化的宝藏，新的科研发现不断出来，相对于其他学科，生物学正处在一个爆炸性发展的活跃期。因为很明显，现在许多综合性的大问题，如环境问题、资源问题、人口问题的解决，都有赖于生物学的参与。成都机场周围的人烧麦秆，造成烟雾弥漫，飞机停飞。实际上，麦秆是一种很有用的东西。靠生物技术来改善、提高环境质量是一个大课题。国际上DNA研究的一个很重大的进展，就是发展了DNA芯片，可以在很小的一个芯片上完成上万个点的检测。而原来做这种检测，一次只能做有限的点数。这一新技术的冲击，若我们不能跨越过去的话，日后人家能处理那么大量的数据，而我们只能做这么一点点工作，没法比。国外在这方面努力了好多年，他们搞芯片的人和搞DNA合成的人结合起来，这个进展很厉害，对日后一系列的基础研究、应用研究都产生了重大影响。

"真正的现代化是买不来的，跟也是跟不来的。"他认为，没有自己的设计能力、创新能力，搞现代化就永远落后一步。现代化究竟应该是怎样的？当然可能有各种评价标准，但我们至少知道，这里面不能没有科学，不能没有基础研究，不能没有创新和自主设计的能力。

1995年，美国加州

为"安、钻、迷"创造条件吧

为"中国要在2020年建成创新型国家"忧心忡忡的汪品先院士，写公开信发问："创新障碍在哪里？"2011年1月9日的《文汇报》以此为题，在全社会发起了一场大讨论。

李载平院士应约撰文参与讨论，呼吁重视各个领域的创新能手——

我想起中国科学院老院长张劲夫当年对我们的号召："安、钻、迷。"各个领域都需要在第一线有一大群的"安、钻、迷"——安心、钻研、入迷。提出新设想，设计新实验，求真知，得到突破创新的知识、技术。

实际上，人类至今的科学技术成就，都是无数"安、钻、迷"们的伟大贡献。20世纪末开始的人类基因组DNA测序的设想，曾经被认为是难以想象的大工程，但通过10年时间、30亿美元经费支持和大量的研究，终于实现了突破。当时依靠的DNA测序仪，已经设计得十分精确、自动化。但是，此后为了更有效地获取生物遗传信息测序，"安、钻、迷"们还是不满意，不断创新、实验。在又一个10年之间，DNA测序效率不断建立新纪录，并行、高通量等新技术使一个人的基因组测序费用只要30万美元即可完成。目前，新一轮研究正朝着3万美元或更低的费用这一目标前进。

现在由于"安、钻、迷"们的努力，使我这个总把困难估计得更大些的人也相信：10年之内基因组测序可能在医学上起重大作用。提供个体基因组测序数据不再是梦想。你有什么遗传正常或缺陷？你有什么疾病易感倾向？都会有数据报告。新的预防医学和个体化治疗医学都将启动，进入常规。

我们正处在一个人类知识、科技爆发性发展的新阶段。中国是13亿人口大国，应该为人类科技和文化知识做出更大贡献。我们在各个领域都需要大量可爱的"安、钻、迷"。他们是科技创新的主力。

请为"安、钻、迷"们的萌生、培养、成长和工作创造更好的条件吧！①

其实，这家报纸早在1998年就有过相关报道：本报"促进上海高新技术产业化"的连续报道，引起社会各界的广泛关注。一批知名专家在本报和市对外文化交流协会联合召开的研讨会上提出：发展高新技术产业关键是建立创新体系和风险投资体制；同时政府要转变职能，努力培育和规范高新技术市场。研讨会上，"中国工程院院士、上海市科技功臣李载平形象地说，大家都知道黄金很贵，但一克黄金也只有一百多元人民币，而一克促红细胞生成素（erythropoietin，EPO）在国际市场的售价可达900万美元。我们现

---

① 李载平《创新需要更多的"安、钻、迷"》，《文汇报》，2011年2月21日。

在的出口仍以低附加值的产品为主,好几艘集装箱船的服装才换回一架波音747飞机。要改变这种局面,必须发展有创新性的高科技产业"。①

这些真知灼见,通过各种渠道,抵达相关决策者的案头,成为他们思考问题、解决问题的参考。

---

① 《建创新体系和风险投资体制　努力培育规范高新技术市场》,《文汇报》,1998年4月30日。

第八章
家，温馨的家

李载平和妻子崔桂芳，曾是北大的同班同学，后来又成了上海生化所的同事。两人同进同出，双双骑自行车上下班，成为岳阳路上的一道风景。

另一道风景是，他俩养育的三个儿子——李天笑、李天歌、李天剑，在不同的领域里都有所建树，同时各自拥有美好的小家庭。

再往前追溯两人的原生家庭，我们发现，优秀是一种基因，幸福也是一种基因，即使外部环境动荡不定，融在血脉里的基因也会尽力代代相承……人类由此生生不息。

"北京"男生遇见"天津"女生

李载平的父母从福州到北京，念书、结婚。父亲李庶元上的是北京政法学堂，毕业后在北洋政府的财政部工作。母亲陈淑英毕业于女子师范学校（隶属于辅仁大学），和后来的冯玉祥夫人同窗。父母生了四个孩子，李载平上面，有大姐李昭平、哥哥李匡平、二姐李慧平。[①] 排行最小的他出生次年，也就是1926年，父亲就去世了。

---

① 李昭平（1921—1992），北师大女附中毕业后，考入燕京大学。逢太平洋战争起，学校被迫关门。先后在公路局和北京图书馆工作。后与铁路桥梁工程师梁树藩结婚，育有一女一子。晚年患癌症，不治去世。

李匡平（1922—2001），1949年前参加中共外围组织"职青联"。北京解放，即奉命南下广州，接收广州银行业，路遇车祸，伤及肋骨。在广州人民银行历任十三行及中区办事处主任。后因病回北京，离休。终身未婚。酷爱古典音乐，晚年也常写些诗词。

李慧平（1924—1996），北师大女附中毕业后，先在公路局工作，后在中国科学院生物物理所图书馆工作。多年上顾顾老母，下哺育两个儿子，辛劳一生（丈夫毕可宪在外地工作）。儿子毕万里钻研分子生物学，北大毕业后赴美学习工作，后又回国创业。

父亲长什么样子，他毫无印象，只能从相片上认识。

父亲得肺结核后，清楚自己将不久于人世，所以给新生的小儿子取名"载平"，即天覆地载，殷切期望他长大后承担起家庭的重担。苦命的母亲拉扯着、呵护着四个孩子长大，艰难可想而知。

母亲也是在很小的时候失去外公的，她和小姨靠外婆独自养活。12岁上，外婆也走了，两姐妹被外叔公陈宗蕃接到北京抚养。外叔公、外叔婆对她俩特别好，所以李载平把外叔公、外叔婆当作自己的亲外公、亲外婆。有趣的是，外公娶了外婆，外叔公娶了外婆的妹妹，就是兄弟俩娶了姐妹俩，彼此关系非常融洽。外叔公对外叔婆十分专一。外叔婆对他们姐弟就像对亲外孙一样……

陈宗蕃在晚清科举中考取了最后一班进士，官至刑部额外主事。但他深受环境影响，思想比较进步，后被公费派去日本，在东京帝国大学攻读法律，同期留学、住一个宿舍的还有沈钧儒等。回国后，他先做律师，后到银行任职，收入不错。他好学、好钻研，有《燕都丛考》《淑园文存》《淑园诗存》《亲属法通论》《古今货币通论》《文学之抽象观》《新北京赋》等传世。其中，代表作《燕都丛考》凡三编，民国十九年（1930年）中华印字馆初版，注重调查考证，引各类书籍报刊200余种，包括正史野史、地方志书、私家笔记、档案文牍、碑刻资料、会典事例、诗词杂记、专题论文等，后来成为研究老北京的重要历史文献，至今还常为人引用。此书连续再版，民国年间的初版本及高清复印本在孔夫子旧书网上被高价叫卖。

2004年，北京市政协文史资料委员会编了一本《名人与老屋子》，由北京出版社出版，里面写到的米粮库胡同"淑园"，便是陈宗蕃的大宅子。

大宅子里住了很多朋友，大名鼎鼎的胡适先生就住在南屋。还没上小学的李载平跑去看胡适，"仰着头看，感觉他好高大！"当时穿了一袭灰色长袍……待到十多年以后，他成了北大学生，和同学们一起参加"反饥饿、反内战"大游行，在西斋聚集准备冲出去。

同学们情绪激动地跟胡适校长对话，校长劝大家不要冲动。他在同学中间，仰望站在长条凳上的胡校长，发现还是一袭灰色长袍，心里暗暗想"这长袍……会不会就是当年那件"。

母亲教孩子们认字，尽量提供各种便利条件让他们读书。她很希望孩子们能像父亲一样有才气，但又不过多地给压力，管教并不严厉，所以他们是在宽松的环境中成长起来的。

姐弟四人都在名校北师附小念书，李载平跟大一岁的二姐同班。北师附小的好处是宽松的教育环境、启发式的教育理念，鼓励全面发展。姐姐、哥哥比李载平用功，毕业于名校北师大女附中、育英中学，可惜后来都没有条件完成大学学业。有段时间，母亲和哥哥同时得了伤寒，因为没有抗生素，这在当时算很严重的病。两个姐姐和小弟就支撑起这个家，小弟发挥了不小的作用。家里大小事务都商量着来，商量完立马分头行动。还算幸运，母亲和哥哥的病都好了。

最小的弟弟，成了四个孩子中最幸运的。虽然读书不及姐姐、

幼年李载平（右二）与大姐、大哥、二姐在一起

哥哥用功，但李载平上的辅仁附中也是名校，考的大学更是中国第一的名校。

北大理学院是个很小的学院，有化学系、物理系、生物系、地质系、数学系，在校生总共不到 200 人。化学系和地质系算是较大的系，每班也不到 20 人。男生住的宿舍叫西斋，是清朝科举考试的地方。出门就是景山公园，环境特别好。数十年后，李载平、崔桂芳夫妇回去怀旧，发现西斋成了国家重点文物保护单位。

化学系这个班，总共才 13 名学生，分别来自上海、济南、内蒙古、天津等地，其中女生 5 名。同学之间关系融洽，没有地域界限、性别界限。

李载平自述，认识崔桂芳"是我上大学期间的一项重大收获"。他注意到这个会弹钢琴、爱打排球的高个女生。家里至今珍藏着当年的一份节目单，那是清华大学的一场音乐会，崔桂芳弹了一曲肖邦。

有一篇写崔桂芳家族的文章，说崔父"在天津创立了一个新的崔家，这个人与崔氏家族无关"。此话怎讲？

原来，崔桂芳的父亲 Percy B.Tripp 是个美国人，年轻时从哥伦比亚大学毕业不久，不远万里来到中国。晚清的中国，正提倡学洋务，请了很多外国人来教英语。Tripp 应聘当了英语老师。

清末民初，他在北洋大学堂（天津大学前身）、官立中学堂（天津三中前身）教书，后又应聘兼任南开中学英语教师（学生中有周恩来），1924 年任南开中学英文科顾问时还与夫人一起创办了天津模范英语夜校，为培养中国早期英语实用人才作出了贡献。

他入乡随俗，平时不穿西装，而穿长袍马褂，戴帽赐儿（瓜皮帽），甚至拖着假辫子；不住租界，而住华界；不坐小汽车，而坐马车、人力车去学堂上班。天津文化界没有不认识他的。他的朋友，什么层次的都有，家里来个修理工或者店员，他也能用带点口音的汉语跟人聊得上话。

官立中学堂的得意门生何清杰、何清儒兄弟,请老师到家里做客、吃中餐。对中国文化有浓厚兴趣的Tripp欣然前往。就在那个中国的中产家庭,他邂逅了男学生的妹妹何淑娴,交上了朋友。

何父何铭周在洋行做事,思想比较开放。那个时代,女人都得裹小脚,他却让自己的女儿保持天足,还让她穿着袍子马褂制服去念书。他见来了这么一个洋老师,要娶他的女儿,怕女儿给拐跑了,就要求对方留在中国。

1915年,他们结婚了。证婚人是Tripp的好友、教育家张伯苓。婚礼轰动天津,大家都去看热闹,人山人海把作为礼堂的广东会馆的大门都给堵住了。新郎从正门进不去,最后是从后胡同进的。准备的茶点都被抢光了,场面热闹得不得了。

Tripp投身天津教育事业的同时,生育了七个儿女。秋天得的三女儿,取名"崔桂芳"。然而,崔是跟谁的姓呢?"'崔伯'这个名字是我外公取的,是Tripp的谐音。"崔桂芳说,外公还给父亲起了一个号"仰西",仰望西边,表示他是从西方来的。自从娶了中国新娘子,Tripp就变成崔伯了。婚后,他申请入中国籍,获中华民国内务部出具的"归化许可执照"(批准加入中国国籍的证书),成为"华籍美人"。

崔伯与何淑娴养育的儿女约翰、莲芳、兰芳、桂芳、梅芳、莉芳、克摄,分别毕业于燕京大学、清华大学、北京大学,在各自专业领域都有所成就。[1]如今天津的旅游景点——崔伯故居(湛江路

---

[1] 崔约翰(1917—1997),毕业于燕京大学哲学系,曾被选去参加全国游泳比赛,多才多艺,会电工(家院中安装防盗报警器,上燕大时负责孙道临剧组的灯光),会木工(曾做木制展箱,分层陈列海边拣到的珍稀贝壳),小提琴拉得不错,还表演过拉锯(作为乐器),喜画油画、水彩画(燕大同学多人"订货"),中学时曾被选去参加全国游泳比赛。经抗战,经"文革",下放农村五年。老年喜摄影,自拍、自冲、自放。

崔莲芳(1919—2001),毕业于燕京大学家政系,标准优秀生。由天津中西女中免试被燕大录取,金钥匙学生。"文革"被抄家时,与母、兄一道被强制焚烧家中众多藏书。一生未婚,以家庭钢琴教师为业。

崔兰芳(1922—1988),毕业于燕京大学音乐系,性格外向,喜结交朋友。中华人民(转下页)

19号），是1927年崔伯购置的一座带地下室的二层美式花园别墅，时人称之为"崔家花园"，崔伯的后代依然在里面生活着。

却说1943年，崔桂芳报考了三所大学，都考取了。可那时她父亲生病，又不愿为日本人做事，提前退休赋闲在家。家境不好了，她想给家里省点钱，北大是国立大学，不要学杂费，所以才选择了北大。这就和李载平做了同班同学。

不过第一年，崔桂芳甚至没有注意到同班有个叫李载平的男生。因为他不大去上课，家在北京又不大住宿舍，"高兴来就来，不高兴就不来，流动性很大。"

后来才发现，班里有这么一个自由散漫的高个男生，虽然不大去上课，成绩倒不错。慢慢熟了，才知道人家翘课是为了听音乐，听古典音乐呢！他母亲每个月给孩子们每人一元零花钱，兄弟姐妹把钱攒起来都拿去买唱片。母亲特别喜欢音乐，当年的嫁妆里就有一台日本"雅马哈"脚风琴。受母亲的影响，一家人都喜欢音乐。

课余活动丰富多彩。一次，同学们准备聚餐。一高年级同学家里有做冰激凌的桶，李载平负责去借，崔桂芳说我跟你一起去，很自然就开始了交往。在他的宿舍，她看见一本书里夹着纸条："人生的目的就是追求大多数人的最大利益。"觉得这人挺有志气的。毕业欢送会，她当主持人，请他写议程，没想到他的毛笔字那么好。又发现他的艺术修养不错，除了古典音乐，还喜欢画水彩、素描，对

（接上页）共和国成立初期，参加北上工作团，与新婚丈夫赵中玉一道被分配到阜新露天煤矿，从此安家落户。不久，赵中玉因积极下矿工作，气喘病发作，治疗不当，英年早逝。她在矿上任选煤工程师。"文革"中，受粗暴对待，精神大受打击，从此阵发犯病，直至去世。

崔梅芳（1927—2022），毕业于北京协和医学院，任协和医院护士长多年。曾全家下放甘肃定西多年，后因工作需要，返京。丈夫孙燕，系肿瘤医院医生，中国工程院院士。儿女双全，四世同堂，生活美满。

崔莉芳（1930—2020），毕业于燕京大学心理系，任北京师范学院教师，"文革"中受冲击。后去美国，担任家庭钢琴教师。

崔克摄（1932—　），毕业于清华大学建筑系，先留校任教，后被分配去甘肃兰州化工总厂任工程师多年，又转至首都钢铁厂。现随女儿居住美国。天津大学出版社出版的《清华学人剪影》（马国馨著），收入崔克摄肖像及简历。

他的好感与日俱增。

抗战胜利后，那么多名教授随西南联大回迁，有个机会可以转学。崔桂芳想多吸收点营养，就填了张表，转学去了清华。清华的化学系主任高崇熙说她选的课一年念不完，她就决定再念两年。同班只有她一个人为了多学知识而转学、推迟一年毕业，不少同学就盼着快快毕业早日工作呢。

那时候，他俩已进入深交。清华远在郊外颐和园附近，北大理学院在城里，出西直门没什么公交车，每周只有一班校车，他经常骑一个多小时自行车去看她。城里有音乐会，他买了票，请她一起去听。很多人都夸奖他的声音有磁性。在上海有一次，他俩去商店买东西，店员问他："您是电影厂的配音演员吧？"可见他的声音多吸引人。"他要是去学唱歌，肯定当歌唱家了，可惜了这块料。"她说，后来，又发现他童心未泯，"你说他大大咧咧的很淳朴，但有时候能出奇兵，忽然出个好点子。说笑话，天津人讲大女婿、二女婿都很聪明，三女婿都很傻，傻三姑爷嘛。我行三，我一看他挺够格的。"

在北大理学院大礼堂的台阶上，两人初次合影，表情羞涩、内心甜蜜。对音乐的共同爱好，使这对有情人越走越近，终成眷属。化学系那个班，出了两对夫妻。另一对是毕业后一直执教于南开大学的余仲建、史慧明教授夫妇。

李载平念叨起学生时代听贝多芬的《第五交响曲》《田园交响曲》、约翰·斯特劳斯的《蓝色多瑙河》、埃米尔·瓦尔特费尔的《溜冰圆舞曲》，最爱的是肖邦的钢琴曲。家里的唱片越攒越多，有一两千张了。中央人民广播电台知道他们家收藏了大量好唱片，就派人上门悉数收购。家里人开始还心疼这批集腋成裘的宝贝，可到了"文革"，眼看着有些人家被抄家时唱片砸了一地，他们就无比庆幸了，"四合院里的生活都是半公开，藏不住。起码我们不用自己毁掉那些好唱片！"

1956 年 8 月 21 日，两个 30 多岁"大龄青年"大婚的日子。

两人在北医郊区田间小路上寻寻觅觅，才找到对号的派出所，登记结婚。新房里，几条长凳拼起来就算床了。进城拍了张穿平常衣服的合影，留作纪念。随后，新婚夫妇分别返回上海、天津的工作单位，买了些糖果，分发同事，就算广而告之了。

崔桂芳是 1958 年从天津医学院调到上海生化所的。她听从李载平的建议研究核酸，"那时候蛋白质很红，别的也很红，核酸还没有什么人注意呢，他就看出来核酸前景很好。恩格斯说蛋白质是生命存在的形式，大家就觉得蛋白质非常重要，没想到蛋白质的缘起在于核酸。他看得远，而且有奇思妙想，很适合搞科研。"

后来院室调整，她被调到他手下工作。"文革"后终于等到提职级、加工资，他这个主任给年资比她浅的同事都提了、加了，而把她给"遗忘"了。有一年，导师钱思亮的儿子钱煦回来参加纪念先祖吴越王钱镠的活动，跟李载平抱怨："我爸当台湾'中研院'院长时，我申请评院士，他就到处叫人别投钱煦的票，说今年竞争的人多。所以，做钱思亮的儿子是吃亏的。"崔桂芳听说这事，联想到自己提职加薪时的被"遗忘"，唯有苦笑。

三年困难时期，他俩工资一发下来，往北京寄一点给李载平母亲，就都交给家里的保姆，其中一部分填补上个月的亏空（保姆垫付），一应开销以孩子为先，然后是保姆。粮票也总是不够用，每个月都捉襟见肘，为了不超定额，他们用粮票从食堂买回米饭，再加水煮成泡饭吃，饭不够吃，他俩临睡前喝酱油汤充饥，日久出现浮肿，眼睛肿得像胡桃。"文革"中扣工资，只发生活费，他们家月月都是"月光族"。张友端主任看他们在上海没有亲戚可以调剂好可怜，就请他俩去市政协吃了顿饭。同事谭佩幸去香港探亲，把粮票送给他们。崔桂芳的姐姐由东北也送来粮票。布票不够用怎么办呢？三个儿子老大穿新的，老二穿旧的，老三只能穿打补丁的，逛公园还穿打补丁的裤子呢。

而从同事、学生的视角,看到的大多不是生活的窘迫,却是如许多的美好:他俩在一个实验室工作,李老师热情、有尊严,崔老师温和、从容不迫,一点没有"夫妻老婆店"的感觉。其实,她有独立的课题,堪称李老师组里的一员干将。李老师的研究生找她请教英文、改英文信,她都很乐意地帮忙。所里办过一个小小的英语班,把小青年们聚拢来听她讲课。《科学画报》编辑跟她联系,要将国外最新资料翻译成中文。她把任务分配给实验室同事,大家翻译,由她来校订。她最早以通俗易懂的语言介绍基因工程,应约为《文汇报》写的相关文章却以"中国科学院上海生物化学研究所基因工程组"的名义发表。有一次在北京,中国科学院召开的会议上,她讲基因工程,会后记者们约她写稿,她请示未果,却被其他单位的人整理了听课笔记署上自己的名字发表了。她为上海生化所做了更多默默无闻而不可或缺的奉献,如接待外宾、翻译稿件等大量幕后工作,从没见她张扬过。她只想"安安静静、太太平平地过日子,单位需要我的话我就尽力"。

崔桂芳出色的翻译工作给加州理工学院教授埃里克·H.戴维森留下好印象,戴维森回国后写信邀请她去他的实验室工作。自带课题用蓖麻蚕DNA做一个基因库,美国没有人做过但具备实验条件。她去了个把月,就完成了基因库。又转到贝勒(Baylor)医学院,做钙调蛋白(Calmodulin)克隆的研究,一年后正写着论文,眼看就要摘到果子了,被生化所催回,所以论文只写了个草稿,第一作者换了别人,在JBC(*Journal of Biological Chemistry*,《生物化学杂志》)上发表了两篇文章。回来没两年,就被迫"一刀切"退休了。

后来,中国科学院研究生院请她去上课,一上好多年。论上课,她可不是新手,当年生化所办高级生化训练班,她就讲过核酸和基因工程。杭州、中国科技大学,她都去讲过课,各地学员对她的印象都很不错。

第八章　家，温馨的家

李载平去清华看望崔桂芳，自拍于清华园

1958年1月16日，李载平、崔桂芳摄于天津

1960年代，北京，李载平（后排右二）与母亲、大姐、大哥合影

明信片上的崔氏故居

崔伯全家福，摄于1936年。右一为崔桂芳

1940年，为纪念崔伯夫妇银婚而拍的全家福。后排右二为崔桂芳

第八章　家，温馨的家

三个儿子，另一种成果

事业与家庭，李载平是同等挚爱的吧。在家里，他是理所当然的大厨，做菜是他的拿手好戏。对此，崔桂芳评价很高："他有兴趣、有水平，还时有创新。"

"家里的事情我管得太少。崔老师给我很大支持，功不可没。"他说，"1960年前后，她自己饿得不行，还一个个奶大三个孩子。我太感激她了！"

儿子的名字，是李载平起的。其解读，让人感觉到那一代中国知识分子的单纯、善良：1958年，国家欣欣向荣，天字辈，所以大儿子叫天笑；1960年，困难时期还没开始，所以二儿子叫天歌；1967年，毛泽东有一句词"安得倚天抽宝剑"，所以小儿子叫天剑。

大时代背景下的小家庭、个人往事，在每一位成员的回忆中，各有亮点和泪点——

李载平：应该看到孩子们本身有很大的潜力

我们对儿子们很放手，他们自己管自己，管得挺好。

老大小学四年级就跑去横渡黄浦江。人家提醒，注意安全啊！我说没关系，反正有老师带着。虽然在"文革"期间，他们还是有很多有意义的活动，有很好的学校教育。零陵中学虽然不是特别有名，但我注意到老师都非常好，同学成才蛮多的。那时候条件很困难。老大、老二都参加飞机模型组，自己做的飞机真能飞，还带遥控器。除了提供物质条件，老师也得跟他们一起做，才能培养学生的兴趣嘛。

你问我有没有带孩子出去玩过？很少有时间。老大幼儿园大班时，我们住在东安路宿舍，我骑自行车带他到龙华公园玩。大冬天，河面结了冰，看得见冰下有鱼，他很开心地往冰上踩，鞋子、袜子全湿了。我怕他着凉，用围巾把他的脚包起来回家。

要鼓励小孩的兴趣。老大对半导体有兴趣，我们就千方百计帮他弄一个万用电表，然后买半导体的材料，尽可能从生活费里省出钱来支持他。他都是自学的，不是我们教的。应该看到他们本身有很大的潜力。老二下棋我也没教过，他有兴趣，国际象棋下得比较好，老师送他到徐汇区训练队做专业培养。他到那儿报到，那些前辈队员说来了个傻小孩，来来来给我们下下。他们讲意大利开局、西班牙开局，我们老二什么都不懂，但一下子就把他们给赢了。每个人都有自己的潜力，让他发挥出来，比你教他重要得多。

老大去学物理我挺高兴的，因为物理在基础科学里面是很重要的。我们所生存的环境，好多是物理因素起着决定性作用，而且新技术的发展好多也和物理有关系。笛卡尔说哲学是树根，物理学是树干。我们现在说生物学是树枝。老二在美国密歇根一个德国人开的公司，给汽车厂设计装配生产线。老三在美国本科学的是计算机，在加州大学洛杉矶分校读的博士却是分子生物学，毕业后从事基因和细胞治疗研究。

崔桂芳：男孩子会烧菜，都是他爸带出来的

那一阵，响应号召都去"大炼钢铁"了，24小时连轴转。他们知道我有小孩要喂奶，就允许我半夜12点回家，其他人都得两三点才能回家呢。我回家走到楼梯口，就看见老大正爬到床边哇哇大哭，保姆已经睡着了，我心疼啊！

好在平时院子里有其他小朋友一起玩，他很开心。没有玩具，他就自己削了个陀螺玩，还抓蛐蛐、蟋蟀玩。后来做了个收音机，又做了个遥控小飞机，带着他弟弟两个人到江边去放，第一次飞机

回来了，再放就回不来了。

老大才上高中就上山下乡了，到奉贤燎原农场。1977年，他在农场看到半截报纸，说恢复高考了，就报名考复旦大学物理系。两个礼拜，要念很多辅导课本，临考前几天在家又穷补，白天自学，晚上有什么问题问问我们，结果一考考取了。他报名的时候就想学点有用的东西，报理工类的，大概没想学生化。

保姆走了以后，老李就负责烧菜（他妈妈、姐姐都会烧菜）。我小时候光念书，厨房是不去的，只会照书上写的做蛋糕、派。我们家，他是火神，我是水神（洗的事归我）。我乳腺癌手术后，有两三年请过保姆，后来又自己做家务了。

老三上南模中学，附近有个菜场，下课顺便买菜啊鱼啊回来。他的老师要买菜会说"跟着李天剑买，他会买"。男孩子会烧菜，都是他爸带出来的，我做菜连儿子都不如。

老二的二女儿好争第一，学钢琴得了很多奖，在当地小有名气，曾受邀在纽约卡内基音乐厅和华盛顿肯尼迪中心表演钢琴独奏。每一次要把奖金的支票兑现前，她都提醒父母说"还没拍照呢"，逗不逗？他大女儿学药学，是我们的大同行呢！每年夏天，不是在药剂公司就是去大学医院实习。

我对孩子们比较满意，他们用功、有出息，这是生活给我的收获。我本人呢，也没有偷懒，像蚂蚁一样努力工作。

我俩年纪大了，还都喜欢旅行，喜欢看新鲜的世界。前年，老大带我们去海南玩，我特别喜欢大海。下海游泳，深水里的小鱼群列队跃出水面，就在我眼前一米左右，真是奇景！难道是我惊动了它们？下面有没有大鱼咬我的脚啊？

李天笑：父亲的热情是感染人的精神力量

父亲在我们三个孩子的心中，不仅仅是热情豪爽、充满生活情趣的慈父，而且在很多方面都是我们的榜样。我们小时候生长的年代，虽然各方面的物质条件远不如现在，但是回想起来，却也有很多有意思的记忆。

我记得小学第一学期是正规的学习，第二学期"文革"开始，教科书发下来，就用毛主席语录把小猫钓鱼、唐宋诗词等全部覆盖掉，学校的正常教学也受到了影响。父亲在"文革"初期受到冲击，我们家成为那片科学院职工宿舍第一个被抄家的。那天我正巧在家，看着父母和和气气地配合他们，心怀坦荡，从容面对那一批"造反派"抄家。那时可谓家徒四壁，家具也是从所里租借的，唯一的小书架上放着些书籍。有个工宣队员看看翻不出什么东西，就用手敲敲墙，询问墙里面会不会藏些什么，这后来成为一个笑谈。

学校里教的有限，但父亲却对我们拓展各方面的兴趣都很支持。我们收养过一只白色的猫，不久白猫又生了几只小猫。养猫给我们带来很多乐趣。有一年，我们养了200多条蚕宝宝，父亲会跟我们讲解小动物的生命过程，解答我们的问题。父亲工作的8号楼后面有个动物房，有时周末父亲去工作，也会带我们去看看养在那儿的动物，告诉我们为什么生物实验中的一些工作需要在动物身上做实验等等。

父亲鼓励我们去探索新的领域。他支持我去自学电子电路，组装半导体收音机，后来我还参加了中学里遥控飞机的制作和测试。自己的动手能力就是在父亲的不断鼓励下培养起来的。"文革"后期，广播电台里教英语，父亲鼓励我们跟着学，因此有了一点英语学习的基础。虽然那时的文化生活很贫乏，父亲却抓住有限的机会带我们去看画展，油画、水彩画都看。父亲对我们的关爱和指教，有太多太多回忆了。他宽容豁达，鼓励我们不断尝试、探索，接触新鲜事物，提高自身的眼界和能力。

粉碎"四人帮"之后，各方面都有了很大的变化，我从中学毕业去农场一年多之后，有幸参加了第一年的高考，进了复旦大学。

父母的工作都越来越忙,父亲事业的发展进入了一个新的阶段,有了一个新建的研究室,他更是近乎一周7天去工作,在家的时候,却依然会关心我们三兄弟的事情。我出国学习之前,父母因工作频繁出差,但他们还是提供了很多有用信息,协助我查学校、专业、地址、奖学金申请等等,鼓励我去拓展自己的道路。

父母亲这代人,尽管经历了一些运动和曲折,却一直抱着科技强国的信心,希望通过自己的努力为国家做些贡献。按现在的观点,他们是有点愚忠的,过于理想化了。父亲是一个很正直的科学家,只求付出,不求回报,在科研进展中得到真正的快乐和满足。

父亲对科研非常有热情,对分子生物学的发展有自己的见解,从而选择研究的方向和课题,凭着探索创新的精神,全力以赴地投入,并对前沿领域的发展非常关注。他能够把很复杂的问题用很简单的例子讲清楚,让人人都听得懂。他对科学研究的热情是出自一种精神上的力量,若是仅从个人利益去考虑,可能很多的付出是并没有什么回报的。就像乔布斯当初创建苹果公司,有理想有激情,目标就是要把产品做到完美。一个人若是没有热情的话,为了做事情而做事情,是不会有创新或有建树的。这种热情也会感染越来越多的人。我们三兄弟都深受父亲的影响,做人做事以父亲为榜样。想想父亲这辈人在战争年代长大,1949年之后又经历那么多运动,包括十年动乱,却依然热情饱满地投入到科技强国的事业中,尽人事,发挥自己的一份光和热,太不容易了。

父母在同一个领域,有共同语言,又经历了人生中的风风雨雨,他们相互支持和理解,这么和谐地生活,真是一种福分。看看当今的社会,能像他们这样和谐的也并不多。我们三兄弟都非常尊敬父亲母亲。生活上,他们俩凡事尽量自己完成,不给别人添麻烦,一直过着俭朴的生活。家里有一张方桌,用了几十年,还是从所里租赁来的,吃饭写字等都是这一张桌子,父亲称之为"一品桌",等到三兄弟都出国后,一品桌的一半堆放着资料文献,另一半不得不留出空间用餐。父母自己的生活从简，却用有限的收入设立孙女一辈的"奖学金"，以资鼓励下一代做对社会有用的人。

我很幸运，出国20年之后，在2004年有机会回上海工作，可以多多照顾年迈的父母亲。那些年，周末的时间大都是陪伴父母，也有机会更多地了解他们。直到生病之前，父亲还是根据自己的体力状况，参加一些相关的会议、活动，尽自己的一份绵薄之力。父亲九十大寿的时候，所里办了party，有一些出国在海外的学生也赶来参加，父亲很是欣慰。

父亲在2016年查出身体上的疾病，住院期间，对周边的人从不抱怨，有什么问题，他都能理解和宽慰医生护士。在每个人都会遇到的生命中最后的阶段，父亲坦然面对，更多地反倒是关心母亲的生活起居，也不希望家人累着，更不想给老朋友老同事添麻烦。母亲虽年事已高，常常独自去医院看望，有一次在地铁站的电梯上摔倒，幸亏路人及时扶起，没出什么大问题。每次母亲从医院回家，父亲都会打电话确认母亲是否安全到家。有一回母亲傍晚才离开医院，回家后累了，就先去眯了一会儿，父亲连续打了多个电话，一直没人接，万分揪心，让我从浦东赶去父母的家，确认一切安好了才放心。

我们三兄弟都为有这样的好父亲而自豪，我们幸运能在这样的家庭中成长起来。父母的言传身教，使得我们终身受益，正直善良就像是自然而然传递下来的遗传基因，根植于我们的生命之中。

李天歌：**父亲总是尊重孩子的意见，创造机会教我们两招**

我在中国科学院小学读了三年半，住的地方有好多中国科学院子弟，大家讲普通话，没有特殊的感觉，不会讲上海话也没关系。

父亲虽然工作很忙，但有机会礼拜天总是带我们去看展览，给我们讲解展品的奥妙。我记得到人民公园后面看过书法展。我中学时，他启发我对书法的兴趣，一个暑假轻轻松松练下来，渐渐体会其中的奥妙。

他平时不怎么管家里的事，过年过节他都亲自做饭，常做些新菜。我们打下手，他边做边跟我们讲做菜的道理，为什么先要热火、然后小火……挺有意思的。父母在吃饭时会继续讨论科研，给我留下很深的印象。

他总是创造机会，比如家里装电表，就带我们一起做。有空他就会教我们两招。我骑自行车是自己学会的，但他教了我"单脱手"技巧——可以腾出一手拿买菜的篮子嘛。我和哥哥轮流在放学回家路上顺便买点东西。

母亲不会做菜，但思想开放，喜欢动手，什么东西坏了都能修好，把电视机开关拆开弄弄干净，养花用网上学来的大蒜汁杀虫法……

学校的家长会，父亲去得多。我也很希望父亲去，因为我是班上名列前茅的好学生，我想父母知道我在学校的成绩，一定会很高兴的。

我的两个女儿，虽然和爷爷奶奶见面的次数不多，但受到他们的鼓励，影响很大。大女儿小时候也学过钢琴，一曲《小放牛》得到爷爷的高度赞赏。上高中前，她突然宣布：不学钢琴，想学画画。我们三兄弟是在宽松的环境里长大的，我也沿袭了父辈的教育方法，同意女儿的想法，但告诉她：有了选择，还要有坚持。大女儿一进画室，就如鱼得水，一发不可收，起步晚，但进步飞快，多幅作品获得地区和州里比赛大奖，每年都在政府大楼、图书馆、美术馆展出。高中和大学里，她都是艺术俱乐部的领头人，组织大家开展各种活动，还为非洲贫困孩子义卖。她的绘画天赋一定得传于爷爷的艺术基因。在考虑大学专业时，我们完全尊重孩子的选择，她决定攻读7年连读的 PharmD（Doctor in Pharmacy，药学博士），我们支持。这选择，多多少少受爷爷奶奶的影响。她高中时对病毒感兴趣，做研究，写了一篇关于病毒的论文，得到爷爷奶奶的高度好评，大大增加了她对药物的好奇，最终选择以此为大学专业，也和爷爷奶奶成为"一条战壕里的战友"了。

我小女儿对钢琴有特殊的眷恋，她学琴的动力是："我奶奶会弹琴，我要超过她。"为了练熟一项手法、准确表达一段情感，她可以不停地练习，手指累了，绑上绷带接着练。八九岁的小孩，可以放弃出门玩的机会，在琴凳上一坐就是3小时。老师说她领悟力强，而且充分利用上课的分分秒秒，是个难得的学生。夏天里，她说"我要练琴了"，我们马上就把家里所有门窗关严了，因为她弹琴很投入，有时琴声很激昂，怕影响邻居。钢琴伴随着女儿长大，不仅给她带来欢笑，也练就了她坚持不懈、不怕吃苦的毅力。女儿获得了多次国内、国际钢琴比赛大奖。我们经常寄比赛的录音给爷爷奶奶听。爷爷爱不释手，有时去外地出差，在火车上也听，听完还评论褒贬一番。女儿很吃惊，问为什么爷爷对音乐有这么独特的见解。我们告诉她，爷爷从小就迷恋音乐，徜徉在古典音乐的世界里，他和奶奶是真正的音乐大师。女儿一听，她有音乐遗传，练钢琴更来劲了。高中毕业前，她被普林斯顿大学提前录取，毕业后在麦肯锡工作。

李天剑：父亲鼓励我做科研要开阔视野，勇于创新

我很小的时候，父母就鼓励我在生活和思想上独立。我的两个哥哥都很独立，是我的榜样。我从小和他们学会了很多生活的技能，包括做饭。我也会问父母和哥哥们很多问题，有很大的好奇心。我尤其佩服父亲，好像没有什么问题能难倒他。

上世纪80年代初，我上中学。母亲出国了，两个哥哥上大学住校，我和父亲两个人生活，对他了解稍微多了点。他同事来串门，也多半讨论学术问题，给我感觉做科研不是八小时下班后就可以结

束了，有延续性，停不下来，不能停下来，即使周末，如果有需要还要继续。那段时间我和父亲交流不多，但和他的同事尤其和他的研究生倒说话不少。

1981年的一个周末，父子俩去看电影。父亲让我选片，我选了个外国片子叫《父子情深》，讲的是有一个父亲太忙，没空管九岁的儿子卢卡，他带卢卡去滑雪的时候，卢卡从山坡上摔了下来，住进了医院。结果医院检查出卢卡患了白血病，这时他才意识到平时对卢卡关心太少。最终在渴望已久的游乐场里，病重的卢卡在父亲怀里离开了人世……其实我并不知道那电影会讲这些内容，以为只是一部翻译的国外新片。看完电影之后，我和父亲都谈了观后感，我觉得我们之间的关系更近了。

我高中暑假的时候，父亲去北戴河参加一个学术会议。那一阵父亲工作劳累，身体欠佳，我特意陪同前往。结果父亲在那里把脚崴了，伤势比较严重，行动很不方便。我就在那里照顾他，一直陪他就诊，上了石膏。回上海后，虽然他有拐杖，但我还继续我的小助理角色，帮他整理文件，联系所里的相关事务，直到数月后他完全康复。

考大学的时候和父亲商量学什么专业。父亲从来没要求我们继承他的专业，而是希望我们从兴趣出发。当我有从事科研的想法时，他提醒我："你要想清楚，这不像做会计、医生，经验越来越多，做事越做越顺心。搞科学光靠吃老本是走不通的，知识一直要更新，活到老学到老，始终要有探索创新的精神。"

我赴美学习，遵从了自己的兴趣，最终还是选择了分子生物学专业，在1998年拿到了加州大学洛杉矶分校（University of California, Los Angeles, UCLA）的博士学位。

父亲很关心我的科研项目，经常让我和他分享我取得的新进展。他鼓励我多和别人讨论，把自己做的复杂的实验用通俗易懂的话讲清楚，问我在这个领域有什么新的发展趋势。父亲经常跟我谈论生物领域的大方向和新鲜事，让我别太钻牛角尖，视野开阔脑子才能活。他天生对很多课题有兴趣，兴致高的时候，会和我一起头脑风暴，展望未来生物研究对人类的影响，譬如如何延长寿命、最多可能延长多久，譬如如何才能根治癌症，譬如基因编辑对人类会有什么影响。和父亲聊天是一件很开心的事，每次都觉得收获满满，脑洞大开。

父母这一代人有很多值得我们学习的，包括他们所受的教育和经历，做人做事的原则和正义感，对自我的要求，对事业和美好生活的追求。他们的共同个性是追求高远的目标，每天的生活都是朝着心中理想的方向去努力。他们那代人，在各领域都出了大师级的人物。父亲一直是我心目中的榜样。

1971年，妹夫孙燕（后排右）来上海开会，与李载平（后排中）全家游龙华公园。小儿子天剑（前排左）裤子上两块大补丁色差明显

1973年初春的全家福。前排右一为李载平

1984年9月李天笑赴美前,全家合影。前排右一为李载平

父子相聚在李天歌婚礼上。左二为李载平

岁月静好，夕阳醉了

"文革"结束后，工作、生活慢慢恢复正常，岁月重新静好。

李载平又开始买唱片，现在家里已攒了整整三柜子，还是以古典音乐为主。同一位作曲家的某部作品，比如维瓦尔第的《四季》，他搜来不同指挥家、乐团演绎的版本，仔细欣赏各种风格的妙处。

他交了好些音乐发烧友，买到好碟片互相交流。他介绍说，顾健人院士"比我迷音乐厉害，级别比我高，要求比我苛刻，对音响要求非常高"。高到什么程度呢？"小提琴拉出来的声音，要听出松香味来！"有一次，顾健人下决心提高音响档次，花4000元还是6000元买了一对高级喇叭线，旧的送给李载平，还请李去他家听音房间，请他坐"皇帝座"，看那些高级放大器、喇叭、导线，听不同指挥演绎同一曲子的不同效果……

身体好的时候，李载平夫妇每年两次外出走走，一路拍照，崔桂芳频频发微信与朋友们分享。贺卡纷飞的季节，他俩会就一年来的工作、生活情况写一份年报，由李载平手书，复印，夹在贺卡里寄出。

他俩爱以车代步。车是诞生于1940年的中国名牌，曰"永久"。"那辆'永久'自行车为我服务了一辈子。'文革'中曾被'革命小将'充公，骑到苏州去玩，还回来时已很破烂……"车主心态极好，"'革命小将'还挺讲道理的，知道还回来，哈哈！"那年月，自行车属于奢侈品，需要凭票购买。他记得，东安路三楼邻居、耀华玻璃厂女工曾让给他们一张自行车票。后来买过另一个老牌子的好车"凤凰"，可买来不久就丢了。退休后又买了一辆，主要用途是骑了在家附近买买菜。

劝他别再骑车，他却说："老友王振义，比我还大点，一直骑车。他是二医大校长，学校不让他骑，他非骑。另一好友戚正武，70岁还与学生一起骑到苏州呢！"

有一年春天，大儿子天笑带父母游杭州。在西湖边，借了三辆自行车，沿着苏堤一路骑行，翻过坡度不小的映波、锁澜、望山、压堤、东浦、跨虹六座古名桥，"那时候，我们在家已经不太骑车了，上坡有点吃力，下坡很刺激！"崔桂芳回忆，到了目的地，老"骑士"合影，传给北京的老同学分享这份喜悦和成就感，可把对方吓得不轻，"我求求你们了，以后千万别做这么惊险的事情了！"

崔桂芳的语气中，却是藏不住的自得。她找出当年的"骑士"照，"已查明，在杭州骑自行车冲苏堤六桥是2009年5月，载平老兄时年84岁！"她忘了，她自己时年——85岁！

自行车不骑了，就换车代步吧。崔桂芳办了老年卡，外出乘地铁、公交车，"我都是免费的！"李载平也跟着去办了老年卡，有时也搭乘公共交通。院士没有专车，只享受一张乘车卡。淮海中路有时叫不到出租车，他就步行三刻钟上班，乘车卡里的500元可以用很久……

2001年末，崔桂芳生病需要住院开刀，李载平请了专家来确诊，结果他自己比她早两天先住进了医院。"她病了，倒还镇静；我却紧张得心乱跳，只好住院了。"他不好意思地坦白。

什么叫感同身受？这就是啊！相亲相伴了70多年，也许两个人早已合而为一。

小儿子天剑教父母玩微信，帮母亲注册的微信账号是LZP——父亲姓名的首字母，父亲的账号则是ZPL。为什么呢？崔桂芳从没想过，答不上来，似乎觉得这样的设置很自然。大概，在儿子的心里，父亲母亲就是一个人吧。

崔桂芳想起"股神"巴菲特的一句名言："我这一生最重要的投

资，不是购买了哪只股票，而是选择了谁成为我的伴侣。"她觉得，这话说到了自己的心坎上，因为她也选对了伴侣，"跟我最爱的人相伴到老。到现在，我还觉得他很可爱！"

相形之下，李载平更感性。科学家的身体里，住着一个艺术家么？他会因为生病住院而伤感，觉得自己对社会不再有用了。儿时特别喜欢的李叔同名歌《送别》，偶尔会浮上他的心头——"天之涯，地之角，知交半零落"，想起好多同仁甚至学生都先他而去，都不在了，不由得悲从中来！然后，他又理性分析起这支歌好在哪里："用最简单的词，描写最真实的感情，所以才令人感动呀！"此时，病房幻化成了他家乐音绕梁的客厅。

窗外，木樨飘香，夕阳醉了，醉在金色的秋天里……

李载平、崔桂芳金婚纪念

1995年,同游美国加州

1999年,同游佘山

2010年，同游威海

2015年，同游海南

第八章　家，温馨的家

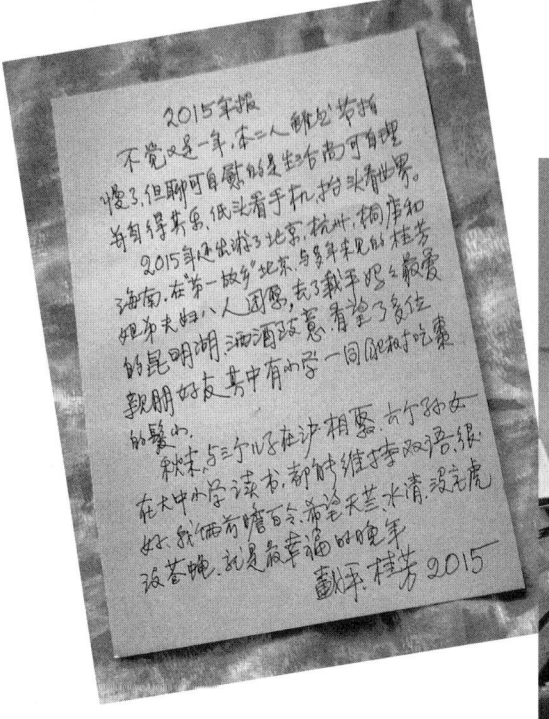

夹在 2015 年贺卡里的年报

崔桂芳的乐观,感染着李载平
(陈惟佳/摄)

李载平近影(陈惟佳/摄)

附录 1
李载平院士年表

1925 年

出生在北京,祖籍福州,有两个姐姐李昭平、李慧平,一个兄长李匡平。父亲李庶元,毕业于北京政法学堂,后在财政部工作。母亲陈淑英,自幼父母双亡,由叔父陈宗蕃抚养成人,在北京就读女子师范,后从事教师工作。

外叔公陈宗蕃,1904 年科举进士,留学日本的东京帝国大学,毕业回国在邮传部工作,后历任北平市参议员、北京银行经理等职,建米粮库胡同"淑园",著有《燕都丛考》。此书成为研究北京历史的重要文献。

1926 年　　1 岁

父亲去世,由养大母亲的外叔公陈宗蕃夫妇帮助抚养。

1930 年　　5 岁

就读于"北平特别市立师范附属小学"(简称"北师附小",现"北京宏庙小学"),校长韩秋圃。学校教务基本由北京师范学校的人员管理,小学期间参加过反日的"一二·九"活动。

1936 年　　11 岁

入辅仁附中(男部)就读。该校系一所天主教学校,人文教育非常有特色,受益于辅仁大学一流的师资。在辅仁中学度过了初中和高中生涯。

1943 年　　18 岁

考入北京大学理学院化学系,与数学系的王延仁,化学系的吴允成、孙宝钧为舍友。

1946 年　　21 岁

从北大化学系毕业，毕业论文指导老师为系主任钱思亮。钱思亮（1908—1983），中国著名化学家，美国伊利诺伊大学博士，曾担任北京大学化学系主任、台湾大学校长、"中央研究院"院长。

1947 年　　22 岁

北京大学医学院生化科任助教，开始了生物化学的一生。时主任为刘思职。

1950 年　　25 岁

1 月 25 日在北大医学院入党，介绍人是杨贵贞、郭时钦。

1956 年　　31 岁

考取中国科学院上海生化所的研究生，师从曹天钦。曹天钦（1920—1995），我国著名生物化学家，长期从事蛋白质化学、植物病毒的分子生物学研究，是肌球蛋白轻链发现者。

8 月 21 日与崔桂芳女士结婚。崔桂芳，生于天津，父亲崔伯毕业于美国哥伦比亚大学，为著名华籍美裔教师，母亲为津门大家闺秀。1943—1946 年就读于北大化学系，与李载平同学并相识，后转至清华大学化学系，1948 年毕业。

1957 年　　32 岁

以第一作者在《生理学报》第 21 卷第 3 期发表论文《牛坐骨神经白朊的抽提、提纯和鉴定》。

1958 年　　33 岁

生化所定了两大课题：一是胰岛素的人工合成，一是放射生物学研究。

担任放射生物学副室主任，协助张友端先生开展工作，并由放射生物学机理进入DNA损伤的研究，开始以噬菌体ΦX174为模型的实验。

4月，长子李天笑出生。崔桂芳调到上海生化所工作，分在核酸组。

1959年　　34岁

以第一作者在《生化学报》第2卷第1期发表论文《牛脑的磷脂蛋白I的抽提、提纯和鉴定》。

1960年　　35岁

上海生物化学研究所研究生毕业，继续开展噬菌体、金属离子与核酸的关系等研究工作。

2月，次子李天歌出生。

1961年　　36岁

从事射线对DNA隐藏破坏研究，发表论文《X射线对小牛胸腺脱氧核糖核酸的隐藏破坏作用》，入选《1960上海市科学技术论文选集》。

发表论文《ΦX174 DNA的感染活力与离体化学改造》。

担任《生物化学与生物物理学报》编委。

1962年　　37岁

发表论文《盐类对二苯胺法脱氧核糖核酸定量测定的干扰作用》。

招收第一个研究生汪垣。汪垣，本科毕业于复旦大学物理化学系，后在基因工程、乙肝疫苗以及乙肝病毒基因表达调控规律研究中做出突出贡献。

1965 年　　40 岁

发表论文《噬菌体ΦX174 的小噬斑变异株》。

发表论文《γ射线整体照射对大白鼠脾脏脱氧核糖核酸结构的影响》。

1966 年　　41 岁

参加由北京军事医学科学院二所和上海生化所合作的抗放药物研究项目，研究成果取得很好的疗效。

"文革"开始后，被定为反动学术权威和"王芷涯、曹天钦反党集团"骨干分子，接受群众批斗。

1967 年　　42 岁

12 月，幼子李天剑出生。李天剑，本科和硕士就读于新泽西州立大学计算机系，博士毕业于加州大学洛杉矶分校，现在美国从事基因治疗研发工作。

1972 年　　47 岁

8 月 20 日，担任《生物化学与生物物理学报》副主编。王应睐任主编。

1973 年　　48 岁

参加以钱人元为团长的日本高分子考察团，参观东京大学、京都大学、大阪大学和有关企业、研究所。

1974 年　　49 岁

噬菌体研究工作得到王应睐所长的支持和关注，核酸方面的研究开始出现新进展。

1975 年　　50 岁

5月，参加以胡世全为团长、王应睐为副团长的分子生物学考察团。这是中美宣布建交前夕，中央组织的首个访美科学代表团，受美国科学院邀请。其间参观美国九所著名大学和相关研发机构。

1977 年　　52 岁

12月3日，生化所决定成立分子遗传研究室，由李载平任主任。

1978 年　　53 岁

参加以钱三强为团长的科学院代表团，访问比利时和法国，参观丁肇中所在的日内瓦欧洲核子研究中心、巴黎南郊的欧塞尔原子能所，重点参观很多生物学的项目。

成立遗传分子研究实验室——七室，任室主任，确立研究方向以乙肝病毒、蓖麻蚕、核多角体病毒三项作为重点，既有理论研究，又有临床试验应用研究。

1979 年　　54 岁

1月5日，经中国科学院批准，晋升为研究员。

1月27日，中共上海市委批复，李载平任生化所党委委员。

当选中国生化学会第一届（1979—1981）常务理事。

担任中国科学院植生所学术委员会委员（1979—1988）。

担任中国遗传学会《遗传》编委会委员。

1980 年　　55 岁

研究选择乙肝的 adr 亚型，这是中国传染最多的亚型，世界上第一个关于 adr 亚型的分析和克隆。

选择研制乙肝疫苗作为攻关课题。

1981 年　　56 岁

与生物制品所赵凯合作，将牛痘提取研制疫苗的方法改进为鸡胚的方法。

在《生物化学与生物物理学报》第六期发表论文《pBR322 DNA 的 HaeIII, BamHI 的酶切片段的核苷酸顺序》。

当选中国生化学会第二届（1981—1984）常务理事。

当选中国生化学会基因专业组（1981—2002）组长。

当选中国遗传学会第一届副理事长，并担任《遗传学报》杂志编委。

1982 年　　57 岁

5 月，到美国冷泉港做访问学者，见诺贝尔奖得主、美国科学家詹姆斯·沃森，参观理查德·罗伯茨的实验室和迈克尔·温伯格的实验室。参加冷泉港实验室年度大型学术活动，和基因研究领域的世界级科学家们学术交流。

8 月 2 日，随王应睐团长一行 13 人参加在澳大利亚召开的第 12 届国际生化大会。这是中国生化学会在恢复国际生化协会理事会会员资格后，第一次组团出席大会与理事会会议。

12 月，参加联合国组织的建立一个国际基因工程和生物工程研究中心的国际会议，会议在南斯拉夫贝尔格莱德举行。后撰文《南斯拉夫纪行》，发表于《生命的化学》杂志。

12 月 19 日，任上海生物工程实验基地专业委员会副主任，王应睐任主任。

发表论文《蓖麻蚕核糖体 RNA 基因片段在大肠杆菌中的无性繁殖》。

发表论文《蓖麻蚕基因组中 5S DNA 的组织》。

发表论文"Restriction Patterns and Infectivity of Nuclear Polyhedrosis Virus DNA of Bombyx Mori"、《用对—重氮苯砜乙基纤维素纸（DBSE 纸）共价固定核酸的分子杂交方法》。

1983 年　　58 岁

1月5日—10日，出席在福州召开的中国遗传学会第二次代表大会暨学术讨论会，当选为副理事长，并作题为"基因工程"的专题报告。

在《中国科学（B辑）》《生物化学与生物物理学报》《遗传学报》发表论文 13 篇。

担任中国科学院生物学部学科组成员。

领导的乙型肝炎病毒组克隆课题完成 HBV 亚洲 adr 亚型全基因组克隆，在国际上首次发现 adr 同一亚型内还存在结构多样性，为我国的 HBV 分子生物学及乙肝基因工程疫苗生产奠定了基础。乙型肝炎病毒基因的克隆获 1983 年中国科学院科技成果二等奖。

年底完成 pADR-1 HBV DNA 全基因组序列分析。这是国内最早被 Gene Bank（基因库）收录的病毒全基因组序列。

参加国际组织——国际遗传工程和生物技术中心，担任评审组成员，去奥地利、瑞典、比利时、巴基斯坦、印度、泰国、古巴、意大利、美国等九个国家考察建立研究中心的选拔工作，为唯一中国代表。

1984 年　　59 岁

2月7日，担任中美应用科技合作中方协调委员会成员。

研究成果"克隆的 adr 亚型乙型肝炎病毒基因组（pADR-1）的核苷酸顺序"获 1984 年中国科学院科技成果二等奖。

研究成果"人乙型肝炎病毒 adr 亚型基因克隆和限制性内切酶

图谱"获中国科学院科技成果二等奖。

在《中国科学（B辑）》《生物化学与生物物理学报》《遗传学报》发表论文10篇。

当选中国生化学会第三届（1984—1987）常务理事。

担任国家科委生物工程顾问委员会副主任至1987年。

担任中国科学院、美国科学院生物技术双边委员会第一、二届成员（1984—1989）。

1985年　　60岁

在《中国科学（B辑）》《生物化学杂志》《生物化学与生物物理学报》发表论文16篇。

研究成果"乙型肝炎病毒HBV adr亚型表面抗原顺序及其基因组成顺序测定"获1985年中国科学院科技成果二等奖。

担任1985—1991年国务院学位委员会第二届学科评议组成员。

担任《生物工程学报》杂志编委。

担任复旦大学学术委员会委员。

1986年　　61岁

翻译D. M. 格洛弗（D. M. Glover）《遗传工程：DNA克隆技术》，由科学出版社出版。

在《中国科学（B辑）》《生物化学与生物物理学报》《生物化学杂志》《生物工程学报》发表论文11篇。

担任《生物化学与分子生物学学报》编委。

担任国家自然科学基金委遗传学评审组成员。

1987年　　62岁

3月18日，获1986年度"上海市优秀科技工作者"称号。

5月，在中国遗传学会第三次代表大会暨学术讨论会上，当选为副理事长，并作专题报告。全国各地代表近700人出席大会，香港和美国的学者也应邀参加。

在意大利的罗马和米兰Montedison公司，作题为"HBV Vaccine Produced by Genetic Engineering"（基因工程乙肝疫苗）的特邀科学报告。

在《生物化学与生物物理学报》《生物工程学报》等发表论文11篇。

7月30日，中国科学院成立生物技术专家委员会，担任委员。

1988年　　63岁

获中国科学院生化所奖励"记功"。

在《生物化学与物理学报》《遗传学报》和 Chinese Journal of Biochemistry and Biophysics 发表论文13篇。

担任国际遗传学大会（多伦多）基因调控Ⅱ高等生物组主席。

1989年　　64岁

研究成果"乙型肝炎病毒基因的克隆与表达"获1989年国家自然科学二等奖。

在《中国科学（B辑）》《生物工程进展》《遗传学报》《生物化学与生物物理学报》《生物工程学报》和 Chinese Journal of Biochemistry and Biophysics 发表论文11篇。

在联合国UNESCO"21世纪的生物工程"学术会议（莫斯科）上作学术报告，报告题目"Silkworm Expression System in Genetic Engineering"（基因工程的家蚕表达系统）。

在美国纽约州立大学（纽约）作学术报告，报告题目"Secretive Expression System in E. coli"（大肠杆菌分泌表达系统）。

在美国科学促进会（American Association for the Advancement of Science，AAAS）年会（旧金山）上作学术报告，报告题目"Genetic Engineering and Biotechnology in China"（中国的基因工程和

生物技术)。

1990 年　　65 岁

6月,获美洲华人生物科学学会(SCBA)第三届国际学术讨论会颁发的优秀论文奖国泰奖。

在《遗传学报》等发表论文 12 篇。

担任国家"863"计划生物技术领域专家委员会成员至 1997 年。

在香港举行的美洲华人生物学家学会国际会议上作学术报告,报告题目"Enhancer Ⅱ (EN Ⅱ) and Gene Regulation of HBV"(乙肝病毒的基因表达调控和增强子Ⅱ)。

在美国 Newark(纽瓦克)的 University of Medicine and Dentistry of New Jersey, New Jersey Medical School 作学术报告,报告题目"Molecular Mechanism of Hepatitis B Virus Infection"(乙肝病毒感染的分子机理)。

一项专利获得审批通过。

1991 年　　66 岁

在《中国科学(B辑)》《细胞生物学杂志》等发表论文 13 篇。

担任 Research in Virology(《病毒学研究》)杂志编委(1991—1997)。

担任北京大学蛋白质工程及植物基因工程国家重点实验室学术委员会委员。

一项美国专利获审批通过。

1992 年　　67 岁

在上海科学技术出版社出版的《前进中的生物化学论文集(二)》中发表《HBV 的分子生物学》。在《基因分子生物学研究进展》一书中发表《肝炎病毒分子生物学的研究进展》。

主持的乙肝基因工程疫苗（痘苗病毒系统）获卫生部新药证书及试生产文号。乙肝表面抗原基因在酵母细胞中的表达量达到国际先进水平。

课题"乙型肝炎基因工程疫苗（痘苗病毒系统）的研制和中试"获中国科学院科技进步奖一等奖。

在《中国科学（B辑）》《生物化学与生物物理学报》等发表论文9篇。

担任 Developmental & Reproductive Biology（《发育与生殖生物学学报（英文版）》）编委。

担任中国计划生育生殖生物学国家重点实验室学术委员会委员。

1993年　　68岁

"人表皮生长因子（hEGF）基因工程实验室研究"通过中国科学院组织专家鉴定。

《在中国科学（B辑）》《遗传学报》《生物化学与生物物理学报》《病毒学报》等发表论文11篇。

在美国国立卫生研究院的糖尿病、消化和肾脏研究所（National Institute of Diabetes and Digestive and Kidney Diseases，NIDDKD）（马里兰）作学术报告，报告题目"A New Enhancer II (EN II) in Gene Regulation of HBV"（HBV基因表达调控新元件 EN II）。

在美国 Carnegie Institute of Embryology（卡耐基胚胎研究中心）（巴尔的摩）作报告，报告题目"Gene Regulation of HBV"（乙肝病毒的基因表达调控）。

担任美洲华人生物学家学会国际会议科学顾问委员会成员。

1994年　　69岁

出版专著《乙肝的基因结构》。

课题"乙型肝炎基因工程疫苗（哺乳动物细胞表达和痘苗表达）

的研制和中试"获国家科技进步一等奖。

课题"重组甲肝痘苗病毒vT7HAV-4表达甲肝病毒亚颗粒"获上海市科技进步二等奖。

8月,被国家科委任命为基因工程疫苗项目负责人。

12月30日,被评为1994年度"上海市科技功臣"。

在《中国科学(B辑)》、Chinese Science Bulletin(《科学通报》)、《生物化学与生物物理学报》等发表论文14篇。

担任医学分子生物学国家重点实验室学术委员会委员。

担任癌基因及相关基因国家重点实验室学术委员会主任。

担任国家"863"计划生物技术领域专家委员会成员(1994—1997)。

1995年　　70岁

课题"人表皮生长因子基因工程实验室研究"获1995年度上海市科技进步二等奖。

课题"HBV增强子Ⅱ(ENⅡ)的鉴定及其结构与功能的分析"获1995年度上海市科技进步二等奖。

课题"人表皮生长因子的中试研究"经国家科委专家组鉴定,获国家"八五"科技攻关重大科技成果奖。

在《中华微生物学和免疫学杂志》《中国科学(B辑)》《细胞生物学杂志》《生物工程学报》和 Research in Virology(《病毒学研究》)等发表论文11篇。

10月16日,在山东泰安举行的中国遗传学会五届一次理事会上,当选为副理事长。

担任中国遗传学会《遗传学报》《遗传》编委。

1996年　　71岁

当选为中国工程院院士。

在《中国科学（C辑）》《中华泌尿外科杂志》《科学通报》《生物化学与生物物理学报》《中华外科杂志》等发表论文9篇。

担任国家自然科学基金委《中国科学基金》编委会委员。

1997年　　72岁

在《中华外科杂志》《中华实验外科杂志》《中国科学（C辑）》《遗传学报》和 DNA and Cell Biology（《DNA与细胞生物学》）、Chinese Journal of Biochemistry and Biophysics 等发表论文10篇。

担任中国科学院第五届学位委员会成员。

担任国家"973"人口与健康规划组评审组成员。

担任中国科学院"人类基因组"基础性研究首席专家。

担任国家海洋局第三海洋研究所学术委员会主任委员。

担任卫生部医学分子病毒学重点实验室学术委员会委员。

担任中国科学院细胞所分了细胞生物学开放实验室学术委员会委员。

1998年　　73岁

在《细胞与分子免疫学》《生物化学与生物物理学报》《病毒学报》等发表论文7篇。

担任国家新药研究与开发协调领导小组成员。

担任国家科委医药管理局"新药评审"专家委员会成员。

担任国际自然科学基金委评审组成员。

担任中国科学院生物技术专家委员会委员。

1999年　　74岁

7月，课题"乙肝病毒S基因免疫逃避变异株的研究"获中国人民解放军总后勤部二等奖。

11月，课题"具有肿瘤抑制功能的RNA调控元件的发现及其分子机制的研究"获上海市科技进步二等奖。

获上海市政府颁发的徐光启科技荣誉奖。

在《生命的化学》《生物化学与生物物理学报》《中国科学（C辑）》《中国病毒学》发表论文4篇。

在上海举行的中日双边学术讨论会（Chinese and Japanese Joint Symposium）"基因、细胞信号传导与肿瘤（Gene, Cell signaling and Cancer）"会议上，发表论文"Expression genetics of human liver cancer related genes"。

12月，在第39届美国细胞生物学年会上发表论文摘要"The biological significance of micrococcal nuclease (MNase) hypersensitive sites of rRNA chromatin template of Silkworm Attacus ricini"。

一项新药获新药证书。

2000年　　75岁

获何梁何利基金"科学与技术进步奖"（生命科学奖）。

在《生物化学与生物物理学报》《生命的化学》和 *Biochemical and Biophysical Research Communications*（《生物化学与生物物理研究通讯》）等发表论文8篇。

担任复旦大学遗传工程国家重点实验室学术委员会委员。

一项新药获新药证书。

2001年　　76岁

8月，参加在北京举行的国际人类基因组计划中国部分"完成图"的鉴定工作。

课题"重组人表皮生长因子"项目获中国科学院科技进步二等奖。

获中国科技部"863"先进个人称号。

在《生物化学与生物物理学报》、*Biochemical and Biophysical Research Communications* 等发表论文7篇。

担任新世界上海基因技术研究所委员会委员。

担任中国微生物学会《生物工程学报》编委（2001—2006）。

一项专利获得审批通过。一项新药获新药证书。

2002 年   77 岁

在《科学通报》上发表《分子克隆实验指南》(第 3 版)。

在《生物化学与生物物理学报》《遗传学报》和 Acta Biochimica et Biophysica Sinica［《生物化学与生物物理学报（英文版）》］等发表论文 9 篇。

担任复旦大学学术委员会委员。

担任北京大学蛋白质工程及植物基因工程国家重点实验室学术委员会委员。

担任上海生物信息技术研究中心学术委员会主任。

担任上海科技委员会牡丹奖理事会理事。

一项专利获得审批通过。一项新药获新药证书。

2003 年   78 岁

研究成果"重组人表皮生长因子研制及临床应用"项目获国家科技进步二等奖。

在《生物化学与生物物理学报》《科技文萃》和 Biochemical and Biophysical Research Communications（《生物化学与生物物理研究通讯》）、DNA Sequence 发表论文 7 篇。

4 月，参与主持由上海市科学技术委员会和上海市科学技术协会主办，中国科学院上海生命科学研究院、国家人类基因组南方中心、生物芯片上海国家工程研究中心、上海交通大学共同承办的"纪念 DNA 双螺旋结构发现 50 周年"活动周。

担任《中国生物学文摘》主编。

两项专利获得审批通过（包括一项美国专利）。

2004 年　　79 岁

在 *Biochemical and Biophysical Research Communications*、《世界胃脏病学杂志（英文版）》(*World Journal of Gastroenterology*)、*Biochimica et Biophysica Acta* 和《中国生物工程杂志》发表 4 篇论文。

8 月 12 日，上海生化与细胞所领导班子成员、老领导及部分研究组长在安亭别墅举行晚宴，为其庆祝八十华诞。

担任医学分子学国家重点实验室学术委员会委员。

担任《中国生物化学与分子生物学报》编委。

两项专利获得审批通过。

2005 年　　80 岁

9 月，在第九届全国基因与基因组学术研讨会上和强伯勤院士共同任学术委员会主席，在会议闭幕式上回顾第一到第八次全国基因会议的历程。

担任国家人类基因组南方研究中心专家委员会委员。

担任《中国兽医寄生虫病》编委、顾问。

两项专利获得审批通过。一项新药获得新药证书。

2006 年　　81 岁

在《生物化学》(*Biochemistry Journal*) 第 393 期发表论文 "Dual promoters control the cell-specific expression of the human cell death-inducing DFF45-like effector B gene"。

五项专利获得审批通过。

2007 年　　82 岁

在 *Journal of Hepatology*（《肝脏病学》）第 46 期发表论文 "Overexpression of the gene for transmembrane 4 superfamily member 4 accelerates liver damage in rats treated with CCl_4"。

两项专利获得审批通过。

2008 年　　83 岁

10 月 28 日—31 日，出席在重庆市召开的中国遗传学会第八届全国代表大会。

在《核酸研究》（*Nucleic Acids Research*）第 36 卷第 1 期发表论文 "CpG methylation plays a vital role in determining tissue- and cell-specific expression of the human cell-death-inducing DFF45-like effector A gene through the regulation of Sp1/Sp3 binding"。

一项专利获得审批通过。

2009 年　　84 岁

做客湖南农业大学"科学论坛"，分享基因分子生物学和基因工程、DNA 大分子的结构与功能、DNA 分子受 X 射线的隐藏破坏、DNA 的辐射损伤等方面的研究经验。

在《肝病学》（*Hepatology*）第 49 期发表论文 "Hepatitis B Virus X Protein Sensitizes Cells to Starvation-Induced Autophagy via Up-regulation of Beclin 1 Expression"。

两项专利获得审批通过。

2011 年　　86 岁

10 月，参加"个人全基因组特征图谱"研讨会，与多位中美科学家对个人全基因组特征图谱的科学基础、技术背景、发展前景进行充分讨论和交流，作总结发言。

两项专利获得审批通过。

2012 年　　87 岁

6 月，出席在江苏泰州中国医药城举行的第六届中国生物产业大会。

两项专利获得审批通过。

2014 年　　89 岁

两项专利获得审批通过。

8 月 10 日，生化与细胞所领导及部分研究组长，学生为其庆祝九十华诞。复旦大学闻玉梅院士、上海交通大学顾健人院士、复旦大学赵寿元教授，中国科学院上海生物工程研究中心杨胜利院士，生化与细胞所戚正武院士、张永莲院士、林其谁院士、王恩多院士等也共襄盛举。

2016 年 5 月生病住院，2018 年 5 月在上海去世。

附录 2

李载平主要论著目录

一、论文

1. 李载平. 1947. THE PREPARATION OF 2.4-DICHLOROPHENYL CAPROATE. 北京大学.

2. 盛沛根, 李载平, 曹天钦. 1957. STUDIES ON PROTEINS OF THE NERVOUS SYSTEM I. A NOTE ON THE ELECTROPHORETIC BEHAVIOUR OF SOME BRAIN NUCLEOPROTEINS. *Acta Physiologica sinica*, XXI（1）, 33-39.

3. 李载平, 盛沛根. 1957. 神经系统蛋白的研究 II. 牛坐骨神经白朊的抽提、提纯和鉴定. 生理学报, 21（3）, 292-301.

4. 李载平, 景沛, 吕新法, 钱肖贞. 1961. X 射线对小牛胸腺脱氧核糖核酸的隐藏破坏作用. 生物化学与生物物理学报, 1（1）, 26-40.

5. 李载平, 甘人宝. 1962. 盐类对二苯胺法脱氧核糖核酸定量测定的干扰作用. 生物化学与生物物理学报, 2（3）, 182-193.

6. 汪垣, 李载平. 1974. 细胞 DNA 辐射损伤的修复. 生物化学与生物物理进展, （3）, 6-13.

7. 王珩, 甘人宝, 刘定干, 李载平. 1981. pBR 322 DNA 的 HaeⅢ, BamHI 的酶切片段的核苷酸顺序. 生物化学与生物物理进展, 0（6）, 59-62+89.

8. 郑仲承, 钱肖贞, 储美瑾, 张爱宝, 李载平. 1981. 蓖麻蚕核糖体核糖核酸基因的限制性内切酶酶切图谱. 遗传学报, 0（3）, 203-211.

9. 蔡名杰, 李载平. 1981. 蓖麻蚕 $_{55}$DNA 的限制酶分析. 广西蚕业通讯, （4）, 59-59.

10. 钱肖贞, 郑仲承, 储美瑾, 张爱宝, 李载平. 1981. 蓖麻蚕核糖体核糖核酸基因的限制性内切酶酶切图谱. 遗传学报, 8（3），203-211.

11. 李敏棠, 戴培桦, 李载平, 黄可威, 陆有华. 1981. 家蚕核多角体病毒 DNA 限制性内切酶酶解图谱和感染性. 科学通报, 0（22），1391-1396.

12. 李敏棠, 戴培桦, 李载平, 黄可威, 陆有华. 1982. RESTRICTION PATTERNS AND INFECTIVITY OF NUCLEAR POLYHEDROSIS VIRUS DNA OF BOMBYX MORI. *A Monthly Journal of Science*, 27（10），1096-1102.

13. 吴祥甫, 郑仲承, 江福美, 储美瑾, 钱肖贞, 李载平. 1982. 蓖麻蚕（Attacus ricini）核糖体 RNA 基因片段在大肠杆菌中的无性繁殖. *Acta Biochimica et Biophysica Sinica*, 14（3），287-294.

14. 李载平, 蔡名杰. 1982. 蓖麻蚕基因组中 5S DNA 的组织. 遗传学报, 9（5），325-332.

15. 李载平, 刘定干. 1982. 用对-重氮苯砜乙基纤维素纸（DBSE 纸）共价固定核酸的分子杂交方法. 科学通报, 0（16），1011-1014.

16. 甘人宝, 沈绿萍, 储美瑾, 李载平. 1983. adr 亚型乙型肝炎病毒表面抗原基因的核苷酸顺序. 中国科学（B 辑　化学　生物学　农学　医学　地学），0（12），1115-1122.

17. 吴祥甫, 周翊钟, 冯宗铭, 李载平, 夏绍源. 1983. CLONING AND RESTRICTION MAPPING OF HUMAN HBV GENOME SEROTYPE adr. *Science in China, Ser.B*, XXVI（9），954-961.

18. 刘定干, 李载平. 1983. HYBRIDIZATION OF NUCLEIC ACIDS COVALENTLY LINKED TO p-DIAZOBENZENESULFONYLETHYL（DBSE）CELLULOSE PAPER. *A Monthly Journal of Science*, 28（6），819-823.

19. 甘人宝, 王珩, 储美瑾, 徐敏, 李载平. 1983. 蓖麻蚕核糖体 RNA 基因外转录间隙区（ETS）部分顺序. 遗传学报，10（4），247-253.

20. 吴祥甫，郑仲承，靳嘉瑞，江福美，储美瑾，钱肖贞，李载平. 1983. 蓖麻蚕核糖体 RNA 基因在大肠杆菌中的无性繁殖. 遗传学报，10（6），423-428.

21. 郑仲承，钱肖贞，杨冠珍，张爱宝，李载平. 1983. 蓖麻蚕核糖体核糖核酸基因上 18S、28S 和 5.8S 核糖体核糖核酸基因的定位. 遗传学报，10（5），333-340.

22. 敖世洲，吴祥甫，高桥秀夫，李载平. 1983. 大肠杆菌启动基因的重组和表达 Ⅰ. 不同启动基因对 β-半乳糖苷酶结构基因表达的影响. 遗传学报，10（2），85-90.

23. 吴祥甫，敖世洲，高桥秀夫，李载平. 1983. 大肠杆菌启动基因的重组和表达 Ⅱ. 不同启动基因对抗四环素基因表达的影响. 遗传学报，10（3），175-179.

24. 敖世洲，梁镇和，汤锦炎，周晓雄，丁晓华，陈常庆，李载平. 1983. 化学合成的亮氨酸脑啡肽基因在大肠杆菌中的克隆和表达. 中国科学（B 辑　化学　生物学　农学　医学　地学），0（10），912-918.

25. 李载平. 1983. 纪念 DNA 双螺旋结构发现 30 年. 遗传工程，(3)，6-7.

26. 吴祥甫，江福美，李载平. 1983. 末端片段杂交法———一种方便的基因酶切图谱分析法. 遗传学报，10（5），329-332.

27. 李载平. 1983. 南斯拉夫纪行. 生命的化学（中国生物化学会通讯），0（2），68-69.

28. 孙宇泰，陈常庆，李载平. 1983. 脑啡肽基因的合成 Ⅱ. d-GGAAACCA 的合成. *Acta Biochimica et Biophysica Sinica*, 15（2），177-182.

29. 冯宗铭，吴祥甫，李载平. 1983. 人乙型肝炎 adr 亚型病毒（HBVadr）表面抗原与核心抗原基因定位. *Acta Biochimica et Biophysica Sinica*, 15（3）, 283-287.

30. 吴祥甫, 周翊钟, 冯宗铭, 李载平, 夏绍源. 1983. 人乙型肝炎病毒——HBV adr 亚型基因组的克隆和限制酶切图谱. 中国科学（B 辑 化学 生物学 农学 医学 地学）, 0（2）, 162-167.

31. 敖世洲, 高美华, 周翊钟, 潘铁城, 丁红珍, 李载平. 1983. 乙型肝炎病毒表面抗原基因在大肠杆菌中的表达. 遗传学报, 10（4）, 254-260.

32. 刘定干, 李载平. 1983. 用于核酸分子杂交实验的电泳转移器. *Acta Biochimica et Biophysica Sinica*, 15（5）, 489-493.

33. 敖世洲, 周翊钟, 潘铁城, 李载平. 1984. adr 亚型乙型肝炎病毒表面抗原基因在大肠杆菌中的表达. 中国科学（B 辑 化学 生物学 农学 医学 地学）, 0（9）, 825-830.

34. 敖世洲, 梁镇和, 汤锦炎, 周晓雄, 丁晓华, 陈常庆, 李载平. 1984. THE CLONING AND EXPRESSION OF THE SYNTHETIC LEU-ENKEPHALIN GENE IN E.coli. *Science in China, Ser.B*, XXVII（1）, 28-37.

35. 甘人宝, 沈绿萍, 储美瑾, 李载平. 1984. THE NUCLEOTIDE SEQUENCE OF SURFACE ANTIGEN GENE OF HEPATITIS B VIRUS SUBTYPE adr. *Science in China, Ser.B*, XXVII（9）, 926-935.

36. 靳嘉瑞, 赵慕钧, 杨冠珍, 李载平. 1984. 蓖麻蚕 rDNA 的十字结构. *Acta Biochimica et Biophysica Sinica*, 16（6）, 615-621.

37. 钱标, 王昌才, 戴培桦, 李载平. 1984. 蓖麻蚕后部丝腺体 Poly（A）$^+$ RNA 的 cDNA 在大肠杆菌中的克隆. 遗传, 6（5）, 6-10.

38. 李敏棠, 顾懋治, 李载平, 黄可威, 陆有华. 1984. 家蚕 DNA 对家蚕核多角体病的诱发作用. 遗传学报, 11（4）, 306-311.

39. 忻纪厚, 顾懋治, 李敏棠, 李载平. 1984. 家蚕核多角体病毒基因库. 中国科学（B 辑 化学 生物学 农学 医学 地学）,

0（9），805-810.

40. 甘人宝，储美瑾，沈绿萍，钱苏雯，李载平. 1984. 克隆的adr亚型乙型肝炎病毒基因组（pADR-1）的核苷酸顺序. *Acta Biochimica et Biophysica Sinica*, 16（3），316-319.

41. 沈绿萍，王二力，潘铁城，戴培桦，李载平，李育阳. 1984. 乙型肝炎病毒HBsAg基因在酵母中GAL-10控制下的表达. *Acta Biochimica et Biophysica Sinica*, 16（3），320-323.

42. 汪垣，吴雪，钟武威，冯宗铭，吴祥甫，孔玉英，潘铁城，戴培桦，李载平. 1984. 以牛痘病毒为载体的乙型肝炎病毒表面抗原基因的表达. *Acta Biochimica et Biophysica Sinica*, 16（6），698-703.

43. 冯宗铭，周翊钟，吴祥甫，甘人宝，李载平. 1985. A CLONE OF HEPATITIS B VIRUS（SUBTYPE adr）DNA WITH A NEW HIND Ⅲ SITE. *Science in China, Ser.B*, XXⅧ（8），827-834.

44. 敖世洲，丁晓华，周翊钟，李载平. 1985. A NEW SYSTEM FOR THE SYNTHESIS OF HIGH LEVELS OF HBsAg SEQUENCE IN Escherichia coli. *Science in China, Ser.B*, XXⅧ（12），1291-1298.

45. 敖世洲，周翊钟，潘铁城，李载平. 1985. EXPRESSION OF SURFACE ANTIGEN GENE OF HUMAN HEPATITIS B VIRUS SEROTYPE adr IN Escherichia coli. *Science in China, Ser.B*, XXⅧ（6），618-625.

46. 敖世洲，周翊钟，甘人宝，储美瑾，戴培桦，李载平. 1985. HBsAg基因在酵母细胞中的表达. 生物工程学报，1（2），49-53+83.

47. 忻纪厚，顾懋治，李敏棠，李载平. 1985. THE CLONED SALI FRAGMENTS OF Bombyx mori NUCLEAR POLYHEDROSIS VIRUS DNA. *Science in China, Ser.B*, XXⅧ（1），42-48.

48. 王珩，忻纪厚，顾懋治，李载平. 1985. THE POLYHEDRIN GENE OF Bombyx mori NUCLEAR POLYHEDROSIS VIRUS. *Science*

in China, Ser.B, XXVIII（10），1051-1059.

49. 李敏棠，戴培桦，忻纪厚，李载平，黄可威，陆有华．1985．蓖麻蚕核多角体病毒核糖核酸的限制性内切酶酶解图谱和电镜观察．蚕业科学，11（1），52-24．

50. 王珩，忻纪厚，顾懋治，李载平．1985．家蚕核多角体病毒的多角体蛋白基因．中国科学（B辑　化学　生物学　农学　医学　地学），0（3），245-251．

51. 敖世洲，王静英，李载平．1985．酵母启动基因在大肠杆菌中的克隆和表达．生物工程学报，1（3），20-25．

52. 刘定干，李载平．1985．可同时作10块聚丙烯酰胺凝胶平板电泳的潜水式电泳槽．生物化学与生物物理进展，0（6），75．

53. 吴祥甫，冯宗铭，江福美，周翊钟，钱斌，李载平．1985．人乙型肝炎病毒（HBV）adr亚型基因组的多态性．生物化学杂志，1（4），68-74．

54. 敖世洲，丁晓华，周翊钟，李载平．1985．一个HBsAg基因在大肠杆菌中的强表达系统．中国科学（B辑　化学　生物学　农学　医学　地学），0（3），252-258．

55. 冯宗铭，周翊钟，吴祥甫，甘人宝，李载平．1985．一个带有新的Hind Ⅲ切点的HBVadr基因组克隆株．中国科学（B辑　化学　生物学　农学　医学　地学），0（3），237-244．

56. 沈绿萍，王二力，潘铁城，戴培桦，李载平，李育阳．1985．在GAL-10启动子控制下HBsAg基因在酵母中表达．中国科学（B辑　化学　生物学　农学　医学　地学），0（11），1023-1029．

57. 沈绿萍，王二力，潘铁城，戴培桦，李载平，李育阳．1986. THE EXPRESSION OF HBsAg GENE IN YEAST UNDER GAL-10 PROMOTER CONTROL. *Science in China, Ser.B*, XXIX（8），856-863．

58. 郭文彤，沈绿萍，姚曼华，李载平．1986. β干扰素基因在大肠杆菌中的表达．生物工程学报，2（3），25-31.

59. 汪垣，冯宗铭，吴雪，陈珍珍，钟武威，吴祥甫，孔玉英，戴培桦，李载平．1986. 带有乙型肝炎表面抗原基因的重组痘苗病毒———一种可能的乙型肝炎活疫苗．中国科学（B辑 化学 生物学 农学 医学 地学），0（6），623-634.

60. 李载平．1986. 第二次"基因结构，克隆和表达"讨论会．遗传工程，0（1），1-3.

61. 忻纪厚，顾懋诒，李洪华，王珩，周金涛，李敏棠，李载平．1986. 具有原核基因启动子活性的家蚕核多角体病毒的DNA片段．中国科学（B辑 化学 生物学 农学 医学 地学），0（4），389-395.

62. 甘人宝，储美瑾，沈绿萍，钱苏雯，李载平．1986. 克隆的adr亚型乙型肝炎病毒（pADR-1）DNA的全顺序．中国科学（B辑 化学 生物学 农学 医学 地学），0（1），55-65.

63. 李敏棠，忻纪厚，李载平，张士芸，乐云仙，苏德明．1986. 棉铃虫核多角体病毒DNA的限制性内切酶酶解图谱和电镜观察．昆虫学报，29（2），121-126.

64. 钱苏雯，乐树云，张爱宝，李载平．1986. 在Apple II型微机上实现核酸数据处理的工作程序．生物化学杂志，2（1），75-82.

65. 李载平．1986. 祝《生物工程进展》创刊．生物工程进展，0（2），4-5.

66. 忻纪厚，顾懋治，李洪华，王珩，周金涛，李敏棠，李载平．1987. DNA FRAGMENTS OF Bombyx mori NUCLEAR POLYHEDROSIS VIRUS CONTAINING THE PROMOTERS ACTIVE IN PROKARYOTES. *Science in China, Ser.B*, XXX（6），591-598.

67. 沈绿萍，郭文彤，姚曼华，李载平．1987. SD顺序到ATG之间距离对β干扰素基因表达的影响．*Acta Biochimica et Biophysica*

Sinica, 19（5），384-389.

68. 甘人宝，储美瑾，沈绿萍，钱苏雯，李载平 . 1987. THE COMPLETE NUCLEOTIDE SEQUENCE OF THE CLONED DNA OF HEPATITIS B VIRUS SUBTYPE adr IN pADR-1. *Science in China, Ser.B*, XXX（5），507-521.

69. 窦少波，郑仲承，李载平 . 1987. 蓖麻蚕 5.8S rRNA 基因的结构特点 . *Acta Biochimica et Biophysica Sinica*, 19（5），373-382.

70. 吴雪，李光地，冯宗铭，钟武威，储美瑾，汪垣，李载平 . 1987. 痘苗病毒通用表达载体 pGJP-5 的组建 . *Acta Biochimica et Biophysica Sinica*, 19（5），397-405.

71. 冯宗铭，钟武威，吴雪，汪垣，李载平 . 1987. 含 preS2 的乙肝表面抗原基因的表达 . *Acta Biochimica et Biophysica Sinica*, 19（5），428-432.

72. 刘定干，李载平 . 1987. 家蚕核型多角体病毒及核衣壳的纯化和其结构蛋白的凝胶电泳分析 . 生物化学杂志，3（3），199-206.

73. 李亦平，沈绿萍，郭文彤，姚曼华，李载平 . 1987. 人 -β 干扰素结构基因的定向点突变 . 生物工程学报，3（2），90-96.

74. 钱苏雯，李载平 . 1987. 人的转化生长因子 -α（hTGF-α）基因的化学合成和克隆 . *Acta Biochimica et Biophysica Sinica*, 19（5），389-396.

75. 沈绿萍，杨志勇，谢伟军，戴培桦，李载平 . 1987. 乙肝表面抗原基因在酵母 GAP 启动下的高表达 . *Acta Biochimica et Biophysica Sinica*, 19（5），433-436.

76. 钱苏雯，陈常庆，李载平 . 1988. CHEMICAL SYNTHESIS AND CLONING OF SECRETIN GENE. *Science in China, Ser.B*, XXXI（6），687-694.

77. 刘定干，李载平 . 1988. 家蚕核型多角体病毒结构多肽的双向电泳分析 . 病毒学杂志，0（1），87-93.

78. 钱苏雯，陈常庆，李载平. 1988. 胰泌素基因的化学合成和克隆. 中国科学（B辑 化学 生物学 农学 医学 地学），（4），387-394.

79. 郑仲承，曹萍，钱肖贞，李载平. 1988. 用S1核酸酶作图法测定蓖麻蚕18S rRNA基因的5′端位置. 遗传学报，15（1），40-45.

80. 施源，沈绿萍，唐孝宣，李载平，袁渭康，陈敏恒. 1989. pH和溶解氧浓度对重组酵母表达乙型肝炎表面抗原的影响. 生物工程学报，5（4），284-290.

81. 凌敏华，郑仲承，曹苹，李载平. 1989. 蓖麻蚕18S rRNA基因3′末端的顺序特征. 遗传学报，16（6），442-447.

82. 李载平. 1989. 反向生物学. 生物工程进展，0（2），1-2.

83. 施源，唐孝宣，袁渭康，陈敏恒，沈绿萍，李载平. 1989. 培养基组分和发酵温度对重组酵母表达HBsAg的影响. 生物工程学报，5（3），207-213.

84. 汪垣，王少芹，冯宗铭，钟武威，孔玉英，朱绳祖，李载平，陆选永，姚光弼. 1989. 乙型肝炎病毒表面抗原preS基因在痘苗病毒系统中的分泌型表达. 中国科学（B辑 化学 生命科学 地学），0（11），1161-1167.

85. 汪垣，王少芹，冯宗铭，钟武威，孔玉英，李载平，陆选永，姚光弼. 1990. EXPRESSION AND SECRETION OF preS CONTAINING HEPATITIS B SURFACE ANTIGEN IN VACCINIA VIRUS SYSTEM. *Science in China, Ser.B*, 33（9），1071-1078.

86. 李亦平，忻纪厚，李载平. 1990. 苜蓿尺蠖核多角体病毒（AcNPV）DNA的提纯及多角体蛋白基因片段的克隆. 遗传学报，17（4），321-326.

87. 靳嘉瑞，李载平. 1991. 雌激素受体的结构与功能. 细胞生物学杂志，0（1），7-12.

88. 赵新泰，吴祥甫，李载平，殷震. 1991. 貂肠炎病毒基因的分子克隆和结构研究. 病毒学报，7（3），235-240.

89. 储瑞银，江福美，吕鸿声，李载平，吴祥甫. 1991. 杆状病毒运载的乙型肝炎病毒表面抗原基因（preS2-S）在家蚕体内的高效表达. 科学通报，0（11），859-862.

90. 李磊，李光地，王东，王健平，曾桂超，张迺蘅，汤健，李载平. 1991. 基因定点诱变删除及天然α型心钠素的分泌型表达. 生物化学杂志，7（4），492-495.

91. 鲁凤民，张贵寅，李璞，刘定干，李载平. 1991. 具有抗癌活性 cDNA 反义表达克隆的构建. 哈尔滨医科大学学报，26（5），393-394.

92. 刘定干，王达，陈珍珍，李载平，野田亮，井川洋二. 1991. 具有抗癌基因活性的一个 cDNA 克隆. 中国科学（B 辑 化学 生命科学 地学），0（7），730-737.

93. 俞贤明，汪垣，李载平. 1991. 一个能分泌出哺乳动物细胞的 HBV 表面抗原大蛋白. 中国科学（B 辑 化学 生命科学 地学），0（6），633-638.

94. 李磊，郭文彤，李光地，王健平，张迺蘅，李载平，曾桂超，汤健. 1991. 在大肠杆菌中分泌型表达人α心钠素衍生物. 生物化学杂志，7（4），487-492.

95. 刘定干，王达，陈珍珍，李载平，野田亮，井川洋二. 1992. A cDNA CLONE WITH ANTIONCOGENE ACTIVITY. *Science in China, Ser.B*, 35（7），822-833.

96. 俞贤明，汪垣，李载平. 1992. AN HBV LARGE SURFACE ANTIGEN PROTEIN WHICH CAN BE SECRETED FROM MAMMALIAN CELLS. *Science in China, Ser.B*, 35（4），455-462.

97. 刘定干，陈珍珍，李载平. 1992. EFFECTS OF A SYNTHETIC POLYPEPTIDE ENCODED BY THE p14-6, A cDNA CLONE WITH

ANTIONCOGENE ACTIVITY, ON MALIGNANT TRANSFORMED DT CELLS. *Chinese Journal of Cancer Research*, 4（1）, 1-5.

98. 俞贤明，李载平. 1992. 带肝细胞受体结合区的乙型肝炎病毒表面抗原蛋白性质的研究——形成表面抗原颗粒和在不同细胞中的分泌. 中国科学（B辑 化学 生命科学 地学），0（3），283-288.

99. 张耀洲，张颖，吴祥甫，吕鸿声，李载平. 1992. 家蚕核型多角体病毒P10基因的克隆及核苷酸序列分析. 病毒学报，8（3），280-282.

100. 俞贤明，李载平. 1993. THE PROPERTIES OF AN HBV SURFACE ANTIGEN PROTEIN CARRYING THE BINDING SITE FOR THE RECEPTOR OF HEPATOCYTES—ITS FORMATION OF SURFACE ANTIGEN PARTICLES AND SECRETION FROM DISCRETE CELL LINES. *Science in China, Ser.B*, 36（6），685-692.

101. 徐文忠，杜念兴，李光地，汪垣，李载平. 1993. 促进动物生长的新型基因工程疫苗研究. 中国科学（B辑 化学 生命科学 地学），23（12），1272-1278.

102. 赵新泰，殷震，赵永军，李载平，吴祥甫. 1993. 貂肠炎病毒的核苷酸序列和基因组结构. 遗传学报，20（3），279-284.

103. 张耀洲，吴祥甫，李载平. 1993. 氯霉素乙酰基转移酶基因在家蚕核型多角体病毒P10基因启动子控制下的表达. 病毒学报，9（4），361-366.

104. 李载平. 1993. 破解DNA的工作语言. 生命的化学（中国生物化学会通讯），13（3），3-3.

105. 张耀洲，吴祥甫，李载平，吕鸿声. 1993. 一种新的杆状病毒转移载体的构建. 浙江农业大学学报，19（4），383-387.

106. 徐文忠，杜念兴，李光地，汪垣，李载平. 1994. A New Genetically Engineered Vaccine for Animal Growth Promotion. *Science*

in China（Series B）, 37（10）, 1234-1241.

107. 徐可立，俞贤明，孔玉英，汪垣，李载平. 1994. 带肝细胞受体结合区的 HBV 表面抗原蛋白性质的研究——preS 区有不同缺失的表面抗原蛋白性质的比较. 中国科学（B 辑 化学 生命科学 地学），24（1），70-75.

108. 张耀洲，吴祥甫，李载平. 1994. 家蚕和苜蓿银纹夜蛾核型多角体病毒 P10 基因的研究. 中国科学（B 辑 化学 生命科学 地学），24（2），157-164.

109. 张耀洲，吴祥甫，李载平，李德葆. 1994. 家蚕核型多角体病毒 p26 基因及部分 hr5 区的克隆和序列分析. 病毒学报，10（3），271-277.

110. 邓继先，卢建申，杨琴，程萱，王少飞，李琳，陈琳，肖成祖，宓怡德，吴祥甫，李载平. 1994. 人 β-干扰素在杆状病毒载体与 Sf 细胞体系中的表达. 军事医学科学院院刊，18（1），53-57.

111. 刘惠，李载平，俞贤明. 1994. 乙型肝炎病毒表面抗原前 S 区和谷胱甘肽巯基转移酶融合基因在大肠杆菌中的表达. 生物化学与生物物理学报，26（5），513-518.

112. 雷向东，宓怡德，袁中一，李载平，吴祥甫. 1994. 萤火虫荧光素酶基因在家蚕中的表达. 科学通报，39（9），847-849.

113. 徐可立，俞贤明，孔玉英，汪垣，李载平. 1995. HBV SURFACE ANTIGEN PROTEINS WITH DELETIONS IN THE PRES REGION. *Science in China, Ser.B*, 38（3），321-328.

114. 张耀洲，吴祥甫，李载平. 1995. P10 GENES OF BOMBYX MORI NUCLEAR POLYHEDROSIS VIRUS AND AUTOGRAPHA CALIFORNICA MULTIPLE NUCLEAR POLYHEDROSIS VIRUS. *Science in China, Ser.B*, 38（1），50-59.

115. 李载平. 1995. 大力开发基因药物. 世界科学，0（10），12-12.

116. 于世辉，邢小平，徐世东，徐明旭，刘定干，张贵寅，李载平，李璞．1995. 肺腺癌肿瘤抑制基因 p53 突变位点的研究．中华医学遗传学杂志，12（2），104-106.

117. 何明亮，李载平．1995. 核骨架与真核基因复制起点．细胞生物学杂志，17（4），155-162.

118. 刘定干，李载平，审良静男，岸本忠三．1995. 回复系 RR 中一种与回复相关的蛋白表达增强．中国科学（B 辑 化学 生命科学 地学），25（4），372-378.

119. 何明亮，李载平．1995. 基因工程抗体的获得．细胞生物学杂志，17（2），59-64.

120. 何明亮，李载平．1995. 基因工程抗体的性质及应用前景．细胞生物学杂志，17（3），112-117.

121. 张志芳，张颖，吕鸿声，李载平，吴祥甫．1995. 家蚕核多角体病毒 DNA 复制起始点 hr3 的结构功能．中国科学（B 辑 化学 生命科学 地学），25（9），949-955.

122. 倪方锷，甘人宝，李载平，段恕诚，徐志一．1995. 携带 adr 和 adw 两种亚型乙型肝炎病毒的病例．中华微生物学和免疫学杂志，15（6），405-410.

123. 周耐明，张颖，金伟，李载平，吴祥甫．1995. 乙肝病毒 S 基因在家蚕细胞及蚕体内高效表达．生物工程学报，11（3），211-216.

124. 张清波，古兆云，徐肇，甘人宝，李载平．1995. 乙型肝炎病毒前核心区基因变异的研究．肝脏病杂志，3（1），29-32.

125. 周耐明，宓怡德，金伟，李载平，吴祥甫．1995. 应用昆虫杆状病毒载体在昆虫细胞中表达乙肝表面抗原．浙江农业大学学报，21（1），81-84.

126. 吴忠，张元芳，刘定干，李载平，贺斌．1996. CD_{44} 基因变异性表达与膀胱癌的关系．中华外科杂志，34（11），645-647.

127. 李朝晖，刘定干，李载平. 1996. cDNA 克隆 p14-6 肿瘤抑制功能的分子机制. 生物化学与生物物理学报，28（3），224-232.

128. 刘定干，李载平，Shizuo Akira, Tadamitsu Kishimoto. 1996. OVEREXPRESSION OF A REVERSION-RELATED PROTEIN IN THE REVERTANT RR CELLS. *Science in China (Series C: Life Sciences)*, 39（3），300-309.

129. 何明亮，赵慕钧，靳嘉瑞，李载平. 1996. 蓖麻蚕 rDNA5′—非转录间隔区的 DNA 序列及结构特征. 生物化学与生物物理学报，28（6），616-623.

130. 胡建新，吴祥甫，李载平，PeterHingyatLam. 1996. 家蚕核型多角体病毒同源重复区 hr5 的结构和功能. 中国科学 C 辑：生命科学，26（3），194-200.

131. 姚军，甘人宝，张倩，李载平. 1996. 人 GM-CSFc DNA 的克隆和在大肠杆菌中的表达. 生物化学与生物物理学报，28（3），265-271.

132. 倪晓东，刘定干，李载平. 1996. 新型核酸相减杂交用载体及其杂交效率. 科学通报，41（14），315-319.

133. 房德兴，甘人宝，李载平，段恕诚. 1996. 乙型肝炎病毒的表面抗原 126 位 Ilie→Ser 变异株. 生物化学与生物物理学报，28（4），429-433.

134. 何明亮，赵慕钧，靳嘉瑞，李载平. 1997. CHARACTERIZATION OF S1 NUCLEASE SENSITIVE SITE AT TRANSCRIPTION INITIATION REGION OF ATTACUS RICINI rDNA. *Science in China (Series C:Life Sciences)*, 40（4），398-405.

135. 朱敏生，许祥裕，刘定干，李载平，马洪泰，陈士林. 1997. NF-IL6 在人肿瘤组织中的表达及其分布特征的初步研究. 中国肿瘤生物治疗杂志，4（4），291-291.

136. 何明亮，赵慕钧，靳嘉瑞，李载平. 1997. 蓖麻蚕 rDNA

转录起始区核酸酶 S1 的敏感位点的特征结构. 中国科学 C 辑：生命科学，27（4），334-340.

137. 郑雷，何明亮，靳嘉瑞，李载平. 1997. 蓖麻蚕核糖体大亚基 RNA 基因 3'-端序列分析及进化研究. 遗传学报，24（4），296-304.

138. 吴忠，张元芳，刘定干，李载平，贺斌. 1997. 从膀胱癌尿脱落细胞中提取 RNA 进行 RT-PCR 的研究. 中华实验外科杂志，11（5），287-288.

139. 余拥军，姜育蕾，杨冠珍，李载平，吴祥甫. 1997. 功能性抗 HBsAg 人—鼠嵌合抗体在昆虫细胞中的高效表达. 生物化学与生物物理学报，29（6），560-566.

140. 吴忠，张元芳，刘定干，李载平，贺斌. 1997. 尿脱落细胞 CD_{44} 基因变异表达产物对膀胱癌诊断价值的研究. 临床泌尿外科杂志，12（4），235-238.

141. 吴忠，张元芳，刘定干，李载平，贺斌. 1997. 尿液脱落细胞 CD_{44} 基因拼接变异体对膀胱癌的诊断价值. 中华外科杂志，35（9），533-535.

142. 何元政，倪晓东，刘定干，卿国良，李载平. 1997. 噬菌体显示法克隆 RNA 结合蛋白 cDNA——表达文库的构建. 生物化学与生物物理进展，24（5），467-470.

143. 袁宇，张倩，丁红珍，钱悦，甘人宝，李载平. 1998. hTGF-α 的 C 结构域半保守残基对其结构与功能的影响. 生物化学与生物物理学报，30（1），96-100.

144. 赵慕钧，李碧莲，赵红，何明亮，李载平. 1998. IDENTIFICATION AND CHARACTERIZATION OF SCAFFOLD-ASSOCIATED REGION（SAR）OF rRNA GENE OF SILKWORM ATTACUS RICINI. *Science in China（Series C:Life Sciences）*，41（2），181-188.

145. 赵慕钧，李碧莲，赵红，何明亮，李载平．1998．蓖麻蚕 rDNA 核骨架结合元件 SAR 的检测和特征分析．中国科学 C 辑：生命科学，28（1），42-29．

146. 何明亮，赵慕钧，李载平．1998．蓖麻蚕 rDNA 基因核骨架结合区在酵母中的自主复制功能．生物化学与生物物理学报，30（2），147-153．

147. 朱敏生，刘定干，许祥裕，沈月，李载平．1998．人白细胞介素 6 表达的核因子蛋白在大肠杆菌中的表达与鉴定．中国药科大学学报，29（5），395-400．

148. 杨福家，孙章，李载平，张瑞琨．1998．世界正走向高科技时代．科技信息，0（10），4-5．

149. 房德兴，甘人宝，李载平，翟春生，周宗安．1998．同一乙型肝炎患者体内 HBV S 基因的多态性．中华微生物学和免疫学杂志，18（3），185-185．

150. 李载平．1998．下世纪，人能活到 200 岁．中国会计电算化，0（2），10-10．

151. 房德兴，甘人宝，张倩，李载平，段恕诚，殷震．1998．乙型肝炎病毒表面抗原 aa126 Ile → Ser 变异株 HBsAg 的暂时表达和抗原性鉴定．病毒学报，14（1），1-9．

152. 朱敏生，刘定干，李载平．1998．以 pMSEx-1 作为共转染质粒观察人 NF-IL6 过量表达对 NIH3T3 细胞成瘤性的影响．细胞与分子免疫学杂志，14（2），93-95．

153. 赵慕钧，夏双络，刘占武，陈洁，李载平．1999．用 cDNA 方阵筛选肝癌相关基因．第七次全国基因结构表达与调控学术讨论会．

154. 袁宇，张倩，黄培勇，王翼飞，周庆玮，甘人宝，李载平．1999．hEGF 和 hTGF-αN 结构域与 C 结构域的功能差异．生物化学与生物物理学报，31（5），519-522．

155. 廖成，赵慕钧，李载平．1999．定位候选克隆．生命的化学，19（2），92-94．

156. 廖成，赵慕钧，李载平．1999．定位候选克隆策略克隆一个新的肝癌相关基因．第七次全国基因结构表达与调控学术讨论会．

157. 吴震宇，赵慕钧，李载平．1999．核骨架结合元件的功能及作用机制的研究．第七次全国基因结构表达与调控学术讨论会．

158. 王遂泉，赵慕钧，李载平．1999．核骨架结合元件功能研究的进展．生命的化学，19（5），222-224．

159. 房德兴，甘人宝，李载平，翟春生，周宗安．1999．一例乙型肝炎患者体内不同 HBV 克隆的序列差异．中国病毒学，14（1），52-57．

160. 刘占武，赵慕钧，李载平．1999．抑制差减杂交技术筛选与肝脏再生相关的基因．第七次全国基因结构表达与调控学术讨论会．

161. 席全胜，钱欣国，周庆玮，潘巍，李载平，甘人宝．2000．人 epiregulin 在大肠杆菌中的表达．生物化学与生物物理学报，32（3），295-298．

162. 夏双络，赵慕钧，吴震宇，李载平．2000．人肝癌组织中的一个 Lis1 基因的阅读框移码突变．生物化学与生物物理学报，32（4），401-405．

163. 席全胜，潘巍，张倩，钱欣国，李载平，甘人宝．2000．上皮调节蛋白对表皮癌细胞 A431 生长的抑制机制．生物化学与生物物理学报，32（6），601-604．

164. 陆晔，靳嘉瑞，王耀发，李载平．2000．乙肝病毒基因上一个新的维甲素受体反应元件的发现．华东师范大学学报（自然科学版），0（2），97-103．

165. 刘占武，赵慕钧，李载平．2000．乙酰肝素酶：一个新的癌症治疗靶分子．生命的化学，20（2），58-60．

166. Zhanwu Liu, Mujun Zhao, Kazunari K. Yokoyama, Tsaiping Li. 2001. MOLECULAR CLONING OF A cDNA FOR RAT TM4SF4, A HOMOLOG OF HUMAN iL-TMP（TM4SF4）, AND ENHANCED EXPRESSION OF THE CORRESPONDING GENE IN REGENERATING RAT LIVER. *Biochim Biophys Acta*, 1518（1-2）, 183-189.

167. 吴震宇，赵慕钧，李载平. 2001. 蓖麻蚕 rRNA 基因中 SAR 对真核基因表达的调控. 生物化学与生物物理学报，33（1），59-64.

168. 刘占武，李载平. 2001. 大鼠肝再生相关基因的研究：1. 肝脏再生过程中表达上调基因的克隆、筛选和鉴定；2. 大鼠 TM4SF4，一个新的编码四跨膜蛋白的基因克隆以及与肝再生相关的功能研究. 中国科学院上海生命科学研究院生物化学与细胞生物学研究所.

169. 刘占武，赵慕钧，李载平. 2001. 大鼠再生肝中表达上调基因的筛选与鉴定. 生物化学与生物物理学报，33（2），191-197.

170. 潘巍，席全胜，夏双络，赵慕钧，甘人宝，李载平. 2001. 肝癌中高表达基因 fup1 的克隆及其功能. 生物化学与生物物理学报，33（2），173-178.

171. 辛利，张励，徐韧，张倩，叶勤，李载平，甘人宝. 2001. 人血管抑素在毕氏酵母中的表达及其活性测定. 生物化学与生物物理学报，33（3），291-295.

172. 李载平. 2001. 王所长和我的基因科研道路. 生命的化学，21（3），186-187.

173. 李载平. 2001. 王应睐所长引导我走上科研道路. 科学新闻，0（19），7-7.

174. 李载平. 2002.《分子克隆实验指南》(第3版). 科学通报，47（24），1888-1888.

175. 徐振华，赵慕钧，李载平. 2002. 斑马鱼与人类疾病模型的研究. 生命的化学, 22（4）, 376-379.

176. 徐韧, 辛利, 樊懿, 孟海蓉, 李载平, 甘人宝. 2002. 鼠源休眠蛋白具有抑制内皮细胞增殖和诱导细胞凋亡的活性（英文）. 生物化学与生物物理学报, 34（2）, 138-142.

177. 徐韧, 辛利, 张金梅, 李载平, 甘人宝. 2002. 体内表达的休眠蛋白抑制裸鼠肿瘤的生长. 生物化学与生物物理学报, 34（5）, 571-575.

178. 廖成, 赵慕钧, 李载平. 2002. 小鼠一个新基因 mLPTS 的克隆、表达及亚细胞定位. 遗传学报, 29（10）, 865-870.

179. Suiquan Wang, Mujun Zhao, Tsaiping Li. 2003. COMPLETE SEQUENCE OF THE 10.3 KB SILKWORM ATTACUS RICINI rDNA REPEAT, DETERMINATION OF THE TRANSCRIPTIONAL INITIATION SITE AND FUNCTIONAL ANALYSIS OF THE INTERGENIC SPACER. *DNA Seq*, 14（2）, 95-101.

180. Liang Liang, Mujun Zhao, Zhenhua Xu, Kazunari K. Yokoyama, Tsaiping Li. 2003. MOLECULAR CLONING AND CHARACTERIZATION OF CIDE-3, A NOVEL MEMBER OF THE CELL-DEATH-INDUCING DNA-FRAGMENTATION-FACTOR（DFF45）-LIKE EFFECTOR FAMILY. *Biochem J*, 370（1）, 195-203.

181. 李载平. 2003. 妙兮 DNA 美哉双螺旋——纪念 DNA 双螺旋结构模型一文发表 50 年. 科技文萃, 0（7）, 4-4.

182. 周庆玮, 谢静莉, 辛利, 徐韧, 叶勤, 李载平, 甘人宝. 2003. 人纤溶酶原 Kringle 1-4.5 结构域的表达及活性鉴定. 生物化学与生物物理学报, 35（2）, 138-142.

183. 周庆玮, 谢静莉, 辛利, 叶勤, 李载平, 甘人宝. 2003. 人纤溶酶原 Kringle1-5 结构域的表达及活性鉴定. 生物化学与生物物理学报, 35（8）, 761-767.

184. Suiquan Wang, Cheng Liao, Tsaiping Li, Mujun Zhao. 2004.

CLONING AND CHARACTERIZATION OF THE PROMOTER REGION OF HUMAN LPTS/PinX1 GENE. *Biochim Biophys Acta*, 1676 (3), 261-265.

185. 李载平. 2004. DNA 双螺旋模型共同发现者 Francis Crick 逝世. 生命的化学, 24 (4), 363-363.

186. Hai Song, Yiliang Li, Guoyuan Chen, Zhen Xing, Jing Zhao, Kazunari K Yokoyama, Tsaiping Li, Mujun Zhao. 2004. HUMAN MCRS2, A CELL-CYCLE-DEPENDENT PROTEIN, ASSOCIATES WITH LPTS/PinX1 AND REDUCES THE TELOMERE LENGTh. *Biochem Biophys Res Commun*, 316 (4), 1116-1123.

187. 李义良, 宋海, 赵静, 张红锋, 李载平, 赵慕钧. 2004. LPTS 抗体的制备和活性检测. 中国生物工程杂志, 24 (3), 45-48.

188. Liang Da, Dong Li, Kazunari K. Yokoyama, Tsaiping Li, Mujun Zhao. 2006. DUAL PROMOTERS CONTROL THE CELL-SPECIFIC EXPRESSION OF THE HUMAN CELL DEATH-INDUCING DFF$_{45}$-LIKE EFFECTOR B GENE. *Biochemical Journal*, 393 (3): 779-788.

189. Zhenhua Xu, Liang Liang, Hongfei Wang, Tsaiping Li, Mujun Zhao. 2006. HCRP1, A NOVEL GENE THAT IS DOWNREGULATED IN HEPATOCELLULAR CARCINOMA, ENCODES A GROWTH-INHIBITORY PROTEIN. *Biochemical and Biophysical Research Communications,* 311 (4) :1057-1066.

190. Jie Qiu, Zhanwu Liu, Liang Da, Ying Li, Haixing Xuan, Qishui Lin, Feng Li, Yifei Wang, Zaiping Li, Mujun Zhao. 2007. OVEREXPRESSION OF THE GENE FOR TRANSMEMBRANE 4 SUPERFAMILY MEMBER 4 ACCELERATES LIVER DAMAGE IN RATS TREATED WITH CCL$_4$. *Journal of Hepatology*, 46 (2), 266-275.

191. Dong Li, Liang Da, Hong Tang, Tsaiping Li, and Mujun Zhao. 2008. CpG METHYLATION PLAYS A VITAL ROLE IN DETERMINING TISSUE- AND CELL-SPECIFIC EXPRESSION OF THE HUMAN CELL-DEATH-INDUCING DFF45-LIKE EFFECTOR A GENE THROUGH THE REGULATION OF SP1/SP3 BINDING. *Nucleic Acids Research*, 36（1）, 330-341.

192. Chengfu Sun, Zhili Wu, Fangjun Jia, Yifei Wang, Tsaiping Li, Mujun Zhao. 2008. IDENTIFICATION OF ZEBRAFISH LPTS: A GENE WITH SIMILARITIES TO HUMAN LPTS/PinX1 THAT INHIBITS TELOMERASE ACTIVITY. *Gene*, 420（1）, 90-98.

193. Chengfu Sun, Mafei Xu, Zhen Xing, Zhili Wu, Yiping Li, Tsaiping Li, Mujun Zhao. 2009. EXPRESSION AND FUNCTION ON EMBRYONIC DEVELOPMENT OF LISSENCEPHALY-1 GENES IN ZEBRAFISH. *Acta Biochimica et Biophysica Sinica*, 41（8）, 677-688.

194. Hong Tang, Liang Da, Yi Mao, Ying Li, Dong Li, Zhenhua Xu, Feng Li, Yifei Wang, Pierre Tiollais, Tsaiping Li, Mujun Zhao. 2009. HEPATITIS B VIRUS X PROTEIN SENSITIZES CELLS TO STARVATION-INDUCED AUTOPHAGY VIA UP-REGULATION OF BECLIN 1 EXPRESSION. *Hepatology*, 49（1）, 60-71.

195. Guoyuan Chen, Liang Da, Ying Xu, Mafei Xu, Li Song, Tsaiping Li, Mujun Zhao. 2010. C-TERMINAL AMINO ACIDS 290-328 OF LPTS/PinX1 CONFER TELOMERASE INHIBITION. *Biochemical and Biophysical Research Communications*, 398（4）, 683-689.

196. Yi Mao, Liang Da, Hong Tang, Jiali Yang, Yinrui Lei, Pierre Tiollais, Tsaiping Li, Mujun Zhao. 2011. HEPATITIS B VIRUS X PROTEIN REDUCES STARVATION-INDUCED CELL DEATH THROUGH ACTIVATION OF AUTOPHAGY AND INHIBITION OF MITOCHONDRIAL APOPTOTIC PATHWAY. *Biochemical and*

Biophysical Research Communications, 415（1）, 68-74.

197. Guangming Chen, Liang Da, Hongfei Wang, Ying Xu, Guoyuan Chen, Chengfu Sun, Leiming Wang, Jing Zhao, Fang Zhang, Jian Feng, Yifei Wang, Pierre Tiollais, Tsaiping Li, Mujun Zhao. 2011. HIV-TAT-MEDIATED DELIVERY OF AN LPTS FUNCTIONAL FRAGMENT INHIBITS TELOMERASE ACTIVITY AND TUMORIGENICITY OF HEPATOMA CELLS. *Gastroenterology*, 140（1）, 332-343.

198. Zhen Xing, Xin Tang, Yuan Gao, Liang Da, Hai Song, Suiquan Wang, Pierre Tiollais, Tsaiping Li, Mujun Zhao. 2011. THE HUMAN LIS1 IS DOWNREGULATED IN HEPATOCELLULAR CARCINOMA AND PLAYS A TUMOR SUPPRESSOR FUNCTION. *Biochemical and Biophysical Research Communication*, 409（2）, 193-199.

199. Ying Li, Leiming Wang, Jie Qiu, Liang Da, Pierre Tiollais, Zaiping Li, Mujun Zhao. 2012. HUMAN TETRASPANIN TRANSMEMBRANE 4 SUPERFAMILY MEMBER 4 OR INTESTINAL AND LIVER TETRASPAN MEMBRANE PROTEIN IS OVEREXPRESSED IN HEPATOCELLULAR CARCINOMA AND ACCELERATES TUMOR CELL GROWTH. *Acta Biochim Biophys Sin*（*Shanghai*）, 44（3）, 224-232.

二、著作

1. D. M. 格洛弗（Glover, D. M.）著，李载平译. 1986. 遗传工程：DNA 克隆技术，科学出版社.

2. 李载平著. 1994. 乙肝的基因结构，上海科学出版社.

附录 3

媒体文章

李载平先生是我国著名的分子生物学家、基因工程研究的开拓者。1960年代初发现DNA分子受X射线的隐藏破坏,探索生命奥秘。1970年代后期投入DNA重组研究,研制乙肝疫苗,造福1亿患者。1990年代后期,担任中国科学院"人类基因组"基础性研究首席专家。

谨以此文哀悼昨天(5月30日)去世的中国工程院院士李载平先生。——编者

大科学家长啥样

潘 真

曹景行先生某天发朋友圈:有学者研究发现,我国大学生群体对科学家的刻板印象是,秃头或头发乱、戴眼镜、不修边幅,被各种理论和仪器所包围的性格怪异的人。

我一看就乐了,随手评论:无缘接触科学家而想当然。

那时候,正为李载平院士写传记,经常出入中山医院采访他。至少"这一个"大科学家长啥样,我有点发言权吧。

初次见到生于1925年的传主,我按常规喊"李老"(后来跟着大家喊起"李老师")。可他的声音,并无"90后"的苍老感,听着像年富力强的中年人,而且声线相当不错。想象一下40年前,中国科学院上海生化所分子遗传研究室成立伊始,又高又帅、刚刚50出

头的他，在那幢小楼里跑上跑下，领衔尖端科研的风采吧！

第二次采访中，进来一位步履轻盈的年长女士。"崔桂芳，我老伴。"李老师向我介绍，"当年差点让她跑了，后来我去追回来的……"原来是传说中的崔老师驾到！70年前，他俩是北大化学系同窗，后来她转学去了清华，"大概是想和我保持距离吧！"李老师说着哈哈一笑。崔老师也笑起来，故作嗔怪状，"又乱说了……"两人眼神交汇，亲密而自然。空气中没有荷尔蒙，我却嗅到了爱情的芬芳。想起电脑里存着这对学霸在清华园的黑白照片，端的是金童玉女天造地设呀！

采访他们的同事，不止一次听到："这两个人要好得咪！"我加了崔老师的微信，发现账号是LZP（"李载平"拼音首字母）；又去加李老师，他的账号是ZPL（"载平李"拼音首字母）。果然要好得咪！也是听来的故事：多年前，崔老师生病需要动手术，李老师却急得先住了院。我逗他，"有没搞错，怎么她生病、您住院啊？"他不好意思地坦白："我紧张得心乱跳……"

李老师不是只会埋头苦干的书呆子，他总是站在学科前沿，与国际同行中的高手过招。他能成为我们国家基因工程的领军人物，跟他开阔的视野不无关系，跟他内在丰富的底蕴也不无关系。

见过他年轻时创作的两幅水彩——《钱塘江的月光》和《挑沙人》，画面唯美、设色清润、笔触轻松。我把其中一幅的照片与美术界朋友分享，好评如潮。有收藏家断言："这个科学家如果不搞科研，一定是好画家。"

不当科学家，还可能是歌唱家么？我跟李老师探讨人生的种种"假如"。他开心地笑着，讲到同为中国工程院院士的老友的玩乐趣事："他比我迷音乐厉害，级别比我高，要求比我苛刻，对音响要求非常高……小提琴要听出松香味来……"我打断他，"那叫音响发烧友啊，您才是音乐发烧友！"他听古典音乐的历史，可以追溯到北师附小时代，与兄弟姐妹攒起零用钱合资买唱片。晚年，他重新开始买古典音乐唱片。同一位作曲家比如维瓦尔第的《四季》,他搜来不同指挥家、乐团演绎的版本,仔细欣赏各种风格的妙处。

病榻上的李老师,有点"微信控"。他提起对某篇拙作的看法,我一听便知他在看我的朋友圈。"最近'知识分子'上那篇讲SCBA在杭州的文章你看了吗?"他默认我也关注"知识分子"公众号,幸好我关注了。SCBA(美洲华人生物科学学会)诞生于1984年,1990年他曾获SCBA第三届国际学术讨论会颁发的优秀论文"国泰奖",是中国大陆获此奖第一人。

最近一次见面,是谈传记书稿。李老师说:"我的思想比较开阔自由,很高兴得到你的认同。但我还是低调一点吧……"动乱年代挨批斗他不要写,评院士波折他不要写,很多很多他都不要写。业务尖子的这种顾虑,我怎会不理解呢?可我坚持历史不能割裂,个人在大时代中的浮沉理应尽可能如实呈现,把真的历史传下去,后人读了才有榜样经验好学习,才可能吸取教训避免悲剧重演。

采访中,类似沉重的时刻并不多,更多是生动有趣的交流。比如当我问到改革开放初期他把外国科学家请到家里招待的情节,他讲完故事,还不忘就家宴中一道抢手菜"面授机宜"——"春卷是面擀皮,我们把面擀皮换成卷心菜,生菜也行。嫩卷心菜叶子,洗净,用高锰酸钾水泡过,放各种料(或肉松),一卷,很简单吧?你回家可以试试!"我听着记着,有几秒钟走神忽发奇想:要是请这样的大人物去做美食节目嘉宾,电视台的档次不晓得会飞跃多少台阶呢!

哦对了,这篇短文动笔之前,我在梦里起过一个新媒体兮兮的超长标题:又高又帅画水彩听古典乐爱妻儿会做菜……的大科学家。

(原载新民App 2018年5月31日、
《新华每日电讯》2018年7月6日)

大科学家长啥样

潘真

> 这篇短文动笔之前，我在梦里起过一个新媒体可用的超长标题：又高又帅画水彩听古典乐爱妻儿会做菜……的大科学家

曹景行先生某天发朋友圈：有学者研究发现，我国大学生群体对科学家的刻板印象是：秃头或头发花白、戴眼镜、不修边幅、被各种理论和仪器所包围的性格怪异的人。

我一看就乐了，随手评论：无缘接触科学家而想当然。

那时候，正为李载平院士写传记，经常出入中山医院采访他。至少"这一个"大科学家长啥样，我有点发言权吧。

初次见到生于1925年的传主，我按常规喊"李老"(后来跟着大家喊起"李老师")，可他的声音，并无"90后"的苍老感，听着像年富力强的中年人，而且声线相当不错。想象一下40年前，中科院上海生化所分子遗传研究室成立伊始，又高又帅、刚刚50出头的他，在耶鲁小楼里跑上跑下，领衔尖端科研的风采吧！

第二次采访中，进来一位步履轻盈的年长女士："崔桂芳，我老伴。"李老师向我介绍，"当年差点让她跑了，后来我去追回来的……"原来是传说中的崔老师驾到！70年前，他俩是北大化学系同窗，后来她转学去了清华，"大概是想和我保持距离吧！"李老师说着哈哈一笑。崔老师也笑起来，故作嗔怪状，"又乱说了……"两人眼神交汇，亲密而自然。空气中没有荷尔蒙，我却嗅到了爱情的芬芳。想起电脑里存着这对学霸在清华园的黑白照片，端的是金童玉女天造地设呀！

采访他的同事，不止一次听到："这两个人要好得呢！"我加了崔老师的微信，发现账号是LZP（"李载平"拼音首字母）；又去加李老师，他的账号是ZPL（"载平李"拼音首字母）。果然要好得呢！也是听来的故事：多年前，崔老师生病需要动手术，李老师却急得先住了院。我逗他，"有没搞错，怎么她生病、您住院啊？"他不好意思地坦白："我蔡张得心乱跳……"

李老师不是只会埋头苦干的书呆子。他总是站在学科前沿，与国际同行中的高手过招。他能成为我国国家基因工程的领军人物，跟他开阔的视野不无关系。跟他内在丰富的底蕴也不无关系。

见过他年轻时创作的两幅水彩——《钱塘江的月光》和《挑沙人》，画面唯美、设色清润、笔触轻松。我把其中一幅的照片与美术界朋友分享，好评如潮。有收藏家断言："这个科学家如果不搞科研，一定是好画家。"

不当科学家，还可能是歌唱家么？我跟李老师探讨人生的种种"假如"。他开心地笑着，讲到同为中国工程院院士的老友的玩乐趣事："他比我迷音乐厉害，级别比我高，要求比我苛刻，对音响要求非常高……小摄梦要听出松香味来……"我打断他，"那叫音响发烧友啊，您才是音乐发烧友！"他听古典音乐的历史，可以追溯到北师大附小时代，与兄弟姐妹攒起零用钱合资买唱片。晚年，他重新开始买古典音乐唱片。同一位作曲家比如维瓦尔第的《四季》，他搜来不同指挥家、乐团演绎的版本，仔细欣赏各种风格的妙处。

病榻上的李老师，有点"微信控"，他提起对某篇拙作的看法，我一听便知他在看我的朋友圈。"最近知识分子'上那篇讲SCBA在杭州的文章你看了吗？"他默认我也关注"知识分子"公号，幸好我关注了。SCBA（美洲华人生物科学学会）诞生于1984年，1990年他曾获SCBA第三届国际学术讨论会颁发的优秀论文"国泰奖"，是中国大陆获此奖第一人。

最后一次见面，是谈传记书稿。李老师说："我的思想比较开阔自由，很高兴得到你的认同。但我还是低调一点吧……"动乱年代挨批斗他不要写，评院士波折他不要写，很多很多他都不要写。业务尖子的这种顾虑，我怎么会不理解呢？可我坚持历史不能割裂，个人在大时代中的浮沉理应尽可能如实呈现，把真的历史传下去，后人读了才有榜样经验好学习，才可能吸取教训避免悲剧重演。

采访中，类似沉重的时刻并不多，更多是生动有趣的交流。比如当我问到改革开放初期他把外国科学家请到家里招待的情节，他讲完故事，还不忘就家宴中一道香手菜"面授机宜"——"春卷是面擀皮，我们把面擀皮换成卷心菜，生菜出行。嫩卷心菜叶子，洗净，用高锰酸钾水泡过，放各种料（或肉松），一卷，很简单吧？你回家可以试试！"我听着听着，有几秒钟走神忽发奇想：要是请这样的大人物去做美食节目嘉宾，电视台的档次不晓得会飞跃多少台阶呢！

哦对了，这篇短文动笔之前，我在梦里起过一个新媒体可用的超长标题：又高又帅画水彩听古典乐爱妻儿会做菜……的大科学家。

这样精彩的人生，音容笑貌，怎会随着生命的消逝而淡出呢？

《新华每日电讯》版面

附录3 媒体文章

中国DNA研究的拓荒者

副刊 SUPPLEMENT

文|潘真
作家、媒体人

李载平（1925—2018）
分子生物学家、中国工程院院士

都说生命科学是本世纪最受关注的学科，《科学》杂志曾公布21世纪125个最具挑战性的科学问题，其中近半涉及生命科学。而李载平对这一领域的探究，早在上世纪中叶已经开始。70年代后期，他投入DNA重组研究，研制乙肝疫苗，造福1亿患者。90年代后期，担任中国科学院人类基因组基础性研究首席专家。

李载平出生于1925年，毕业于北京大学化学系。上世纪50年代末，身为中国科学院上海生化所的研究生，他获领衔一个课题组，研究射线对DNA分子结构的破坏。实验室里清一色是对DNA感兴趣的新手，相关试剂、仪器和设备等基本条件都不具备。实验必备的恒温水平式黏度计，是导师曹天钦等在工厂土制的；实用的菌种，是所长王应睐向英国同行要来的。但这不妨碍他们的全身心投入。李载平和他的同事们发现DNA分子受X射线的隐藏破坏作用，提出DNA的射线损伤修复这一全新概念。原来，外界环境不断地威胁、破坏DNA，而DNA不断修复自身，正是这种微观世界不易察觉的过程，保证了生命的延续。论文《X射线对小牛胸腺脱氧核糖核酸的隐藏破坏作用》完成后，收入上海科学技术出版社"1960年上海市科学技术论文选集"，被肯定为上海的重大科技成果。

这些研究虽然是初级的，但在当时已属于最先进的"基因工程"，是中国最初的基因分子生物学研究。那时中国的生化界，大都盯着热门的蛋白质、新陈代谢研究；注意到基因并着手DNA

研究的，李载平是第一人。此前，国际DNA研究领域一直都没有中国人的份。DNA的损伤和修复，后来成了生物学里的一个重要领域。

1975年，50岁的李载平入选中国首批赴美考察的分子生物学代表团，一个月内遍访美国最高水平的实验室，与近20位诺贝尔奖得主交流，更朝拜了世界分子生物学的圣地——冷泉港。密集的闻所未闻的信息，天天刺激着中国科学家。一路上，李载平想的谈的都是"我们虎皮得太久了！"人类已经跨入基因分子生物学和生物工程高科技的新时代，许多前人难以做到甚至不敢想不敢做的事，借助新兴的基因工程竟都大获成功。回国不久，李载平筹建了中国第一个分子遗传（基因工程）研究实验室，带领课题组开始重组DNA和基因工程的研究。这个著名的实验室交出了令世人瞩目的一张张成绩单，其中之一便是中国乙肝病毒的研究。

在抗日救亡中立志献身科学的李载平，选择课题总是应国家需要而动，注重民生。他提出"生物技术研究应该对付常见病"，考虑到中国有1亿乙肝病毒感染者，他的团队就瞄准中国传染最多的adr亚型展开研究。

做实验需要很多感染病毒的血，采血特别危险，一个乙肝病人的血就足以把全上海的人都感染了。国外做adr亚型实验，只找一名染有病毒DNA的病人，由其提供大量的血，然后进行病毒分离。可李载平提出，病人身体已够虚弱，再要

放大量的血很不人道。所以，他们改从献血中寻找含有adr亚型乙肝病毒的血，将不同来源的adr亚型血混合起来做研究。这样可以得到大量的血，从中抽取DNA做克隆；不同来源adr亚型的DNA通过克隆测序，又可得到病毒的许多新的不同具体多态性结构。

做出世界上第一个关于adr亚型的分析和克隆后，他不满足于发表论文、获奖，更希望研究成果能够造福于人类。进口乙肝疫苗太昂贵，难以推广，他和同事研制出乙型肝炎基因工程痘苗，取得了试生产文号并获得美国专利。就是说，可以用接种牛痘的方法预防乙肝了。

生命科学的"登月计划"——人类基因组计划（HGP）在1990年正式启动。1998年，中科院启动基因功能组计划。李载平作为该项目的首席科学家，成功领导了中国参与HGP1%的攻关项目"人类基因组和后基因组研究及重要疾病基因的开发利用"。由此，中科院走到了人类基因组方向的前沿，成为唯一加入这个计划的发展中国家，与美英法德日等大国并行。这对中国是关键的一步，也带动了其他生命科学的研究。

美国国家科学院出版的Biotechnology in China(《中国生物工程》)一书中，专门写到李载平之于中国生物工程的不可或缺："在西方，众所周知，李载平是把分子生物学引入中国的先驱者，他还促进了国际合作……"

2018年5月30日，李载平在上海市中山医院逝世，享年93岁。

李载平（1925—2018）分子生物学家、中国工程院院士

中国DNA研究的拓荒者

潘 真

都说，生命科学是本世纪最受关注的学科。《科学》杂志曾公布21世纪125个最具挑战性的科学问题，其中近半涉及生命科学。而李载平对这一领域的探究，早在上世纪中叶已经开始。

1950年代末，他还是中国科学院上海生化所的研究生，就领衔一个课题组，研究射线对DNA大分子结构的破坏。清一色的对DNA感兴趣的新手，在相关试剂、仪器和设备等这些基本条件都不具备的实验室——实验必备的"恒温水平式黏度计"，是导师曹天钦等在工厂土制的；实验用的菌种，是所长王应睐问英国同行要来的……全身心投入。

天道酬勤，他们发现了DNA分子受X射线的隐藏破坏作用，并提出DNA的射线损伤修复这一全新概念。原来，外界环境不断地威胁、破坏DNA，而DNA不断地修复自身，正是这种微观世界不易察觉的过程，保证了生命的延续！论文《X射线对小牛胸腺脱氧核糖核酸的隐藏破坏作用》，收入上海科学技术出版社出版的《1960上海市科学技术论文选集》，意味着相关工作被肯定为上海的重大科技成果。

这虽然是初级的但也是当时最先进的"基因工程"，是中国最初的基因分子生物学研究。那时，中国生化界都盯着热门的蛋白质酶、新陈代谢研究；注意到基因，着手DNA研究，李载平是第一人。

此前，DNA研究领域一直都没有中国人的份。DNA的损伤和修复，后来成了生物学里的一个重要领域。

在"文革"接近尾声的1975年，50岁的李载平入选中国首批赴美考察的分子生物学代表团，一个月内遍访美国最高水平的实验室，与近20位诺贝尔奖得主交流，更拜谒了世界分子生物学的圣地——冷泉港。密集的、闻所未闻的信息，天天刺激着中国科学家。一路上，李载平想的谈的都是：我们荒废得太久了！人类已跨入基因分子生物学和生物工程高科技的新时代，许多前人难以做到甚至不敢想、不敢做的事，借助新兴的基因工程竟都大获成功。面对这场科学和技术的革命，中国怎么可以还在原地等待？

回国不久，李载平就筹建了中国第一个分子遗传（基因工程）研究实验室，带领课题组开始重组DNA和基因工程的研究。这个著名的实验室，交出了令世人瞩目的一张张成绩单，其中之一便是中国乙肝病毒的研究。

在抗日救亡中立志献身科学的李载平，选择课题总是应国家需要而动，注重民生。他提出"生物技术研究应该对付常见病"。考虑到中国有1亿乙肝病毒感染者，他的团队就瞄准中国传染最多的adr亚型展开研究。

做实验需要很多感染病毒的血，采血特别危险，一个乙肝病人血液中所含的病毒就足以把全上海的人都感染了。国外做adr亚型实验，只找一名染有病毒DNA的病人，由其提供大量的血，然后进行病毒分离。可李载平提出，病人身体已够虚弱，再要放大量的血很不人道。所以，他们改从献血中找含有adr亚型乙肝病毒的血，将不同来源的adr亚型血混合起来做研究。这样既可得到大量的血，从中抽取DNA做克隆；不同来源adr亚型的DNA，通过克隆测序，又可得到病毒的许多新的不同具体多态性结构。

在做出世界上第一个关于adr亚型的分析和克隆后，他并不满足于发表论文、获奖，更希望研究成果能够造福于人类。进口乙肝疫苗太昂贵，难以推广；他和同事们研制出乙型肝炎基因工程疫苗，通过了临床验证，取得了试生产文号并获得美国专利。就是说，可以用接种牛痘的方法预防乙肝了。

生命科学的"登月计划"——人类基因组计划（HGP）在1990年正式启动。1998年，中国科学院启动基因功能组计划。李载平作为这个项目的首席科学家，成功领导了中国参与HGP 1%的攻关项目"人类基因组和后基因组研究及重要疾病基因的开发利用"。由此，中国科学院走到了人类基因组方向的前沿，成为唯一加入这个计划的发展中国家，跨越到与美国、英国、法国、德国、日本等大国并行的层次。这对中国是关键的一步，也带动了其他生命科学的研究。

美国国家科学院出版的 Biotechnology in China（《中国生物工程》）一书，专门写到李载平之于中国生物工程的不可或缺："在西方，众所周知，李载平是把分子生物学引入中国的先驱者，他还促进了国际合作……"

（原载《财新周刊》2018年6月11日）

"我的朋友胡适之"与李载平院士

潘 真

一个世纪前，"我的朋友胡适之"作为口头禅，不仅风靡中国，而且有海外版：芝加哥大学教授史密斯当选众议员，时任国民政府驻美大使的胡适请他到驻美使馆吃饭。史密斯到了现场还不知主人大名，灵机一动，以"大使""阁下"应付过去。胡适送客时说：

"欢迎到敝国旅游！""中国是一定要去的。"客人欣然接受，"我到贵国观光，第一个要拜访的便是我的朋友胡适博士。大使先生，胡博士现在在哪里呀？"主人大笑，"胡适就站在你的对面啊！"

"我的朋友胡适之"流传至今，用以讽刺攀附名人者。

然而，作为李载平院士传记的作者，我需要寻找一切相关线索，引导传主讲故事。得知李载平 1940 年代上的北大，我忍不住问他是否认识胡适校长。他老实回答"不认识，但见过"。

那年，同学们走出校门参加"反饥饿、反内战"游行，国民政府将北大沙滩到理学院附近地区给封锁了。大家气愤地去找校长。"我看见胡适校长回答同学们的质问，那场面绝对可以拍电影！"李载平记得，在西斋门口，同学拉过来一个长条凳，让校长站上去接受大家的质问。校长答应去和国民党当局交涉，说他们封锁沙滩是不对的……"那一幕，可惜我没有相机拍下来。"

后来，又查到资料，李载平小时候随母亲寄居的外叔公陈宗蕃家——米粮库胡同"淑园"是个有名的大宅子，陈宗蕃编著的《燕都丛考》是研究老北京的重要历史文献，我就问那大宅子除了自家人，是否还有别人借住。

李载平想起来了，大宅子里住了很多外叔公的朋友，大名鼎鼎的胡适先生当时就住在南屋。还没上小学的他跑去看胡先生，仰着头看，感觉好高大，穿了一袭灰色长袍……"我还那么小，即使认识了，他也记不住啊！"但记忆，就此被唤醒！他又想起十多年后在北大，同学们情绪激动地跟胡适校长对话，校长劝大家不要冲动。他在同学中间，仰望站在长条凳上的胡校长，发现还是一袭灰色长袍，心里暗暗想"这长袍……会不会就是当年那件"。

传记快修改完了，李载平大儿子找到一纸泛黄的信，竟是胡适亲笔！于是，我又问出了北大医学院小助教李载平意外得到北大校长胡适帮助的往事——

那是 1947 年底，有个朋友骑了新买的名贵摩托车，到李家炫耀。

李载平看了心痒，请求让他骑出去试试。他骑上车，飞驰到西四那边的中学同学家。谁知那同学的一地下党长辈被抓了，警方正在那儿蹲守同党，他算是自投罗网，连人带车被扣下。车主跑去交涉，只要回了车，他却被关了起来，在大冬天的看守所夜里，拉过旁人的腿当被子盖。家里可急坏了，在银行工作的哥哥四处活动，最后找到胡适。大校长听了诉求，大笔一挥写信相助，小助教终于获释。

给我回忆这个故事的李载平夫人说："那完全是个偶然事件，我们并不认识胡适呀！"

有的人拼命标榜自己认识什么什么厉害的名人，想借此抬高自己而不得；有的人自己就是厉害的名人，根本不屑来"我的朋友胡适之"那一套。

（原载《徐汇报》2018年6月11日）

编者按：

2018年5月30日，著名分子生物学家、中国工程院院士、中国科学院生物化学与细胞生物学研究所研究员李载平因病医治无效，在上海市中山医院逝世，享年93岁。

公开资料显示，李载平是我国基因工程和分子遗传学的开拓者之一，研制了基因工程乙肝疫苗，在国际上首先完成了乙肝病毒（HBV）我国流行株adr亚型的基因组克隆和序列分析。

李载平生前还担任过原国家生物工程顾问委员会副主任、联合国基因工程生物技术中心评审组成员、中国遗传学会副理事长；1996年当选为中国工程院院士。

不查不知道，网络一搜索，还看到《福州晚报》有这样一则消息：李载平的父母均为福州人，李载平曾祖母的家族"一门四院士"，包括一位两院（中国科学院和中国工程院）院士、三位中国工程院院士。

这样的一位大科学家去世了，竟然在社会上没有引起多少反响，实在是令人感到惊讶。

刚刚完成李载平院士传记的作家、媒体人潘真，曾与李院士一次次面对面交谈。今天，冰川思想库推送潘真撰写的这篇文章，就向外界展示了一位大科学家鲜为人知的另一面。

潘真说："采访前做功课才发现，几乎没有一家媒体为这位中国DNA研究的拓荒者做过一篇人物专访。为何对国家贡献这么大的科学家，在社会上却如此默默无闻？我耿耿于怀，特别是看到某些报纸不顾自身定位，连篇累牍地报道演艺圈。这，成为我写传记的动力。"

一个多月前，这位中国基因工程的先驱默默离世，我们还欠他一部传记

潘 真

去年春天，我应邀为李载平院士写传记。

李载平是著名的分子生物学家，中国基因工程和分子遗传学的开拓者。美国国家科学院出版的 Biotechnology in China（《中国生物工程》）一书，专门写到李载平之于中国生物工程的不可或缺："在西方，众所周知，李载平是把分子生物学引入中国的先驱者，他还促进了国际合作……"

采访前做功课才发现，几乎没有一家媒体为这位中国 DNA 研究的拓荒者做过一篇人物专访。为何对国家贡献这么大的科学家，在社会上却如此默默无闻？我耿耿于怀，特别是看到某些报纸不顾自身定位，连篇累牍地报道演艺圈。这，成为我写传记的动力。

对传主的采访，都在中山医院病房进行。缠绵病榻的李载平，第一眼看去只是比实际年龄显年轻的普通长者；但当他戴上助听器，讲起 DNA、乙肝疫苗、人类基因组……这些沉浸其中一辈子的科学研究，他的双眸就慢慢亮泽起来，配上富于磁性的声音，让人恍若身处科学殿堂。

真是隔行如隔山，初次听说噬菌体 $\Phi X174$，我都不知怎样记下来。而早在 1958 年，30 岁出头的李载平率课题组专攻分子生物学方向，正是以这种病毒为模型开始实验，由放射生物学机理进入

DNA损伤研究的。

那时候,他还只是中国科学院上海生化所二年级的研究生,因业务出挑,被破格提升为放射生物学研究室副主任。在生化所,除了他,主任、副主任都是由老师辈的"海归"担任的。生化所在短短的几年内,引进了酶学专家邹承鲁、蛋白质专家曹天钦、维生素专家张友端、核酸代谢专家王德宝、蛋白质化学专家钮经义和微生物生化专家周光宇等一批思想敏锐、年轻有为、崭露头角的科学家。这些"海归"大多来自英国剑桥大学,研究领域在全国都处于领先地位,所以,那个时期的生化所被昵称为"小剑桥"。

当时中国生化界的关注热点,都在蛋白质酶、新陈代谢上;李载平却独辟蹊径,选择放射线对DNA分子损坏机理的研究。他发现了DNA的"隐藏破坏"。由此,科学家们第一次发现:外界环境不断地威胁、破坏DNA,而DNA不断地修复自身,正是这种微观世界不易察觉的过程,保证了生命的延续!这是中国最初的基因分子生物学研究,是当时最先进的"基因工程"……DNA的损伤和修复,后来成了生物学里的一个重要领域。

穿越60年的时光隧道,李载平感念着"小剑桥"对自己的熏陶,特别感念当时的所长王应睐、导师曹天钦对自己的发现、鼓励并给予施展才华的平台。

那样的青春年华,多美啊!我听着回忆,却为年轻科学家的未来担忧。时代洪流滚滚而至,个人无论多么有作为,裹挟之下,终究只是身不由己的一滴水而已。

长长的不堪回首的日子,在李载平的年表中,仅寥寥一句:"文革"开始后,被定为反动学术权威和"王芷涯、曹天钦反党集团"骨干分子,接受群众批斗。

单位里,从香港回来的青年才俊备受屈辱后自杀,有同事想不通怎么一夜之间出了这么多反革命而想自杀,李载平本人也曾动过自杀的念头……这些,我都是外围采访时听说的。李载平不愿再提起,他甚至建议不要写"文革"。

那些批斗你们的人,不都是朝夕相处的同事么?我跟他探讨,为什么普通人会全身心地投入迫害同类的运动?如果说"人之初,性本恶",那么"人性恶"的边界在哪里?蛰伏于人性幽暗地带的恶,是怎样被激发的?名人传记若选择性地忽略灾难,真实性怎么保证?后人又何从汲取教训,避免悲剧重演呢?

"都过去了……"他淡淡地说,神色黯然。

我注意到一处黑色幽默——1972年,国际科学界的目光被美国的一个重大生物化学新闻吸引:保罗·伯格第一次进行了DNA重组,获得含有编码哺乳动物激素的基因菌株。而伯格的中国同行李载平,还在"五七干校"养猪、插秧!1973年某日,李载平突然接到通知,从奉贤农场回研究所报到,国家要派团参加日本化学会年会。泥腿子,这才意外回归科研人员身份。

是的,我们荒废科学研究的那些年,正值国际生物大分子学大发展时期。

1975年,李载平第一次随团赴美,遍访诺贝尔奖得主及最高水平的实验室,拜谒世界分子生物学的圣地——冷泉港。他强烈地意识到:人类已经跨入了一个基因分子生物学和生物工程高科技的新时代。基因工程对生物科学的影响太大太大,许许多多前人敢想而难以做到甚至不敢想、不敢做的事,借助"基因工程"这个"法宝"异想天开都获得了成功。如原来通过基因来调节蛋白质只是一些理论和想象,现在都可以动手做人的胰岛素、人的生长激素了。这是一场真正的科学和技术的革命。"世界已经发展得这么快了,我们怎么可以还在原地等待呢?"即使过了40多年,讲起当年所受的强刺激,他还是一脸的着急、不甘。

那一代的中国知识分子,对于光阴白白流逝,有切肤之痛。

李载平复出工作时50岁出头,作为科学家,正当年富力强。他受命担任生化所新成立的分子遗传研究实验室的主任,步入事业巅峰期。

分子遗传研究实验室草创之际，国际上的基因工程研究也还处于起步阶段，李载平是中国最早进入这项研究的科学家。他拟定的众多课题中，最突出的是乙肝病毒研究。因为，乙肝病毒的危害性最深、影响范围也很大；而中国是乙肝大国，这个课题能够造福百姓。

研究基因，需要相应的技术手段。在发达国家，相关的公司应运而生，新的技术、新的手段、新的试剂拿钱去买就是。可中国买不起，科研人员不得不自己做。靠着同事们齐心协力的热情白手起家，李载平领衔的这个独立实验室，几乎占据了上海生化所的半壁江山。在这个重要平台上，他的团队交出了一份份令世人瞩目的成绩单。那些成果，或是国家、上海的重点攻关项目，或赢得国际、国内的重量级奖项及美国、中国的专利，或应用于临床。

业内有评论说，正是李载平高瞻远瞩，1970 年代末、1980 年代初及以后所做的许多基础的、开创性的工作，引领了中国分子生物学学科的方向。

这样的一位领军人物，我们圈外人想当然，成为院士不是水到渠成的事么?！可当我问及评院士的细节，他并不配合，语焉不详不说，还希望别写这一节。

而同事、学生中，不乏为他打抱不平的：凭他个人和所带团队的这么多成果，他早该是院士了。可他就是全心全意埋头于业务，从来不搞政治（人事），不愿意去争名夺利，不愿意像某些人那样为评院士去四处"活动"。以至于申请中国科学院院士，居然败北。关键的障碍，当然是人！有人红眼病发作，"羡慕嫉妒恨"引发造谣、诋毁。

无谓的人事纷争，让李载平觉得不值，他心疼时间啊，就不再申请。后来，经领导、同事、朋友的劝说，他才申请参评中国工程院院士，一举通过。

采访过程中，最令我感动的是，"90后"传主直到生命最后几个月，依然是"微信控"，精神好的时候还在关心"这个世界会好吗"。我们交流的话题，还是统一的生物学、生物工程的产业化、克隆人的伦理困境、知识分子的批判精神与中国科技的出路……

一天，从微信公众号上看到，FDA（美国食品药品监督管理局）批准PD-1为治疗肿瘤等的新药，他马上想起，以前，FDA一直是依据癌症的发病部位（如肺癌、乳腺癌）来批准治疗方法的。这是第一次，基于肿瘤生物标志物而不是肿瘤原始位置，批准一个新药。他给我作深入浅出的解释：PD-1是与基因有关的药。从原理上看，人体内有好多不同的基因，有的细胞这个基因不好那个基因不好，现在还不清楚，如果研究清楚了，治疗手段就多了。而今，FDA批准PD-1为治疗肿瘤等的新药，却告诉我们：这个基因不好，得治，这药是抗体，让它作为靶子，跟它结合，治它。"药还可以是这样的！这是医学上一个新的概念的突破！其中有更深的道理，所以，特别引人注意。"为抗癌史上这个重要的首次，他欣慰不已。

另一天，谈到身体各种活动都离不开各种基因，他面带成就感十足的微笑，道："所以，我越来越觉得，自己做的这些是很有意义的事情。基因元件的结构功能研究，是我们永恒的追求。"我想起来了，1990年代后期，他的众多职务中有一个是——中国科学院"人类基因组"基础性研究首席专家。

在光线明澈的病房里，这样议题前沿、节奏流畅的交谈，常常使我忘了，我的传主生于1925年。

（原载"冰川思想库"公众号，2018年7月15日。本文阅读量超200万。）

《报刊文摘》转载了"冰川思想库"文章